权威·前沿·原创

皮书系列为
"十二五""十三五""十四五"时期国家重点出版物出版专项规划项目

GREEN BOOK

智库成果出版与传播平台

文化旅游绿皮书
GREEN BOOK OF CULTURAL TOURISM

中国民族地区文化旅游发展报告（2022）
REPORT ON CULTURAL TOURISM DEVELOPMENT IN MINORITY AREAS OF CHINA (2022)

推进文化和旅游深度融合发展

西北民族大学管理学院 / 编
西北民族大学创意管理研究中心
孙永龙 / 主　编
杨永忠　王泽民 / 副主编

社会科学文献出版社
SOCIAL SCIENCES ACADEMIC PRESS (CHINA)

图书在版编目(CIP)数据

中国民族地区文化旅游发展报告.2022：推进文化和旅游深度融合发展/孙永龙主编；杨永忠，王泽民副主编.--北京：社会科学文献出版社，2023.4
（文化旅游绿皮书）
ISBN 978-7-5228-1501-5

Ⅰ.①中… Ⅱ.①孙… ②杨… ③王… Ⅲ.①民族地区-旅游文化-旅游业发展-研究报告-中国-2022 Ⅳ.①F592.7

中国国家版本馆 CIP 数据核字（2023）第 039185 号

文化旅游绿皮书
中国民族地区文化旅游发展报告（2022）
——推进文化和旅游深度融合发展

主　　编 / 孙永龙
副 主 编 / 杨永忠　王泽民

出 版 人 / 王利民
组稿编辑 / 邓泳红
责任编辑 / 王　展
文稿编辑 / 李惠惠
责任印制 / 王京美

出　　版 / 社会科学文献出版社·皮书出版分社（010）59367127
　　　　　　地址：北京市北三环中路甲29号院华龙大厦　邮编：100029
　　　　　　网址：www.ssap.com.cn
发　　行 / 社会科学文献出版社（010）59367028
印　　装 / 三河市东方印刷有限公司

规　　格 / 开本：787mm×1092mm　1/16
　　　　　　印张：17.5　字数：259千字
版　　次 / 2023年4月第1版　2023年4月第1次印刷
书　　号 / ISBN 978-7-5228-1501-5
定　　价 / 158.00元

读者服务电话：4008918866

▲ 版权所有 翻印必究

资助项目

本书受到国家社会科学基金艺术学项目"民族地区乡村创意旅游发展模式与机制研究"（项目编号：2021BH02682）、陇原青年创新创业人才团队项目"三共视角下甘肃文化创意旅游产业发展研究"（项目编号：2021LQTD21）、西北民族大学社会服务培育项目、西北民族大学企业管理创新团队项目的资助。

文化旅游绿皮书编辑委员会

主　任　孙永龙

副主任　杨永忠　王泽民

委　员　（按姓氏笔画排序）

　　　　　王海荣　孙　新　李　彤　李士艳　李巧华
　　　　　邹品佳　汪世祥　宋　磊　张位锋　陈娅玲
　　　　　郑　超　夏　倩　高　燕　唐仲娟　梁继超

主要编撰者简介

孙永龙　兰州大学博士，四川大学访问学者，甘肃省飞天学者特聘计划青年学者。西北民族大学经济与管理学部副主任、管理学院副院长、教授、硕士生导师，创意管理研究中心负责人。甘肃省创新创业示范专业（旅游管理）负责人，西北民族大学"师德标兵"。兼任国际创意管理专委会副主任，甘肃省水利风景区评审专家。主持国家社会科学基金艺术学项目、陇原青年创新创业人才团队项目、甘肃省科技计划项目、兰州市哲学社会科学规划项目等及企事业单位委托项目多项，发表论文20余篇。

杨永忠　四川大学博士，复旦大学博士后，教育部新世纪优秀人才，四川省有突出贡献优秀专家，四川大学创意管理研究所所长、教授、博士生导师，西北民族大学特聘教授、创意管理研究中心学术委员会主任。中国创意管理学开创者，《创意管理评论》创刊主编，"新文科建设教材·创意管理系列"总主编，国际创意管理专委会主任，中国创意管理智库联合主席，首批国家级社会实践一流本科课程负责人。主持国家社会科学基金重点项目、国家自然科学基金面上项目等多项，发表论文100余篇。

王泽民　西北民族大学管理学院院长、教授、硕士生导师，创意管理研究中心学术委员会委员，1994年被评为西北民族大学第一届学科带头人培养对象。主持或参与国家社会科学基金项目、甘肃省重大人文社科基地项目、教改项目等多项，获西北民族大学教学成果一等奖2项，发表论文50余篇，出版专著2部。

摘　要

本书聚焦民族地区"文化和旅游融合发展"这一主题，总结近年来民族地区文化和旅游融合的推进举措、成效及经验，分析面临的挑战，以铸牢中华民族共同体意识为主线，立足民族地区发展特点，提出对策建议。

民族地区文化和旅游资源丰富，发展文化、旅游产业具有天然优势，文化旅游发展吸引了大量资金投入、人员往来、转移支付等，极大促进了经济增长和各民族交往交流交融。近年来，民族地区各级政府陆续出台文化旅游扶持政策，不断加快文旅融合步伐，非遗旅游、演艺旅游、红色旅游、节庆旅游、乡村旅游、研学旅游、主题公园、特色民俗等文旅新业态不断涌现，文化旅游特色街区、特色小镇、文化产业园区、夜间文旅消费集聚区等文旅融合发展载体持续建设，为推动文化旅游高质量发展奠定了坚实的基础。但受产业发展水平、创意人才资源、科技创新能力等因素的影响，且面临民族文化保护压力，民族地区文旅融合发展水平仍然不高，正进入提升质量的爬坡阶段。今后，民族地区应在总结以往工作经验的基础上，进一步加大顶层设计和政策支持力度，实施重大文旅融合项目带动战略，构建跨区域世界级文旅大品牌，创新文旅融合业态，推动文旅数字化、创意化转型及融合发展走深走实，让文化旅游发展成果惠及各族群众，推动实现共同富裕，共同迈向社会主义现代化。

本书区域篇以内蒙古、宁夏、广西、西藏、云南、青海、贵州、新疆、四川、甘肃等省区为基本单元，总结文化和旅游融合发展实践、典型案例、经验与启示。专题篇围绕影视旅游、旅游演艺、节庆旅游、乡村文化旅游、旅游文创产品等文旅融合发展重点领域进行专门分析，以期为民族地区推进文化和旅游深度融合、激发更大产业价值提供决策参考。

关键词： 民族地区　文化旅游　文化产业　旅游产业　文旅融合

目 录

Ⅰ 总报告

G.1 民族地区文化和旅游融合发展实践、经验与挑战
………… 孙永龙 闫美美 陈 娓 王 磊 仁欠草 尚 雯 / 001
 一 民族地区文化和旅游融合发展实践 …………………… / 003
 二 民族地区文化和旅游融合发展经验总结 ……………… / 019
 三 民族地区文化和旅游融合发展面临的挑战 …………… / 021
 四 推进民族地区文化和旅游深度融合发展的对策 ………… / 023

Ⅱ 区域篇

G.2 内蒙古自治区文化和旅游融合发展实践与经验………… 王海荣 / 027
G.3 宁夏回族自治区文化和旅游融合发展实践与经验……… 高 燕 / 045
G.4 广西壮族自治区文化和旅游融合发展实践与经验
            ………………………… 梁继超 周世新 / 060
G.5 西藏自治区文化和旅游融合发展实践与经验
            ………………………… 陈娅玲 刘宝珺 / 076

G.6 云南省文化和旅游融合发展实践与经验 ………… 宋　磊　徐何珊 / 099
G.7 青海省文化与旅游融合发展实践与经验 ……………………… 孙　新 / 110
G.8 贵州省文化和旅游融合发展实践与经验 ……… 夏　倩　杨芳芳 / 125
G.9 新疆维吾尔自治区文化和旅游融合发展实践与经验
　　　……………………………………………… 田登登　张位锋 / 144
G.10 四川省民族地区文化和旅游融合发展实践与经验
　　　——以北川、泸定和丹巴为例 ………………………… 汪世祥 / 157
G.11 甘肃省民族地区文化和旅游融合发展实践与经验
　　　…………………………………… 李巧华　虎雅男　才让尕吉 / 168

Ⅲ 专题篇

G.12 西北地区"影视+旅游"产业融合发展现状及对策研究
　　　……………………………………………………… 李士艳 / 181
G.13 旅游演艺：推进民族地区非物质文化遗产的保护与传承
　　　……………………………………………………… 唐仲娟 / 195
G.14 民族地区节庆文化与旅游融合发展实践与创新路径
　　　……………………………………………………… 邹品佳 / 203
G.15 临夏回族自治州乡村文化旅游发展现状及对策研究
　　　………………………………… 李　彤　党峻鸿　赵荷花 / 216
G.16 基于文旅融合语境的广西传统工艺文创产品
　　　开发现状及策略研究 ……………………… 郑　超　林　海 / 230

Abstract …………………………………………………………………… / 244
Contents …………………………………………………………………… / 246

总报告

General Report

G.1 民族地区文化和旅游融合发展实践、经验与挑战

孙永龙 闫美美 陈娓 王磊 仁欠草 尚雯*

摘 要： 推进文化和旅游融合发展是"十四五"时期的重点工作之一。近年来，民族地区充分发挥资源禀赋优势，从职能、业态、产品、市场等多领域整合资源，推进文化产业与旅游业相融相生，文化产业与旅游业系统耦合协调度整体呈上升态势。民族地区在推进文旅融合发展过程中积累了丰富的经验，包括强有力的政策支持和保障、重视优秀传统文化的创造性转化和创新性发展、依托丰富多样的生态资源和良好的生态环境、促进文旅融合与富民惠民相结合等。但文旅融合发展水

---

* 孙永龙，博士，西北民族大学管理学院副院长、教授，硕士生导师，研究方向为旅游创意管理；闫美美，西北民族大学硕士研究生，研究方向为旅游创意管理；陈娓，西北民族大学硕士研究生，研究方向为旅游创意管理；王磊，西北民族大学硕士研究生，研究方向为旅游创意管理；仁欠草，西北民族大学硕士研究生，研究方向为旅游创意管理；尚雯，博士，西北民族大学副研究员，硕士生导师，研究方向为生态旅游。

平与优质协调层级仍存在差距，面临不少挑战，如民族文化面临保护与开发双重压力、文化产业牵引力不足、文旅领航企业整合开发能力较弱、科技和创意对文旅融合支撑不够、高素质文旅复合型人才匮乏等。为进一步提升文旅融合发展质量，结合民族地区发展实际，本报告提出以下对策：加强民族文化廊道建设，构建世界级文旅大品牌；"文旅+""+文旅"双向赋能，培育文旅融合新业态；加强文旅市场主体培育，打造一批文旅旗舰劲旅；发力"科技+创意+旅游"，推动文旅数字化、创意化转型；建立文旅科教创新联盟，筑起文旅融合"人才高地"。

关键词： 民族地区　文旅融合　双向赋能　科技驱动　创意转化

自2018年文化和旅游部组建以来，文旅融合发展成为热门话题。文旅融合加速催生文旅行业新产品、新业态和新模式，为文化产业和旅游产业发展赋予了新的活力，同时也为产业转型升级提供了强劲动力。在体验经济和创意经济时代，文化的融入使旅游更具特色和魅力，旅游也为文化传承与发展提供了载体，拓展了文化事业和文化产业发展空间。习近平总书记强调："文化产业和旅游产业密不可分，要坚持以文塑旅、以旅彰文，推动文化和旅游融合发展，让人们在领略自然之美中感悟文化之美、陶冶心灵之美。"[①]《"十四五"文化和旅游发展规划》提出，推动文化和旅游深度融合、创新发展，不断巩固优势叠加、双生共赢的良好局面。《"十四五"文化发展规划》明确提出，要推动文化和旅游在更广范围、更深层次、更高水平上融合发展，打造独具魅力的中华文化旅游体验。党的二十大报告进一步强调，推进文化和旅游深度融合发展，

---

① 《习近平重要讲话单行本》（2022年合订本），人民出版社，2021，第142页。

这为文化和旅游工作做出重要部署。

民族地区是指少数民族聚居生活的地区，包括5个自治区、30个自治州及117个自治县。为便于统计，本报告选取民族地区八省区为研究对象，包括内蒙古自治区、宁夏回族自治区、新疆维吾尔自治区、西藏自治区、广西壮族自治区和少数民族分布集中的贵州、云南、青海三省。丰富的文化资源和旅游资源使得民族地区具有良好的文旅融合发展基础。近年来，民族地区各级政府陆续出台文化旅游发展扶持政策，不断加快文旅融合步伐，持续推进演艺旅游、文化遗产旅游、研学旅游、主题公园旅游、特色民俗旅游等文旅新业态发展，加强文化旅游特色街区、特色小镇、文化创意产业园区、夜间文旅消费集聚区等文旅融合发展载体建设。但由于民族地区文化旅游资源分布较为分散，产业发展基础薄弱，仍存在文化创意赋能不足、科技支撑水平不高等问题，文旅融合发展水平还需进一步提升。

本报告聚焦民族地区文化和旅游融合发展这一主题，总结近年来民族地区文化和旅游融合的推进举措、成效及经验，分析面临的挑战，以铸牢中华民族共同体意识为主线，提出对策建议，以期为民族地区推进文化和旅游深度融合、激发更大产业价值提供决策参考。

一　民族地区文化和旅游融合发展实践

（一）民族地区文化产业、旅游产业发展状况

1.民族地区文化产业发展状况

2009年，我国发布第一部文化产业专项规划《文化产业振兴规划》，将文化产业列为国家战略性产业。"十四五"规划提出，要提升国家文化软实力，健全现代文化产业体系和市场体系。在此背景下，民族地区积极响应国

家部署和政策方针，通过拓宽特色文化产业发展空间、建设文化产业集群基地、打造具有联动效应的文化产业带等方式，从供给侧进行产业升级与优化，以便更好地满足人们的精神文化需求。

内蒙古坚持走以生态优先、绿色发展为导向的高质量发展之路，进一步加大对文化产业的扶持力度，努力促进传统文化产业转型升级，多措并举提高人民群众文化消费水平，全区文化产业保持稳步发展态势。新疆深入开展"文化润疆"工程，以文化建设重点项目和行动为抓手，繁荣发展文化事业和文化产业，促进新疆经济社会高质量发展。西藏实施文化"走出去"战略，持续推进西藏特色文化产业之窗建设，完成了"西藏宝贝"文化电商平台、"文创西藏"新媒体营销平台建设以及西藏文化旅游创意园、西藏出版文化产业园、珠峰文化旅游创意产业园区等建设。藏文化大型史诗剧《文成公主》及室内舞台剧《金城公主》等一大批特色文化项目走向市场，120多项国家级非遗项目蓄势待发。云南开启了"云看展"模式，线上开设云展馆，利用5G、超高清、VR等技术，打造"创意昆明"云上展厅，打破传统展览的时空、地域限制，拓展参与渠道、丰富内容表现形式，实现线上线下深度融合，让大家体验到"文化+科技"创新融合的魅力。

总体来看，民族地区文化产业整体呈现逐年向好的发展趋势，云南、广西、贵州三省区文化产业发展优势明显，青海、西藏发展潜力较大（见表1）。但与东部发达省区市相比[①]，文化产业对国民经济的贡献率偏低，"十三五"期末普遍低于5%，文化资本不景气，市场主体培育不足。受新冠疫情影响，文化产业遭受一定冲击，2020~2021年部分省区规模以上文化及相关产业法人单位数同比减少，产值规模出现萎缩。文化产业要实现高质量发展需要采取更多推进举措。

---

① 李丽、徐佳：《中国文旅产业融合发展水平测度及其驱动因素分析》，《统计与决策》2020年第20期。

表1 2018~2020年民族地区文化产业发展状况

年份	指标	内蒙古	宁夏	广西	西藏	云南	青海	贵州	新疆
2018	规模以上文化及相关产业法人单位数（个）	251	106	804	30	763	50	849	235
	规模以上文化服务企业从业人员数（人）	12973	6202	38743	1449	46409	4173	42191	10773
	艺术表演场馆演艺场次数（万场次）	3.37	0.11	2.73	0.01	0.36	0.24	0.06	6.03
	规模以上文化制造企业营业收入（万元）	349553	265776	3662719	19807	3331949	133899	1222625	97786
2019	规模以上文化及相关产业法人单位数（个）	171	72	680	34	731	52	625	251
	规模以上文化服务企业从业人员数（人）	13344	5231	35419	2039	45740	3422	33071	10168
	艺术表演场馆演艺场次数（万场次）	1.83	0.03	2.59	0.04	0.79	0.57	0.09	4.24
	规模以上文化制造企业营业收入（万元）	197644	214559	3044548	13083	3148659	40523	1147847	78003
2020	规模以上文化及相关产业法人单位数（个）	168	73	731	32	691	52	540	265
	规模以上文化服务企业从业人员数（人）	12621	5802	36299	2191	43777	4381	33447	9903
	艺术表演场馆演艺场次数（万场次）	0.90	0.19	0.67	0.07	0.59	0.28	0.02	0.37
	规模以上文化制造企业营业收入（万元）	222374	224589	4144691	9846	2925654	30977	1009958	118241

资料来源：2018~2020年《中国统计年鉴》。

2. 民族地区旅游业发展状况

旅游业是新时代国家战略性新兴产业、新动能产业、创新驱动型产业，具有较强的综合性和广泛的产业关联性，可以有效带动一系列相关产业的发展，形成显著的区域经济、社会综合效应[①]。"十三五"期间，我国出入境旅游健康有序发展，"一带一路"旅游合作、亚洲旅游促进计划等向纵深发展，旅游业对促进各地人文交流发挥着重要作用。《"十四五"旅游业发展规划》更是首次提出要加快旅游强国建设。民族地区丰富的自然景观、良好的生态环境和深厚的文化底蕴是其发展旅游业的先天优势。近年来，各省区持续深化旅游供给侧结构性改革，全面推进全域旅游提质升级，积极创建全域旅游示范区，加快由旅游大省向旅游强省迈进。

内蒙古提出要努力把旅游业打造成全区优势产业、服务业领域支柱产业和综合性幸福产业，把内蒙古打造成为文化和旅游强区、国内外知名的文化体验和生态休闲旅游目的地[②]。新疆着力推动旅游业大发展，大力实施"旅游兴疆"战略，打造旅游经济强区和世界重要旅游目的地。西藏旅游业从无到有、从小到大，已经逐步成为推动西藏经济发展的支柱产业和先导产业。2016~2019 年，贵州省接待外省入黔游客人次、旅游总收入年增长率连续 4 年达到 30% 以上，2019 年实现旅游业总收入 12312.3 亿元（见表 2），旅游产业增加值占全省 GDP 的比重增至 11.6%，初步实现了做大旅游业的目标。云南迪庆民族风情游、内蒙古呼伦贝尔草原游、甘青大环线自驾游、贵州山地游等特色旅游品牌不断涌现，带来了新的消费热潮，激发了民族地区旅游市场的活力，对地区经济发展带动作用明显。宁夏多地抓住契机，打造致富"农旅牌"，开发具有地域特色的旅游线路，2021 年休闲农业和乡村旅游接待人数达到 1655 万人次，实现旅游收入 11.37 亿元，同比分别增长 21%

[①] 生延超、钟志平：《旅游产业与区域经济的耦合协调度研究——以湖南省为例》，《旅游学刊》2009 年第 8 期；刘名俭、唐静：《旅游产业竞争力提升的动力机制研究》，《经济管理》2010 年第 12 期。

[②] 《内蒙古：把旅游业打造成优势产业、支柱产业和幸福产业》，中国旅游新闻网，2021 年 1 月 25 日，http://www.ctnews.com.cn/news/content/2021-01/25/content_96601.html。

和18%，全区8个乡镇入选全国乡村旅游重点镇（乡），37个村被评为全国乡村旅游重点村①，旅游业对于促进区域经济发展、提升社会综合效益作用显著。

表2　2018~2020年民族地区旅游业发展情况

年份	指标	内蒙古	宁夏	广西	西藏	云南	青海	贵州	新疆
2018	接待游客总量（亿人次）	1.30	0.34	6.83	0.34	6.88	0.42	9.69	1.50
	接待入境（过夜）游客量（万人次）	188.08	8.82	562.33	47.62	706.08	6.92	39.69	99.30
	国际旅游收入（百万美元）	1272.10	55.87	2777.73	247.09	4418.00	36.13	317.63	946.37
	旅游业总收入（亿元）	4011.4	295.68	7619.90	490.14	8991.44	466.3	9471.03	2579.71
2019	接待游客总量（亿人次）	1.95	0.40	8.76	0.40	8.07	0.51	11.36	2.13
	入境游客量（万人次）	195.83	12.66	623.96	54.19	739.02	7.31	47.18	34.67
	国际旅游收入（百万美元）	1340.09	69.32	3511.28	279.07	5147.36	33.36	345.03	454.00
	旅游业总收入（亿元）	4651.5	340.03	10241.4	559.28	11035.2	561.33	12312.3	3632.58
2020	接待游客总量（亿人次）	1.25	0.34	6.7	0.35	5.29	0.33	6.18	1.58
	入境游客量（万人次）	8.70	1.10	24.68	0.34	57.65	0.5	—	6.1
	国际旅游收入（百万美元）	—	3.85	79	0.03	403	0.01	—	0.16
	旅游业总收入（亿元）	2406.40	199.07	7267.53	366.42	6477.03	289.92	5786.78	992.12

资料来源：2018~2020年《中国统计年鉴》及各省区国民经济和社会发展统计公报，部分数据有缺失。

① 《2021年宁夏休闲农业和乡村旅游接待游客1655万人次》，中国旅游新闻网，2021年12月17日，http://www.ctnews.com.cn/xcly/content/2021-12/17/content_116609.html。

总体来看，民族地区发展旅游优势明显、成就显著，与其他产业跨界融合、协同发展形势较好，产业规模持续扩大，新业态不断涌现。但与东部地区省份相比还有很大差距①，民族地区旅游基础设施薄弱、管理体制不顺、创意赋能不足、科技支撑不够、资源利用水平低等问题还比较突出。受疫情影响，2020~2021年我国出入境旅游基本停摆，国内跨省区旅游受限，旅行社、旅游景区、酒店等行业客流减少、业绩下滑严重，承受较大压力。

（二）民族地区文化和旅游融合发展推进措施及成效

文化作为一个抽象的概念，需要借助旅游这一载体来展现。民族地区各省区把握新的发展契机，着力实施文旅融合发展战略，充分发挥资源禀赋优势，从职能、业态、产品、市场等多领域整合资源，推进文化产业与旅游业相融相生，以期实现文化旅游高质量发展目标。

1. 职能融合，构建文旅发展新格局

（1）完善文旅融合体制机制。文旅体制机制对于优化文旅融合环境、实现产业高质量发展具有导向作用。党的十九届四中全会在《中共中央关于坚持和完善中国特色社会主义制度、推进国家治理体系和治理能力现代化若干重大问题的决定》中提出了"完善文化和旅游融合发展体制机制"的要求。各省区积极落实该决定要求，不断强化体制政策的导向作用，为文化旅游高质量发展赋予新内涵。2020年6月，宁夏出台《自治区文化和旅游厅关于推动全区文化和旅游深度融合发展的实施意见》，要求各地建立领导协调机制，建立健全工作机制，促进全区文旅深度融合发展。2021年贵州省委宣传部组织文化和旅游厅、省体育局等，围绕深化文旅体制机制改革创新、文化与旅游深度融合等相关主题，举办了深化文旅体制机制改革加快融合发展培训班，科学谋划文旅产业化工作部署②。在体制方面，多头管理、部门分割、职权分散等现象长期存在，云

---

① 刘安乐、杨承玥、明庆忠等：《中国文化产业与旅游产业协调态势及其驱动力》，《经济地理》2020年第6期。
② 《贵州省旅游产业化工作简报第二十九期》，贵州省文化和旅游厅网站，2021年12月27日，https://whhly.guizhou.gov.cn/wlfp_5727281/202112/t20211227_72132729.html。

南坚持问题导向，强化产业统筹领导，致力于创新旅游管理体制和机制。

（2）实现文旅职能管理一体化。职能融合意味着文化和旅游发展要实现"双向相加、同台唱戏"。自文化和旅游部正式挂牌，文旅融合发展步入新的阶段。民族地区多个省区文化旅游职能整合的完成，进一步推动了文化市场更好服务旅游市场发展大局，为人们实现高质量文化旅游提供了相应保障。顺应党和国家号召，云南省加快文旅机构改革，根据党中央、国务院正式批准的《云南省机构改革方案》，于2018年成立文化和旅游厅，这标志着作为民族文化强省和旅游资源大省的云南，迈出了推动文化与旅游全面融合的重要一步。内蒙古、宁夏、广西、青海、贵州、新疆等省区也相继成立文化和旅游厅，市州层面组建了文化和旅游局。西藏结合自身发展特点，在保留原有文化厅的基础上，单设了全国唯一的旅游发展厅。

（3）加强文旅融合政策规划。文旅融合政策规划与部署可以将原本相互掣肘的关系转化为相互支撑、共生共荣的关系，实现文化发展政策与旅游发展政策优势叠加。《"十三五"旅游业发展规划》指出，要扶持文化与旅游创意产品开发、数字文化产业融合，发展文化演艺旅游，打造传统节庆旅游品牌，推动"多彩民族"文化旅游示范区建设。《"十四五"文化和旅游发展规划》提出，要进一步完善转移支付机制，重点向革命老区、民族地区、边疆地区、脱贫地区等倾斜。将文化和旅游重点领域符合条件的项目纳入地方政府专项债券支持范围。民族地区积极响应号召，在政策规划上不断推进文化旅游职能整合，助力构建文旅融合发展新格局。2019年出台的《贵州省强化文化旅游融合系统提升旅游产品供给三年行动方案》，标志着贵州省文化旅游融合新征程全面开启。云南制定实施《云南省文旅融合发展实施方案（2020—2022年）》，保护利用丰富的文化遗产，融合"非遗、文物、博物馆+旅游"，新推出32条非遗、历史文化旅游线路，让文物古迹"活起来"①。宁夏于2020年印发《自治区文化和旅游厅关于推动全区文化

---

① 《云南省庆祝中国共产党成立100周年系列新闻发布会·打造世界一流"健康生活目的地牌"专题发布》，云南省发展改革委网站，2021年5月7日，http://yndrc.yn.gov.cn/ynfzg_gdt/75601。

和旅游深度融合发展的实施意见》，着力挖掘文化和旅游资源，主动探索文化和旅游深度融合发展的新路径，积极培育文化和旅游深度融合发展的新业态，全力打造文化和旅游深度融合发展的新模式，切实构建文化和旅游深度融合发展的新格局。

2. 业态融合，共促文旅多形态升级

立足特色文化资源，民族地区持续推动"文化+""旅游+"双向融合，已初步形成非遗旅游、演艺旅游、红色旅游、节庆旅游、乡村旅游等较为成熟的文旅业态，产业结构不断升级，文化旅游发展效应持续放大。

（1）非遗旅游助推乡村振兴。非物质文化遗产项目的开发是繁荣发展文化事业、带动地区发展的重要手段。宁夏拥有非遗资源5667项，"花儿"被列入联合国教科文组织人类非物质文化遗产代表作名录，国家级非遗代表性项目有28个，自治区级非遗代表性项目有224个。近年来，宁夏以"非遗+扶贫+旅游"为抓手，助推乡村振兴，培育出巴鸟麻编工坊、海原县刺绣（剪纸）工坊、隆德魏氏砖雕工坊等一批带动能力强、促进农民增收致富的优秀非遗工坊。这些非遗保护传承基地、非遗工坊、非遗展示体验场馆也成为宁夏乡村旅游的重要组成部分[①]。贵州赤水践行非遗"见人见物见生活"的发展理念，打造"非遗+产业""非遗+扶贫""非遗+体验""非遗+品牌"的文旅融合发展新模式，促进非遗保护和旅游业协调发展，先后建设竹编、竹雕、晒醋等非遗扶贫工坊、厂房、产学研基地1万余平方米，解决上千人就业问题，促进就业家庭年平均增收2万元左右，有效释放了非遗在助力巩固脱贫成果和助推乡村振兴方面的叠加效应[②]。

（2）演艺旅游促进民族团结。演艺旅游是展现文化内涵的重要表现形式，也是促进各民族交往交流交融的有效途径。广西、贵州、云南等地通过深入挖掘民族文化特色，以民歌艺术节、大型歌舞《印象刘三姐》和《多

[①] 《2022年"文化和自然遗产日"宁夏主会场活动启动 让文化遗产绽放迷人风采》，"北青网"百家号，2022年6月11日，https://t.ynet.cn/baijia/32901991.html。

[②] 《赤水市："非遗+"打造县域文旅融合新样板》，贵州省文化和旅游厅网站，2021年11月5日，https://whhly.guizhou.gov.cn/xwzx/szdt/202111/t20211105_71555738.html。

彩贵州风》、影视 IP《木府风云》等文化艺术精品搭建非遗传承展演基地，打造宣传中华优秀传统文化演艺舞台，提升各族群众的体验感、获得感和幸福感，促进各民族交往交流交融。2022 年，广西南宁以铸牢中华民族共同体意识为主线，通过主题旅游产品和精品线路开发，深入挖掘民族文化特色，推进商业项目、文艺精品进景区活动，实施旅游促进各民族交往交流交融计划，举办南宁国际民歌艺术节、"老友相约·乐游南宁"文化旅游进商圈等活动，组织参加"壮族三月三"走进港澳系列活动，加强与港澳文化旅游交流合作，搭建了各族群众交往交流交融的平台，推动中华优秀传统文化创造性转化和创新性发展[1]。

（3）红色旅游推动产业增收。红色旅游是传承红色文化精神和感怀红色记忆的重要载体，是推动产业增收的有效途径。在全国全党火热开展党史学习教育之际，红色旅游也迎来新的发展机遇。云南省紧紧围绕国家推动旅游业大发展的目标，充分整合战争遗址、烈士陵园、将军洞等红色旅游资源，深入推进旅游革命，实现了红色资源与旅游的有效融合发展[2]。广西百色市大力发展红色旅游，推动红色旅游景区提质升级，2019 年全市红色旅游接待人数 1510.2 万人次，红色旅游消费 152.5 亿元；2020 年虽受新冠疫情影响，全市红色旅游接待人数仍达到 1156.1 万人次，红色旅游消费 109.2 亿元[3]；2021 年全市接待红色旅游人数达 1500.29 万人次，红色旅游消费 145.76 亿元[4]，极大地推动了地区经济发展。

（4）节庆旅游提升地区知名度。民族地区节庆特色鲜明，活动内容丰富多彩，发展节庆旅游条件较好。各地区以发展节庆旅游为契机，融合传统营销和跨界创意手段，不断拓展国际国内旅游市场，提升地区知

---

[1]《南宁以文旅"老友"牌促民族"三交"》，《广西民族报》2022 年 7 月 8 日。
[2]《全国红色旅游发展典型案例：云南省麻栗坡英雄老山圣地，铸就不朽的历史丰碑!》，《中国旅游报》2021 年 6 月 25 日。
[3]《多措并举 推动红色旅游提质升级》，"光明网"百家号，2021 年 12 月 24 日，https://m.gmw.cn/baijia/2021-12/24/35404334.html。
[4]《以"红"促"绿" 书写革命老区绿色发展新篇章》，"百色市发展改革委"微信公众号，2022 年 8 月 9 日。

名度和文化影响力。节庆旅游在传播民族节事文化的同时，吸引了大量的游客，成为各地区旅游经济发展新引擎。贵州铜仁市通过举办苗族"四月八"、仡佬族"敬雀节"、土家族"过赶年"、侗族"赶坳节"、羌族"过羌年"等节庆活动，促进了各族群众相互交流、和谐共处。广西"壮族三月三·八桂嘉年华"盛会吸引社会各界参与，在展现民族文化魅力的同时，得到各级媒体广泛关注，已成为广西文化旅游发展的推动器、声名远播的文旅IP。

（5）乡村旅游助力脱贫致富。乡村旅游作为民族地区脱贫致富的有力抓手和重要支撑，取得了显著的成效，乡村旅游逐渐成为贫困地区支柱产业，农牧民持续增收效应明显，乡村人居环境持续改善，乡村社会文明程度不断提高。宁夏乡村旅游资源丰富，全区70%以上的自然风光、民俗风情、文化遗产集中在乡村。近年来，宁夏加大对乡村旅游的政策、资金支持力度，打造乡村旅游集聚带和乡村旅游重点村，乡村旅游接待人数和旅游收入连续12年保持两位数增长。2021年，宁夏休闲农业和乡村旅游接待人数达1655万人次，实现旅游收入11.37亿元，同比增长21%和18%。乡村旅游直接从业人员超过1.5万人，带动就业10万余人①。新疆乡村旅游规模质量不断提升，农家乐、民宿、休闲采摘园、观光农业、主题乐园等业态有序发展，在脱贫致富方面成效显著。2019年，新疆有93个村申报创建全国乡村旅游重点村，共建设民宿2003间，带动就业13375人，接待游客1034万人次，带动旅游消费4亿多元；2020年全区有160个村申报创建自治区乡村旅游重点村，建设民宿2803间，带动就业24333人，预计年接待游客1822万人次，带动旅游消费7亿多元②。

3. 产品融合，提升产业竞争优势

旅游产品的核心在于体验，高质量旅游产品会给游客带来难忘的经历和

---

① 《2021年宁夏乡村旅游激发乡村振兴新活力》，《宁夏日报》2021年12月20日。
② 《新疆：乡村旅游带动就业脱贫成效显著》，文化和旅游部网站，2020年5月14日，https://www.mct.gov.cn/whzx/qgwhxxlb/xj/202005/t20200514_853334.htm。

持久的回忆。在业态融合的基础上，文旅产品融合创新步伐也在加快，不断满足游客个性化的消费需求。

（1）加快主题文化旅游线路开发。旅游精品线路开发不仅为游客出行规划提供便捷，也为民族地区特色文化传播贡献力量。全力打造品牌旅游景区、主题文化旅游线路，可以有效实现民族地区文化旅游业高质量发展。2020年，云南省文化和旅游厅印发了《关于公布云南省非遗主题旅游线路的通知》，推出包括"滇西·丝路云赏之旅""滇西·艺美云南之旅""滇西北·茶马古道之旅""滇中·云境探秘之旅"等在内的10条非遗主题旅游线路，提升云南旅游文化品位，推动非遗创造性转化、创新性发展[1]。2021年，内蒙古充分发挥特色民族文化、地域风光等资源优势，推出万里长城、天赋河套、大漠风情、万里茶道、草原风情等5条主题旅游线路，提升文化旅游品牌影响力。此外，全区持续推动红色旅游发展，推出"亮丽北疆"主题精品红色旅游线路10条，展示中国共产党的百年辉煌成就和宝贵经验，其中3条线路入选国家"建党百年红色旅游百条精品线路"[2]。

（2）打造多形态旅游目的地。目的地在任何旅游系统模型中都是重要的一极，是旅游活动依托的主要场所，也是文旅融合发展的重要载体。民族地区围绕其丰富的地貌、独具特色的民俗风情等，打造出具备核心竞争优势的多形态旅游目的地。2021年，青海省人民政府、文化和旅游部联合印发了《青海打造国际生态旅游目的地行动方案》，因地制宜，推动生态旅游特色化、品牌化、差异化发展，构建高品质、多样化生态旅游目的地产品支撑体系，构建旅游都市—旅游县（市）—特色旅游乡镇—重点生态旅游景区（旅游乡村）四级生态旅游目的地，推动黄河、长城、长征国家文化公园建设，通过非遗进景区、传统文化展演展示、文创产品研发等措施，传承弘扬优秀传统

---

[1] 《云南公布十条非遗主题旅游线路》，云南省文化和旅游厅网站，2020年8月28日，http://dct.yn.gov.cn/html/20208/289345381.shtml。

[2] 《内蒙古自治区文化和旅游厅2021年工作总结》，内蒙古文化和旅游厅网站，2022年2月27日，https://wlt.nmg.gov.cn/zfxxgk/zfxxglzl/fdzdgknr/gzzj/202204/t20220424_2044824.html。

文化，满足游客多元化需求①。贵州积极主动打造"双一流"旅游目的地，截至2021年11月，全省有国家4A级及以上旅游景区131家，其中5A级旅游景区8家；旅游度假区37家，其中国家级旅游度假区2家；贵阳市乌当区、百里杜鹃管理区、雷山县和荔波县成功创建第二批国家全域旅游示范区；"正安吉他文化产业园"获得第二批国家级文化产业示范园区创建资格；45个村入选第二批全国乡村旅游重点村；贵阳市、遵义市成功创建国家文化消费试点城市，铜仁市荣获"中国最美生态康养旅游名城"，安顺市荣获"2020中国国家旅游年度臻选全域旅游目的地"；贵州省文化和旅游厅荣获全国旅游标准化优秀组织奖和2020年国际山地联盟"山地旅游可持续发展奖"②。

（3）推进文化创意产品开发。创意产品不仅是一种商业产物，更是旅游目的地文化植入的载体，承载了游客的旅行回忆。加快推进文化创意产品开发，对于民族地区文旅融合发展具有重要意义。2020年，在"第十五届贵州旅游产业发展大会·文化旅游扶贫成果展暨特色旅游商品博览会"上，250余家特色旅游商品企业，带来文创等旅游商品2000余种③，越来越多的知名品牌将贵州少数民族特色的图案、符号进行再设计，开发出引领潮流的产品。同年8月，宁夏举办文化和旅游产业工作推进会，扶持"宁夏有礼"、"固原有礼"、剪纸、刺绣等文创产品走出宁夏，鼓励企业积极参加中国（深圳）国际文化产业博览交易会、中国西部文化产业博览会、中国北京国际文化创意产业博览会等国际性展会，促进宁夏文化产品与各地的交流与合作④。西藏为进一步实现文化旅游高质量发展，推动旅游创意产品开

---

① 《青海打造国际生态旅游目的地行动方案》，海东市人民政府网站，2021年11月3日，http://www.haidong.gov.cn/html/217/100043.html。
② 《贵州：积极主动打造"双一流"旅游目的地，为旅游产业化高质量发展奠定基础》，贵阳网，2021年11月15日，http://www.gywb.cn/system/2021/11/15/031678408.shtml。
③ 《有文化有特色有创意——贵州旅游商品呈现高质量发展态势》，贵州省人民政府网站，2021年10月22日，https://www.guizhou.gov.cn/ztzl/lycyh/zxdt/202110/t20211022_71050188.html。
④ 鲁忠慧：《宁夏文化产业发展及趋势分析报告》，《新西部》2019年第19期。

发，举办了"拉萨巧手"旅游商品大赛，产品包含传统工艺纪念品、创新概念纪念品等多种形式，极大地丰富了文化旅游的内涵。

4. 市场融合，激发产业发展活力

市场融合是文旅融合的落脚点。游客的消费、参与和认同是文旅融合的动力来源，当文化不断被生产成旅游产品时，旅游产品销售的商业利益推动产品市场化供给和业态创新。

（1）加强文旅市场主体培育。市场是文化和旅游融合发展的载体，充分发挥文旅市场主体作用，调动市场要素活力，有助于全面提升旅游产业市场化水平。民族地区各地鼓励重点文旅企业跨行业、跨地域兼并重组，实现联合经营、连锁经营，积极扶持企业做大做强。在强化市场主体培育方面，贵州省出台《贵州省大力实施旅游市场主体培育行动方案》，支持培育文化旅游骨干企业，鼓励文旅集团依托资源优势和人才优势，跨区域、跨行业、跨所有制兼并重组，壮大资产规模。2021年，贵州省文化和旅游厅安排1000万元资金对当年新增上规（上限）入统旅游企业进行奖补支持，激励了一批企业上规（上限）入统，全省引入旅游百强企业11家、优强企业29家，认定省级旅游龙头企业10家，全省旅游市场主体达12万余家，营商环境持续优化，市场主体活力显著增强[①]。2019年，新疆成立以资本运作和运营管理为主要任务的新疆文旅投资集团，2021年新疆文旅投资集团收购新疆文旅（大西部）公司股权，进一步壮大文旅资本，整合全区优质文旅资源，以期通过大平台整合、大资本运作、大产业发展、大品牌引领、大金融支撑，最终引导全疆旅游产业升级和产品结构优化[②]。

（2）加强文旅市场整合开发。市场整合开发的关键是文化、旅游供需渠道和信息平台的有机对接。民族地区各地实施品牌战略，充分利用传统媒体、现代媒体和各类展会多渠道、多元化地宣传文化资源和旅游产品。自

---

① 《贵州省旅游市场主体达12万家》，《遵义晚报》2022年2月14日。
② 《新疆迈出资本助推文旅高质量发展重要一步》，吐鲁番网，2022年1月7日，http://www.tlfw.net/Info.aspx?ModelId=1&Id=367918。

2013年首演以来,《文成公主》累计演出近1600场,接待超过400万名游客,已发展成为享誉全国的西藏文化旅游名片。在《文成公主》项目成功运营的基础上,西藏又成功打造了慈觉林藏院风情街、文成公主文化旅游主题园、西藏文化非物质遗产体验园暨《金城公主》舞台剧等,形成了创意、创新驱动的文化旅游消费聚集区,促进了"全时全季"旅游①。广西以建设国际滨海度假胜地为目标,推进68个重大文化项目,计划总投资1800多亿元,打造"浪漫北部湾"品牌,加快把北部湾建设成为全国最具吸引力和竞争力的旅游度假胜地。2021年,广西"壮族三月三·八桂嘉年华"文化旅游消费品牌盛会将节庆活动与党史学习教育相结合,在网络媒体上进行市场宣传,对于提升地区知名度和吸引力、扩大文旅品牌消费影响力具有积极意义。

(3)加大文旅综合执法力度。加强文旅市场综合执法,打击诸多市场乱象,有助于文化旅游市场规范健康开发。民族地区各省区创新文化旅游市场管理体制机制,实行综合执法派驻制度和协管员制度。2017年,内蒙古巴彦淖尔完成职能整合、编制核定、机构设置等各项改革任务,将旅游局承担的执法职能划入文化市场综合行政执法机构,实现了文化旅游、新闻出版、广播影视、网络文化、体育市场及文物领域"同城一支队伍"执法的改革目标,走在全区全国前列,为文旅融合发展提供了坚实法治保障。2021年,巴彦淖尔市文化市场综合行政执法局被授予"全国文化和旅游系统先进集体"称号②。广西文化和旅游厅印发了《广西壮族自治区文化市场综合行政执法事项指导目录(2021年版)》,在文化和旅游市场规范化建设方面,实行灵活多样执法模式,利用信息化手段提高执法成效,构建智能执法运行机制,全方位推进移动执法系统应用,实现文化旅游市场监管全覆盖。

---

① 《〈文成公主〉大型史诗剧十周年特别演出:打造世界最高海拔的文化精品》,中国西藏网,2022年8月3日,http://www.tibet.cn/cn/news/zx/202208/t20220803_7249520.html。
② 《率先实施规范化建设工程不断提升行政执法规范化水平》,巴彦淖尔市文化旅游广电局网站,2022年9月5日,http://wlgdj.bynr.gov.cn/xxgk/gzdt/202209/t20220914_470754.html。

（三）民族地区文旅融合发展水平及态势

1. 民族地区文旅融合发展水平

本文利用 2012~2020 年民族地区八省区文化、旅游产业投入产出数据，在测算权重的基础上，借助综合水平测度和耦合协调度模型，对民族地区文旅融合发展水平进行综合评价（见表3）。文化产业投入要素选用文化及相关产业法人单位数、主要文化机构总数、主要文化机构从业人数、文化事业费等指标，产出要素选用文化部门所属机构总收入、规模以上文化制造业企业营业收入、规模以上文化服务业企业营业收入、限额以上文化批发和零售企业营业收入等指标；旅游业投入要素选用星级饭店家数、景区个数、旅行社家数、旅游从业人数等指标，产出要素选用入境游客人次、旅游外汇收入、旅游接待总人次、旅游总收入等指标。相关数据来源于历年《中国统计年鉴》《中国旅游统计年鉴》《中国文化文物统计年鉴》，各省区国民经济与社会发展统计公报数据作为补充。

表3 2012~2020 年民族地区文旅产业耦合协调度 R 值

省区	2012年	2013年	2014年	2015年	2016年	2017年	2018年	2019年	2020年	2012~2019年均值
内蒙古	0.48	0.62	0.52	0.62	0.63	0.64	0.67	0.74	0.65	0.61
宁夏	0.46	0.54	0.34	0.49	0.48	0.52	0.71	0.79	0.67	0.54
广西	0.38	0.44	0.34	0.50	0.55	0.59	0.68	0.77	0.79	0.53
西藏	0.39	0.47	0.35	0.50	0.53	0.71	0.66	0.71	0.66	0.54
云南	0.42	0.50	0.37	0.53	0.63	0.67	0.69	0.80	0.67	0.58
青海	0.29	0.43	0.45	0.49	0.55	0.62	0.68	0.79	0.69	0.54
贵州	0.44	0.61	0.37	0.49	0.57	0.64	0.70	0.76	0.74	0.57
新疆	0.49	0.55	0.36	0.50	0.58	0.56	0.70	0.77	0.65	0.56

根据表3可知，2012~2019 年各省区文旅融合发展水平整体呈上升态势，民族地区文旅融合基本达到中等水平。2019 年，云南文旅融合发展水平最高，耦合协调度 R 值达 0.80，得益于其对文化和旅游的投入，对文化

资源的产品化、资本化与产业化运作，以及旅游业的内在价值与市场竞争力的提升。其次为宁夏、青海、广西、新疆、贵州、内蒙古，特殊的地理环境与民俗文化为文旅融合发展奠定了良好基础，政府强有力的政策支持为其提供了保障。西藏文旅融合发展水平较低，文化、旅游产业基础较为薄弱，在一定程度上制约了两大产业的深度融合。2020年，受疫情影响，各地区文化、旅游产业发展处于低迷状态，除广西外，其他省区文旅融合发展水平都呈下降趋势。

2. 民族地区文旅融合发展态势

根据表3的测算结果，借鉴于秋阳等研究成果①，对各省区文旅产业耦合协调度进行等级划分。耦合协调值域 [0，0.30) 为严重失调、[0.30，0.40) 为中度失调、[0.40，0.50) 为轻度失调、[0.50，0.60) 为勉强协调、[0.60，0.70) 为中度协调、[0.70，0.80) 为良好协调、[0.80，1] 为优质协调。

表4　2012~2020年民族地区文旅产业耦合协调等级

地区	2012年	2013年	2014年	2015年	2016年	2017年	2018年	2019年	2020年
内蒙古	轻度失调	中度协调	勉强协调	中度协调	中度协调	中度协调	中度协调	良好协调	中度协调
宁夏	轻度失调	勉强协调	中度失调	轻度失调	轻度失调	勉强协调	良好协调	良好协调	中度协调
广西	中度失调	轻度失调	中度失调	勉强协调	勉强协调	勉强协调	中度协调	良好协调	良好协调
西藏	中度失调	中度失调	中度失调	中度失调	中度失调	中度失调	良好协调	中度协调	中度协调
云南	轻度失调	勉强协调	中度协调	中度协调	中度协调	中度协调	中度协调	优质协调	良好协调
青海	严重失调	轻度失调	轻度失调	轻度失调	轻度失调	轻度失调	轻度失调	良好协调	中度协调
贵州	轻度失调	中度协调	中度协调	轻度失调	中度协调	中度协调	良好协调	良好协调	良好协调
新疆	轻度失调	勉强协调	中度协调	中度协调	中度协调	勉强协调	良好协调	良好协调	中度协调

2012~2019年，民族地区各省区文旅融合整体上从轻度失调、勉强协调、中度协调逐步升级为良好协调，省际差异呈现逐年缩小趋势。云南表现

---

① 于秋阳、王倩、颜鑫：《长三角城市群文旅融合：耦合协调、时空演进与发展路径研究》，《华东师范大学学报》（哲学社会科学版）2022年第2期。

最为突出，近年来坚持创新驱动，持续推动文旅产业结构升级，2019年达到优质协调等级，其他省区还有较大提升空间。2020年广西在疫情影响下逆势提升，表现抢眼，经分析，2020年广西文化事业费占财政支出比重升高，政府对文化产业投入比例提升，细分行业总收入相较上年增长34.77%，文化产业受疫情影响不明显，发展水平保持稳步提升，对文旅融合有一定带动成效。总体来看，民族地区现阶段的文旅融合仍处于资源整合开发阶段，对现存资源的依赖程度高，且面临民族文化保护与开发双重压力，文化旅游需要升级为以资本、创意和科技为驱动的产业。

二 民族地区文化和旅游融合发展经验总结

（一）强有力的政策支持和保障

要实现文化与旅游的深度融合，需要国家及民族地区各级政府强有力的文旅政策支持与制度保障。文旅体制的改革与政策规划的完善可以为文化与旅游融合注入新动力、打开新的发展格局，统一市场监管可以保证文旅市场平稳运行。近年来，民族地区各省区相继出台了一系列促进文旅融合发展的实施意见、方案、行动计划等，组建了以政府主要负责人为组长的文化旅游产业发展领导小组，整合全域资源，着力推进文化旅游产业化发展，持续培育文旅发展新业态、新产品、新模式，并重视以文化创意、数字科技驱动文化、旅游产业转型升级。在完善产业体制机制的实践中，实现顶层设计和分层对接相统一，各省区以文化强省（区）、旅游强省（区）为目标，对扩大产业规模的市县，给予相应政策扶持，优化要素投入结构，通过政策对冲降低外部环境变化对产业造成的不稳定性影响。

（二）重视优秀传统文化的创造性转化、创新性发展

加强优秀传统文化保护利用已成为中国坚定文化自信、增强中华民族文化认同、建设社会主义文化强国的重要举措。民族地区在推动文旅融合发展

的进程中，离不开深厚文化积淀的支撑。各省区建立健全不可移动文物保护机制，探索非物质文化遗产活化传承模式，依托各种类型文化资源，推动区域性文化资源整合和集中连片保护利用，实现各民族团结与文化交流。各地区充分发掘区域文化特色，重视优秀文化的有效开发与利用，通过文旅融合举措推动文化产业化发展，培育非遗旅游、演艺旅游、红色旅游、节庆旅游、乡村旅游等多元业态。在此基础上，引进国内外知名文旅企业参与投资、运营及管理，利用其资金、技术、人才等方面优势，推动文化资源向文化资本的创造性转化，将可产业化开发的文化资源投入市场化运作，促进文化资源的创新性发展，实现文化资源经济价值、文化价值、体验价值的有效统一。

（三）依托丰富多样的生态资源和良好的生态环境

民族地区地域跨度大，地形地貌奇特，生物资源多样，拥有森林、草原、雪山、湖泊、河流、峡谷、瀑布、温泉等丰富的景观，自然与人文和谐交融，形成了发展文化、旅游产业的独特优势，为文旅融合发展提供了多彩场景。近年来，民族地区各省区积极践行"绿水青山就是金山银山"的生态文明理念，持续推动"文化旅游+生态"双向融合发展，打造生态休闲、田园观光、温泉养生、农耕体验、水上漫游等主题旅游线路，开发生态、绿色文化创意产品，为文旅高质量融合发展提供动力。如宁夏沙坡头国家级自然保护区充分利用沙漠生态资源，开发星星主题酒店，推出星空演艺、星空讲座、星空朗读、沙漠星空体验、星空研学等文旅产品，开发沙画、驼绒画、滩羊绒画等特色文创产品，不断释放文旅融合新动能，带动地区经济增长。

（四）促进文旅融合与富民惠民相结合

富民惠民是文旅融合发展质量效益的重要体现。近年来，民族地区各省区抢抓文旅融合发展的战略契机，大力推动文化旅游与扶贫富民、乡村振兴融合发展，出台各项支持政策，促进资源、区位、市场基础较好的地区发展非遗旅游、红色旅游、乡村旅游、民宿旅游等，进而带动当地社区居民就业、增收，助力民族地区经济社会高质量发展。在文化旅游促进脱贫致富、乡村振兴的实践中，民族地区通过整合资源、开拓创新，建立一系列长效机制，如统筹推进文旅富民工作、加大文旅扶智扶志力度、注重保护低收入人口权益、建立共创共建共享发展机制等，做到民生改善、民族团结、优秀文化传承、生态环境建设等工作同步推进，最终实现生产、生活、生态"三生融合"发展。

三 民族地区文化和旅游融合发展面临的挑战

（一）民族文化面临保护与开发双重压力

民族地区人文资源丰富、特色鲜明，开发价值潜力巨大，但长期存在文旅产业规模化与文化遗产保护要求限制的矛盾。古城、古镇、古村及一些文化遗产地因空间范围小、文化生态脆弱，可容纳的旅游设施与旅游行为有限，在一定程度上影响文旅融合发展空间。目前，民族地区文化与旅游产业发展基本还停留在以历史文化资源为依托的1.0版本时代，并未真正做到以文塑旅、以旅彰文，且由于文旅融合手段单一，存在优秀传统文化资源无序消耗和过度消费的现象，容易忽视文化本身所具有的价值，没有很好地凸显文化遗产对增强国家文化身份认同的作用。此外，现代时尚元素植入和信息化发展也会加速民族文化变迁过程，对各民族传统生产生活方式冲击较大，民族传统文化存在被边缘化的现象，不利于文旅产业长远发展。

（二）文化产业相对较弱、牵引力不足

从文化旅游的内涵及国家政策导向来看，文化和旅游天然联系紧密，文化事业、文化产业和旅游业融合发展也是大势所趋。但从发展实践来看，民族地区文化产业发展相对较弱，在文旅融合中的引领作用发挥不够。相比于旅游业，各省区文化产业发展增长速度较慢、产值规模小、市场化程度低，产业支柱效应未得到有效发挥。作为文化产业集约化发展的重要载体和平台，民族地区文化产业园区（基地）数量少、规模小、经营管理模式传统，且缺乏丰富的旅游消费场景，集聚带动效应不足。此外，尽管大多数省区通

过机构改革合并了文化、旅游部门，双方相向提出了"文化+""旅游+"的融合发展思路，但文化和旅游分属不同系统的传统思维仍然存在，各自为政的现象依然突出，在一定程度上制约了文旅融合发展范围和水平。

（三）文旅领航企业整合开发能力较弱

总体来看，民族地区实力雄厚的文旅投资集团和龙头骨干企业不多，文旅投资运营主体整体偏弱，部分地区的文旅项目开发仍以政府投资为主，项目融资渠道较为单一，对社会资本吸引力不强，项目投资运营市场化水平较低。近年来，民族地区各级政府普遍通过组建文化旅游投资集团的方式，着力打造区域文化旅游领航企业，提升文旅资源整合、招商引资、资本运营、品牌打造等方面的能力，加大文化旅游重点项目开发力度，在发挥市场主体和产业龙头企业的引领带动作用方面取得了一定成效。但文化旅游投资集团受国企背景影响，承担政府指令性任务和社会责任较重，文旅基础设施、公共服务设施投资多，普遍存在轻重资产比例失调现象，项目运营水平不高，导致文旅新业态培育不足、品牌意识薄弱。

（四）科技和创意对文旅融合支撑不够

科技和创意是推动文旅深度融合的重要驱动和支撑，将各种创意和现有资源、文化因素有机整合，利用科技赋能可使文旅产品的附加值大幅度提高。民族地区文化、旅游业对现有资源的依赖程度较高，科技、创意支撑不够，云南、广西等传统文旅大省在全国排名有下滑趋势。一方面，民族地区新基建投入不足，数字经济发展相对滞后，文旅产业数字化进程缓慢，数字文娱、数字创意、数字展览等新业态培育不足，智慧旅游建设水平较低，难以适应后疫情时代消费趋势变化。另一方面，文化旅游产品创意设计不足，各地区当前的文化旅游产品策划整体上还处在模仿和跟随阶段，传统文化旅游观光产品占比较高，对旅游资源的文化内涵挖掘不够，引领时尚的创意性产品较少，满足大众市场的精品文旅产品、个性化产品匮乏，文化、旅游融合发展活力和动力不足。

(五)高素质文化旅游复合型人才匮乏

人才是第一资源,建设一支素质高、本领强的文化旅游人才队伍是推动文化和旅游融合高质量发展的重要突破口。受区域环境、组织环境、个人期望及地方依赖程度等因素的影响,文旅人才在民族地区的集聚和根植意愿相对较低,这已经成为制约文旅产业转型升级的主要因素。当前,民族地区人才队伍以技能型和服务型人才为主,具备民族文化创意设计能力和文旅业态整体运营经验的跨界、融合、复合型人才严重缺乏,文旅规划咨询人才、数字化创新发展人才、创意设计开发人才、创意运营管理人才、文旅投融资管理人才、乡村和县域旅游专业人才等队伍基础尤为薄弱,资源优势无法有效转化为产业优势。

四 推进民族地区文化和旅游深度融合发展的对策

(一)加强民族文化廊道建设,构建世界级文旅大品牌

在费孝通先生"中华民族多元一体格局"的思想中,民族走廊理论是重要组成部分。中华民族聚居地区由六大板块和三大走廊构成,六大板块指北部草原区、东北高山森林区、青藏高原区、云贵高原区、沿海区、中原区,三大走廊是指西北民族走廊、藏彝走廊、南岭走廊。除此之外,目前民族走廊研究还包括河西走廊、苗疆走廊、武陵走廊、辽西走廊等概念。2014年,文化部和财政部为培育知名品牌,促进文化和旅游等产业深度融合,提升文化产业支柱地位,联合制定了全国第一个民族文化走廊规划《藏羌彝文化产业走廊总体规划》,覆盖四川省、贵州省、云南省、西藏自治区、陕西省、甘肃省、青海省等七省区。"十四五"期间,民族地区应进一步加强跨省区合作,建立民族文化遗产联合保护机制,促进资源有序流动,建设文化特色鲜明、产业集聚发展、各民族交往交流交融的民族文化廊道,依托民族文化廊道自然、人文资源,打造国家文化产业和旅游业深度融合发展示范

区，建设一批富有文化底蕴的世界级旅游景区和度假区，打造一批文化特色鲜明的国家级旅游休闲城市和街区，构建世界级文旅大品牌。

（二）"文旅+""+文旅"双向赋能，培育文旅融合新业态

立足民族地区资源禀赋和发展优势，大力推进"文旅+""+文旅"交互赋能，不断拓展文化旅游融合发展空间，培育文化旅游融合发展新动能。首先，要持续推动文化和旅游产业业态融合、产品融合、市场融合，将民族特色文化融入旅游发展全过程，提升非遗旅游、演艺旅游、节庆旅游、红色旅游、乡村旅游等品质，打造精品旅游线路和具有地域特色的文化旅游目的地。其次，要促进"文旅+康养""文旅+工业""文旅+体育""文旅+教育""文旅+数字科技"等融合发展，培育文旅融合新业态，打造一批国内国际知名的康养旅游示范基地、工业旅游示范基地、体育旅游示范基地、研学旅游示范基地及数字文化旅游产品，形成多产业融合创新发展格局。最后，利用好国家公园、长城、长征、黄河、长江等国家文化公园、国家级文化产业示范园区（基地）等平台建设契机和政策优势，整合区域文化旅游资源，加强线上线下文旅消费新场景建设，实现文旅消费提质扩容。

（三）加强文旅市场主体培育，打造一批文旅旗舰劲旅

市场主体是推动文旅融合发展的主力。民族地区各省区应进一步优化营商环境，增强康体养生、民族演艺、数字文化、新型文化、民族文创、工美非遗、旅游服务、体育旅游等领域文旅市场主体发展活力和核心竞争力，提升文旅项目运营管理水平。首先，民族地区各省区应进一步推动国有资本布局与结构战略性调整，强力推进涉文、涉旅集团间战略性重组，打造区域性文旅行业龙头企业或文旅旗舰劲旅，提升资源整合开发能力。充分发挥地区国有企业资本放大效应，撬动央企、民间资本参与重大文旅项目投资建设，有效破解文旅市场开发资金瓶颈。其次，积极营造有利于提高中小微文旅企业创新能力、扩大发展规模、促进企业可持续发展的良好环境，推动中小微文旅企业向"专精特新"方向发展，发挥其在知识产权创造运用方面的积

极作用，提升文旅融合发展水平，实现从产业链低端环节向高端环节跃升。有效应对疫情的不良影响，支持文旅企业纾困解难，助力文化和旅游产业恢复发展。最后，改变以往各省区激烈竞争的局面，做出"跨区跨界整合、抱团出击"的战略选择，建立从"营销联合体""产品联合体""产业联合体"到"开发联合体"的产业发展联盟，构建民族地区文旅产业命运共同体，实现资源共享、优势互补。

（四）发力"科技+创意+旅游"，推动文旅数字化、创意化转型

随着文旅消费呈现散客化、多样化、体验化、品质化等特征，文化旅游发展也向数字化、智能化、个性化、创意化转型。如果说以历史文化资源为依托的文化旅游开发是1.0版本的话，那么现阶段的文化旅游则需要升级成以资本、创意和科技为驱动的2.0版本。首先，民族地区要实施数字科技增效行动，积极利用5G、大数据、云计算、人工智能、区块链等新一代信息技术，并参与标准化建设工作，搭建智慧旅游服务平台，打造沉浸式体验产品，实施文旅数字化智慧营销，推动文化旅游的数字化、智能化转型。整合各省区文旅营销系统，建立中国民族文化旅游营销推广和综合服务平台，形成民族地区对外统一的文旅大IP。其次，强化文化旅游创意赋能，激活民间文化旅游活力，讲好各民族历史文化故事，高标准打造文化旅游新内核，抢占融合发展"新风口"，赋予文旅产业更强大的创造力，全面推动民族地区文旅产业转型升级。

（五）建立文旅科教创新联盟，筑起文旅融合"人才高地"

以"高层次人才引领、中坚骨干支撑、青年新秀储备"为理念，建设适应文旅融合发展需要、层级结构分明合理、专业结构配套的文旅人才队伍，为民族地区文旅融合发展保驾护航。首先，支持民族地区文化旅游院校建设，深化产教融合，升级改造文化艺术和旅游等相关专业，加强中华文化、民族理论与民族政策教育，培养一批具有中华文化情怀、熟悉民族地区文化旅游事务的专业人才。其次，创新企业与政府、科研院所、社会组织协

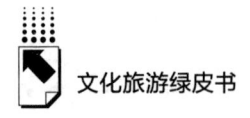

同培养人才模式，建立文旅科教创新联盟，组建文化旅游专家智库、文化旅游产业研究中心、文化旅游项目孵化中心、文旅人才培训中心等，加大文旅创新研发、高水平经营管理人员与高技能人才培训、文旅创新项目孵化力度，推进民族地区文化旅游高层次人才队伍建设。最后，通过完善文旅产业发展生态、优化人才居住创业环境、推动主客身份转变等举措，增强创意人才对民族地区的认同感和归属感，持续吸引创意人才流入。

参考文献

赵书虹、陈婷婷：《民族地区文化产业与旅游产业的融合动力解析及机理研究》，《旅游学刊》2020年第8期。

郑陈柔雨、杨存栋、任雯星：《民族地区文旅产业融合的时空演变及影响因素分析——以内蒙古自治区为例》，《世界地理研究》2022年第3期。

杨雪可、陈金华：《"丝绸之路经济带"线性非遗廊道构建研究》，《干旱区资源与环境》2021年第10期。

翁钢民、李凌雁：《中国旅游与文化产业融合发展的耦合协调度及空间相关分析》，《经济地理》2016年第1期。

王珊珊、张冰乐、周蓉：《西藏文化产业与旅游产业耦合发展的实证分析》，《西藏研究》2020年第3期。

区域篇
Regional Reports

G.2 内蒙古自治区文化和旅游融合发展实践与经验

王海荣*

摘 要： 近年来，内蒙古文旅发展活力显著增强，文化和旅游产品供给服务能力有效提升，覆盖城乡、惠及全民的五级公共文化服务设施网络基本建成，文化和旅游"1+1>2"的融合效应初步显现。内蒙古文旅产业在充分挖掘民族文化内涵、利用地区独特文旅资源和区位优势的基础上，通过长期文旅融合发展实践，形成了行之有效且可供参考的"文旅+"融合发展模式。其中，消费需求的增长是文旅融合发展的原生动力，旅游产品的不断升级是文旅融合发展的核心竞争力，而科技的创新是文旅融合发展的关键驱动力。今后，内蒙古应继续坚持整体规划、一体化发展，将文化优势转换为旅游优势，坚持生态优先、绿色发展，坚持宜融则融、

---

* 王海荣，博士，内蒙古自治区社会科学院草原文化研究所所长、研究员，硕士生导师，研究方向为草原文化、民俗、民间文学。

能融尽融，进一步促进内蒙古文化和旅游融合高质量发展。

关键词： 文旅融合　消费需求　旅游产品　科技创新　内蒙古自治区

近年来，内蒙古自治区文旅发展活力显著增强，文化和旅游产品供给服务能力有效提升，覆盖城乡、惠及全民的五级公共文化服务设施网络基本建成，文化和旅游"1+1>2"的融合效应初步显现。内蒙古文旅产业在充分挖掘、利用地区独特历史文化资源、自然资源和区位优势的基础上，通过长期文旅融合发展实践，形成了行之有效且可供参考的文旅融合发展模式，积累了一定的发展经验，为全区文化和旅游深度融合、高质量发展，建设文化和旅游强区，带动地方经济、社会、文化等方面做出了积极贡献。

一　内蒙古文化旅游资源赋存状况

不同的地理环境和气候条件是不同文化类型和不同文化特性形成的物质基础。内蒙古的山脉和高原地形，具有良好的平坦土壤和植被覆盖，山脉地形为野生动物提供了良好的栖息之地，同时为以狩猎为生的古代游牧民族提供了丰富资源。其环境和气候特征也决定了该地区不利于大规模的农业生产，游牧畜牧业是最适合维持草原生态系统平衡的生产方式。草原文化是世代生息在草原地区的先民、部落、民族共同创造的一种与草原生态环境相适应的文化，包括草原人们的生产方式、生活方式以及与之相适应的风俗习惯、社会制度、思想观念、宗教信仰、文学艺术等，价值体系是其核心内容。内蒙古旅游资源和全国的同类资源比较，最突出和最具竞争优势的就是草原和民俗文化，而民俗文化产生并大多依附于草原，因此草原是内蒙古的优势旅游资源。

内蒙古是各民族交往交流交融、守望相助、共同建设、共同繁荣发展的一块北疆宝地，居住着汉族、蒙古族、达斡尔族、鄂温克族、鄂伦春族、维吾尔族、朝鲜族、布依族、藏族、彝族等49个民族，其历史文化源远流长、内容丰富而多彩，在中国乃至世界文化体系中占有重要的地位，集聚了民族文化、生态文化、红色文化、宗教文化、人类非物质文化遗产、乡土民风等底蕴深厚的文化资源，是内蒙古旅游资源中最富魅力和最有生命力的部分。富集、独特、优质的自然和历史文化资源为内蒙古旅游与文化融合、高质量发展奠定了不可替代的资源基础。

按照内蒙古文化旅游资源的分布情况与区域特点，由东至西可划分为四个文化旅游资源区域，依次是蒙东草原森林文化旅游资源区（呼伦贝尔市、兴安盟、通辽市）、环京津冀千里草原风情旅游资源区（赤峰市、锡林郭勒盟、乌兰察布市）、敕勒川现代草原文明旅游资源区（呼和浩特市、包头市、鄂尔多斯市、巴彦淖尔市）、西部沙漠休闲文化旅游资源区（乌海市、阿拉善盟）。近年来，内蒙古根据"优势资源集中开发、优势景区集中打造、优势产业集聚发展"的原则，进一步凸显草原、森林、沙漠、河湖、湿地、温泉、冰雪等自然生态景观，深入挖掘蒙古族、达斡尔族、鄂温克族、鄂伦春族、俄罗斯族等民族风情、民族优秀传统文化，同时利用丰富的历史人文遗存和得天独厚的边境口岸资源优势，集中发展了呼伦贝尔、阿拉善、阿尔山等区域文化，对乌霍阿（乌拉盖—霍林河—阿尔山）、克什克腾、赤峰南部、锡林郭勒南部、鄂尔多斯中心区、黄河大峡谷、敕勒川、乌海湖、乌兰布和等旅游资源较丰富的地区或跨盟市行政区划地区实施了优先发展政策，有效促进了全区旅游业发展提升。

内蒙古历史文化底蕴、自然地理环境、游牧文明和农耕文明的长期碰撞与交融，造就了其丰富多彩的文化旅游资源，也造就了其文化旅游资源的独特性，即牧业文化和农耕文化交织融汇，民间艺术与民俗有机融合、相互促进发展，祭祀文化富集、与生态文明高度契合，商旅文化发达，红色革命文化波澜壮阔。

二 内蒙古文化和旅游融合发展实践和成效

内蒙古得天独厚的历史人文优势、自然与区域资源优势，为其文化旅游融合发展奠定了坚实的物质基础。内蒙古借助文旅产业全方位展示内蒙古形象，文旅产业成为外界了解和认识内蒙古的"窗口"。文旅产业在讲好内蒙古故事、传播好内蒙古声音，真实、立体、全面展现内蒙古，促进各民族交往交流交融方面，做出了积极贡献。

内蒙古通过"文化+旅游""旅游+文化"的双向发力及"文旅+"模式，实现了多元创新、融合发展，有效促进了文旅产业提质增效、转型升级，进一步强化和丰富了文旅功能，有效提升了生态、康养、非遗、文物考古、博物馆、音乐舞蹈、体育、教育、人才建设、城镇、工业、农牧业等重点行业和领域的发展活力，并不断创新三次产业发展业态，用足用活金融、科技、交通、互联网等技术手段，全面提高了文旅产业的积极推动作用。

（一）内蒙古文化和旅游融合发展推进措施

1. "文旅+生态"融合发展

内蒙古坚持可持续发展，实施了"文旅+生态"发展模式。牢固树立"绿水青山就是金山银山"的理念，守住生态底线、红线，科学有序地开发利用草原、沙漠、河湖、冰雪、森林、湿地等自然资源，并采取了严格的保护措施，在保护自然生态的同时也保护自然文化系统。借助草原这个得天独厚的自然资源优势，顺应气候环境变化，大力提倡低碳、节能、环保，积极发展绿色生态旅游。统筹草原保护和发展，兼顾经济效益和生态效益，始终坚持自然生态保护与经济社会发展相协调的原则。以草原为体，以草原文化为魂，以草原旅游为特色，有效利用"草原+森林、沙漠、湖泊、温泉、地质奇观、边境口岸"等北疆区域特色旅游资源优势，增加旅游服务内容，丰富旅游产品。近年来，内蒙古着力打造了呼伦贝尔草原国家公园旅游、满洲里市中俄边境旅游、蒙古之源·蒙兀室韦民族文化旅游、呼伦贝尔两河圣山旅游、莫尔道嘎森林公园旅游、布苏里北疆军事文化旅游、额尔古纳旅游（含拉布达林小镇和湿地景区）、毕拉河达尔滨湖国家森林公园游、根河源国家湿地公园游、鄂伦春拓跋鲜卑民族文化园游、白音哈达草原旅游、牙克石凤凰山休闲度假旅游、巴尔虎蒙古部落景区游、扎兰屯旅游度假（含城区遗址、吊桥公园、金龙山、扬齐山水库、秀水等)、尼尔基水库游、达斡尔民族园游、乌拉盖原生态草原旅游、乌珠穆沁草原文化旅游、珠恩嘎达布其口岸边境旅游等生态文化旅游品牌。通过"草原+城镇"、乡村及节庆表演等，展现草原文化，优化旅游产品组合。进一步推动了草原自驾游驿站、正蓝旗上都湖原生态旅游特色小镇、多伦县姑娘湖旅游小镇等项目的建设。着力打造了以岱海温泉、察尔湖、苏木山等为主体的山水观光休闲度假区，以草原文化为魂，着重开发了草原休闲观光、民族文化体验、盛夏避暑度假、特色温泉疗养、民俗节庆等旅游项目。充分发挥了内蒙古得天独厚的自然、人文旅游优势及污染少、风光好、环境美、空气优的资源优势，形成了富氧离子养生、温泉养生、马奶养生、航天之旅、看黄河流凌、看雪上杜鹃、大漠探险、天然冰雪、冷极体验、私人农庄（牧场）等绿色旅游产品。另外，还进一步挖掘了冰雪草原、冰雪森林、雾凇、林海雪原等冬季自然旅游资源，并突出了自然景观与人文资源特色，以"一年四季都是景"为理念，重点打造了由冰雪旅游特色景点、冬季旅游特色线路和全域服务、四季皆游的旅游项目等构成的四季旅游产品体系。开发了"大东北"冰雪旅游、"万里茶道"品牌国际旅游、"三湖"（呼伦湖、贝加尔湖、库苏古尔湖）之旅、中蒙边境邂逅野生动物、额尔古纳河及右岸采风等旅游精品线路。

2. "文旅+品牌"融合发展

文化旅游产业最终依赖的是资源，但是不能单纯依赖资源，而要根据市场需求挖掘资源，依赖资源引导市场需求，二者必须紧密结合。在对资源和市场深刻了解的基础上必须强调精品引领。对于草原地区，应该在旅游资源、市场和区域环境、地区经济社会发展水平的整体判断基础上选定重点区域，然后根据各个区域的不同游客群体选择重点产品进行开发，集中资源将其培育、打造成精品，以精品引领和带动整体发展。近年来，内蒙古相继推出了"内蒙古旅游那达慕""内蒙古冰雪那达慕""人民剧场""内蒙古味道""内蒙古音乐""马背上的内蒙古""内蒙古礼物""72小时自驾内蒙古"等一大批特色旅游品牌，并先后打造了国家全域旅游示范区、边境旅游试验区、生态旅游示范区、公共文化服务体系建设示范区等多个国家级文化旅游品牌。以特色品牌"壮美内蒙古、亮丽风景线"为总领，重点打造了"祖国正北方、亮丽内蒙古"形象品牌、"内蒙旅游、马到成功"旅游品牌、"草原+风景道"线路品牌、"豪迈、自然、温馨"服务品牌、"内蒙古博乐歌"旅游商品品牌、"自由自在内蒙古"自驾游品牌以及若干景区品牌，并努力建构"643X"品牌体系。

3. "文旅+音乐舞蹈"融合发展

内蒙古通过传承发展优秀舞蹈艺术，创新推出了民族民间舞蹈艺术精品——"内蒙古舞蹈"文化品牌，进一步推动了文旅融合发展。内蒙古民族艺术剧院倾力推出的国内首创全景式舞剧《千古马颂》[①]，于2014年首演，公演了350多场，吸引20余个国家和地区以及国内各地的旅游者、受众等约40万人。2015年荣获国家艺术基金舞台艺术创作（跨界融合类）项目资助，成为国内第一个荣获这一资助项目的马舞剧。2018年荣获"中国最佳旅游演艺项目奖"金奖，同时也被评为内蒙古自治区文化产业重点项目。目前内蒙古已经形成了独特的文化旅游产品，并以其突出的地方特色和优秀的艺术风格，在国内文化旅游表演领域中独树一帜。包括路透社、《每日先驱报》等在内的世界500多家新闻媒体聚焦并报道过《千古马颂》，央视、凤凰网、人民网、学习强国等国内各大主要新闻媒体和网站也都进行了多方面的宣传报道。此外，内蒙古还打造了《骑兵》、《草原英雄小姐妹》、《江格尔》（歌剧）、《蒙古马》（民族管弦乐作品）等多部音乐舞蹈类精品。其中，由内蒙古艺术剧院推出的原创舞剧《骑兵》，荣获了第十二届中国舞蹈"荷花奖"舞剧奖，入选了2020年度全国舞台艺术重点创作剧目。这些民族音乐舞蹈精品的打造与推广，促进了内蒙古旅游业的进一步发展，产生了较高的文化价值、社会效益与经济效益，并带来了良好的品牌效应。

4. "文旅+非遗"融合发展

在非遗与文旅融合发展过程中，既要遵循非遗"保护为主、抢救第一、

---

① 郑睿达、周燕：《中国首创全景式大型马舞剧千古马颂》，《内蒙古宣传思想文化工作》2020年第9期。

合理利用、传承发展"的原则,认识其在"文旅+非遗"融合中的重要意义,又要认识到旅游行业所特有的"综合性、经济性、带动性"的特点和作用。非遗和文旅二者有着相互依存、相互促进的关系,非遗赋存可为内蒙古旅游业发展带来资源保障与精神助力,是旅游的灵魂所在;而旅游业的发展能为内蒙古的非遗传承、保护和发展提供载体和基础,能激活非遗自身生命力,为非遗的传承、开发、利用创造崭新的发展机遇。莫尼山非遗小镇是内蒙古自治区乃至我国第一个以展示非遗为主体的大型露天博物馆(旅游景区)。2021 年获得国家 4A 级景区评定。小镇将"非遗传承+非遗项目展示+文化创意+生态旅游"完美结合,既体现了非遗传承、研学推广、红色教育、爱国宣传、培训教育等内容,又打造成集居住、饮食、旅游、休闲、度假于一体的综合型特色景点。莫尼山非遗小镇目前已建设的园区内共有 26 大块,包括万里茶道驿站、莫尼山阴山岩画谷、马头琴博物馆、非遗活态传承馆、非遗美食文化研究基地、非遗曲艺展演、非遗大数据中心、非遗多媒体中心、蒙古老营、露天演艺广场、巾帼创业就业示范基地、红色记忆(爱国主义教育基地)、蒙古族皮艺传习基地、民族团结进步宣教基地、回民区文艺阵地、非遗研学传习基地、非遗研发设计中心、中画国检内蒙古中心、内蒙古传统工艺工作站呼和浩特分站、油画研修基地、影视拍摄基地、登山步道、自然动物园、拓展营地、民俗体验区、时尚民宿区等,而在这些项目中所呈现的非遗文化,为内蒙古文旅业的发展注入了灵魂、提供了智力支撑。莫尼山非遗小镇所打造的"非遗传承+非遗项目展示+文化创意+生态旅游"新型产业平台,对于呼和浩特市文旅产业的高质量融合发展起到了积极推动作用,也是"文旅+非遗"融合发展模式的典型案例。通过"文旅+非遗"融合发展,进一步深入挖掘、梳理非物质文化遗产价值,完善、优化非遗保护名录体系,促进非物质文化遗产的活态传承和活化利用,能够推动内蒙古非遗旅游融合发展。

5."文旅+科技"融合发展

内蒙古着力开发适应内蒙古自然环境、旅游方式,满足文化旅游发展需求的高智能化、系列化装备,进一步增强产品设计与能力,构建开放型产业体系，全力推进文旅数字化、网络化、智能化建设，促进5G、新型人工智能、区块链、量子科技、物联网、大数据、云计算、北斗导航等在文化旅游领域的应用普及。2020年，内蒙古制定了《国家文化大数据体系建设（内蒙古）工作方案》，推进"文旅+科技"融合发展，加快文化产业数字化建设，深化与中植、同程等企业的合作，积极推动"畅游内蒙古"网络旗舰店等重大项目落地。同年，内蒙古全面推动网络乌兰牧骑建设，75支乌兰牧骑全部开通抖音、今日头条、微信公众号等新媒体账号，开展了网上直播7000多场，所有乌兰牧骑节目都登上了云端，全网同步观看量已突破2.5亿次。点对点推送的"与湖北同心战疫·草原音乐为你加油"的视频，点击数为7.3亿次[1]，在全国首先通过"网上文艺"慰问湖北省，实现了跨地域"送门"服务。当然，科技不能单独作用于文旅发展，只有与制度创新、技术创新、组织创新、管理创新等形成联合驱动，协同作用于文旅产业发展的全过程，才能最大限度地发挥其优势和潜力。2022年1月28日，"云游鄂尔多斯"应用程序正式上线，这是以微信服务账号和小程序为载体的、面向广大手机用户的、集宣传展示、服务、互动体验、信息发布、在线商城等功能于一体的官方综合应用程序，能使广大旅游者以全新方式感受、体验鄂尔多斯文化和旅游魅力，进一步提高了城市文化和旅游服务的能力和水平，也更好地满足了广大旅游者的个性化体验要求。技术赋能，能够促进文旅行业的信息化建设，促进文化与旅游数字化、网络化、智能化发展，能够促进新一代人工智能、大数据分析、云计算等在文化与旅游产业中的广泛应用，能够创新文旅产业体验模式，能够进一步提升文旅融合的速度。

6."文旅+网络"融合发展

文旅与网络的融合已形成新的旅游架构，完美整合了融媒体、文化和旅游资源，实现了文旅产业与现代技术、经济和文化领域的深度耦合。例如，2021年内蒙古第31届旅游那达慕大会准确把握大众旅游和"文旅+网络"的发展大势，准确对接旅游市场需求，策划那达慕活动内容，创新那达慕举

---

[1] 包思勤主编《内蒙古发展报告（2020）》，远方出版社，2021。

办方式，将民族传统与现代消费有机结合，在做优那达慕传统项目的基础上，增加了体育、美食、演艺、文创、非遗和绿色农畜产品展示等项目，配套举办了草原轮滑马拉松邀请赛、"内蒙古味道"特色美食与啤酒节、实景剧《漠南传奇》、"草原星空夜"专场演唱会、"百景百部"短视频奖会、非遗展览、文旅项目与战略合作签约仪式等形式多样、文化内涵丰富、民众关注度较高的文化特色活动，游客不仅能够欣赏到传统的那达慕体育比赛，还可以参加敖包祭祀或沉浸式体验原生态农家乐牧家乐民俗生活。这些活动还可辐射周边的旅游景点，如红格尔敖包、丝路梦郡、诗画草原、套马沟、吉穆斯泰等，让游客感受游牧文化、农耕文化、石林文化，也为传统那达慕赋予了新的内涵，大大提高了游客的参与度和体验感。不仅如此，本次大会还在活动的宣传推广模式上进行了大胆创新，整合了线上、线下传播平台，注重发挥基于网络直播、H5、VR等技术的各类新媒体的传播优势，加大融媒体、全媒体推广和目的地定向推送力度，全面开展内蒙古旅游那达慕宣传推广工作，探索提高旅游那达慕的传播力、扩散力，着力扩大旅游那达慕大会的知名度和影响力。2021年旅游那达慕大会不仅在内涵、形式上有所创新，其文化旅游体验也更加丰富，大大提高了当地旅游业的竞争力。

（二）内蒙古文化和旅游融合发展成效

总体来看，内蒙古文旅融合发展成效显著。文艺创作活动繁荣发展，积极落实并践行了习近平总书记对乌兰牧骑事业发展的重要指示精神，出台了《内蒙古乌兰牧骑条例》，乌兰牧骑精神得到了进一步的传承和弘扬，集思想性、艺术性、观赏性于一体的优秀作品不断涌现，舞剧《草原英雄小姐妹》获得文华大奖，歌舞剧《我的乌兰牧骑》入选全国舞台艺术精品工程"十大剧目"，124个项目获得国家艺术基金支持，全区艺术剧团累计公演13.75万场次。文化遗产保护传承工程得到有力推进，累计投入文物保护专项资金14.3亿元，辽上京遗址等七处古遗址列入全国大遗址名单，长城、黄河国家文化公园创建工作扎实推进，非物质文化遗产四级名

录体系基本形成，颁布实施了《内蒙古非物质文化遗产保护条例》，推出非遗展览、演出、民俗活动1万余场。中华文化影响力不断扩大，累计派出111个团组赴美国、英国、德国等60多个国家开展"欢乐春节"演出活动，承办重大的国际研讨会、国际高峰论坛和展览活动，讲好中国故事、内蒙古故事，传递好中国声音，国际旅游品牌影响力进一步增强①。

根据内蒙古自治区统计局数据，截至2019年底，全区共有文化及相关产业法人单位20873个，较2013年（9396个）增长122%。其中，规模以上法人单位171个，与2013年基本持平；规模以下法人单位20702个，比2013年（9225个）增长124%。2019年，内蒙古文化产业增加值达383.1亿元，比2013年增长1.1倍，年均增长13.2%；文化产业增加值占GDP比重为2.23%，比2013年提高0.63个百分点。内蒙古目前已有国家级文化产业示范基地6个、自治区级文化产业示范基地34个。内蒙古文化产业门类齐全，文化及相关产业法人单位已覆盖了文化产业全部九个行业大类。内蒙古特色文化产业不断涌现，比如阿拉善盟、赤峰市和巴彦淖尔市的赏石业规模不断扩大，已形成一条完善的产业链；"中国书法城"已成为乌海最具特色、叫得最响的城市名片。目前，以呼和浩特为轴心的"呼包鄂"经济文化共同体，以赤峰市、通辽市、锡林郭勒盟、乌海市等盟市为代表的文化产业发展增长极的"一体多级"发展格局基本形成②。

据内蒙古自治区文化和旅游厅统计资料，"十三五"期间，累计接待境内外游客66510.63万人次，实现旅游总收入17224.41亿元，分别是"十二五"同期的1.94倍和2.3倍。2020年，接待境内外旅游者12503.1万人次，实现境内旅游总收入2404.06亿元，分别回升至上年同期的

---

① 《内蒙古自治区"十四五"文化和旅游融合发展规划》，内蒙古人民政府网站，2021年12月29日，https：//www.nmg.gov.cn/zwgk/zfxxgk/zfxxgkml/ghxx/zxgh/202201/t20220111_1992720.html。

② 《内蒙古自治区文化和旅游厅2019年度文化和旅游发展统计公报》，内蒙古文化和旅游厅网站，2021年1月25日，https：//wlt.nmg.gov.cn/zfxxgk/zfxxglzl/fdzdgknr/tjxx01/202105/t20210531_1600304.html。

64.68%和52.74%。2020年下拨自治区旅游发展资金6923万元，支持82个重点文旅项目建设。全区共有19个旗县区列入国家第二批革命文物保护片区。目前首批认定革命文物保护单位116家，其中，全国重点革命文物保护单位8家、自治区级革命文物保护单位31家。近年来，内蒙古先后打造了呼伦贝尔市满洲里市、鄂尔多斯市康巴什区、锡林郭勒盟二连浩特市等3个国家全域旅游示范区，赤峰市克什克腾旗、兴安盟阿尔山市等15个自治区级全域旅游示范区。国家、自治区级全域旅游示范区积极围绕全域宜居宜业宜游目标，统筹推进旅游景区、特色小镇、美丽乡村建设，加强城乡整体风貌、全域环境整治，努力打造内蒙古特色鲜明的旅游目的地，在坚持高位推进、城乡联动、共建共享、机制创新和文旅融合方面发挥了典型示范带动效应。截至2020年底，累计创建5A级景区6家、4A级景区45家、3A级景区62家；创建特色旅游小镇、乡村旅游聚集区、乡村旅游重点村（嘎查）单位105个，其中24个村（嘎查）被评为全国乡村旅游重点村（嘎查）；创新推出"72小时自驾内蒙古""马文化""少年那达慕"等特色旅游品牌，打造116条春季游、自驾游、乡村游、红色游、马文化游、研学游等精品线路。以响沙湾、成吉思汗陵、阿尔山、满洲里边境旅游区等为代表的精品景区建设工程成为展示"亮丽内蒙古"形象的新途径[①]。

三 内蒙古文化和旅游融合发展经验总结

内蒙古文化和旅游业深度融合的实现，离不开各个环节、各个领域、各个要素的联合协同作用。其中，消费需求的增长是文旅融合发展的原生动力，精品及产品的不断升级是文旅融合发展的核心竞争力，而科技的创新是文旅融合发展的关键驱动力。

---

① 《内蒙古自治区文化和旅游厅2020年度文化和旅游发展统计公报》，内蒙古文化和旅游厅网站，2021年8月11日，https://wlt.nmg.gov.cn/zfxxgk/zfxxglzl/fdzdgknr/tjxx01/202108/t20210811_1801411.html。

（一）消费需求的增长是文旅融合发展的原生动力

从全球发展角度看，旅游正步入休闲度假全新时期，呈现休闲化、大众化和社会化特征。旅游业正得到越来越多国家和地区的关注，并成为提供大量就业机会和促进经济社会发展的重要推动力。从国内宏观层面分析，随着居民收入水平的提升和社会消费结构的升级，中国正步入大众化旅游新时期，国内旅游需求也越发强劲。同时，我国为进一步推动"一带一路"建设、长江经济带和京津冀协同发展战略，积极落实新一轮东北振兴和西部大开发战略，相继实施了扶持旅游业发展、鼓励旅游项目投资和消费的政策措施，政策叠加效应进一步凸显，给内蒙古旅游业带来了良好的发展契机。习近平总书记考察内蒙古明确提出的新定位、赋予的新使命、提出的新要求，为内蒙古地区旅游业转型升级提供了全新的机遇。同时，内蒙古注重发展全域游、四季游，积极实施"文旅+"发展模式，高起点策划、大力度投入、高标准建设、高效能管理、全面推介，打造出了"壮美内蒙古、亮丽风景线"等优质文化旅游品牌，将内蒙古打造成国内外知名旅游目的地，这些为内蒙古文旅产业的高质量发展，区内外、国内外旅游消费需求的增长提供了优质的社会、经济、人文、政策环境和客观条件。

从国内微观环境来看，随着经济、社会、科技的高速发展以及人们物质文化生活水平的不断提升，消费需求也呈现个性化、多样化、多层次，并由低层次向高层次逐步演变、消费领域日益扩大、消费内容越来越丰富、消费质量不断提高的趋势。内蒙古顺应文化和旅游消费提质升级，从供需两端发力，不断推出文化和旅游消费新举措，进一步优化消费生态，丰富产品和服务的供给，激活消费能力，促进文旅融合协调发展，合理引领和扩大文旅消费，在促进全区经济社会高质量发展、满足人民群众对美好生活需要等方面发挥了积极作用，但仍存在巨大挑战。一是国内大部分省区均把旅游业视为经济发展的重要支柱产业，并明确提出了建设"旅游大省""旅游强省"发展目标，不断推出相应政策举措和规定，支持旅游业蓬勃发展，未来市场竞争将越来越激烈。二是全区横跨东北、华北、西北，毗邻八省区，与周边地区具有相似的自然环境和人文资源，旅游业同质化竞争加剧。三是在积极推进旅游业健康快速发展的今天，妥善处理好生态环境保护与旅游资源开发利用的平衡关系，对实现可持续发展起到决定性作用，因此，内蒙古必须深化旅游业供给侧结构性改革以促进旅游业跨越式发展，要继续健全文旅消费政策，积极开展文化和旅游消费创新活动，继续扩大文化消费的有效供给，强力推动文旅项目建设，构建和优化文化与旅游融合消费新格局，继续提高地区文化与旅游消费对经济的贡献度，进一步增强人民群众的获得感、幸福感。

（二）旅游产品的不断创新升级是文旅融合发展的核心竞争力

旅游产品的不断创新升级是提供更为丰富的旅游体验、更为新颖的旅游业态、更为优质的旅游服务的原生动力。高质量旅游精品的打造是拓展旅游功能、促进文旅产业转型升级、不断满足人民美好生活需要的有效路径和重要抓手，也是文旅融合发展的核心竞争力。

要实现旅游产品的不断升级，创新理念、挖掘自身优势、形成旅游特色并发挥"文旅+"优势是关键。例如，全国首批国家级滑雪旅游度假地——呼伦贝尔市扎兰屯滑雪旅游度假地，位于大兴安岭东南麓与松嫩平原接壤处，区位优势显著，距扎兰屯成吉思汗民航机场25公里，绥满高速、301国道等贯穿周边，冬季平均气温零下12℃，存雪期长达5个月以上，有效滑雪期可达130多天，非常适合进行冬季户外运动。设施完善，核心景区金龙山滑雪场内服务设施齐全，目前共有雪道18条，雪道总面积已达102公顷，单雪季游客量达25万人，已连续十多年举办全国青锦赛、冠军赛等滑雪甲级比赛。其余住宿、餐饮配套设施较为齐全。每个雪季可为1.5万名青少年免费提供冰雪培训，辐射带动内蒙古、黑龙江1500万人口的滑雪研学培训市场，到扎兰屯金龙山滑雪已成为"春赏花、夏漂流、秋采摘、冬滑雪"四季旅游格局的重要区域旅游产品。旅游产品的不断升级、创新，旅游精品的不断开发、推出是内蒙古文旅融合发展核心竞争力的重要体现。

（三）科技创新是文旅融合发展的关键驱动力

科技创新是内蒙古文旅融合发展的关键驱动力，科技作用于内蒙古文旅产业融合、转型升级与实现高质量发展的全过程，渗透文旅价值链、产业链的各个环节，高效推动了内蒙古文化和旅游产业融合高质量发展。通过科技创新，内蒙古加强与国内主流媒体、线上知名营销平台和全媒体社交网络平台合作，开展网上旗舰店、抖音快手短视频、微信小程序和手机 App 等专项营销，并不断完善立体营销体系，全力推进文化和旅游数字化、网络化、智能化建设，推动 5G、人工智能、区块链、物联网、大数据、云计算、北斗导航等在文化和旅游领域的有效运用和推广。内蒙古进一步加强文化和旅游信息资源共享系统建设，建立健全遍布全区的文化和旅游信息公开与共享体系，加强信息运用，以进一步增强文化和旅游产业监测、运行分析、服务质量评估、风险预警与应急处理能力，用信息化促进全区文化和旅游产业治理现代化。通过先进的科学技术推动智慧文旅创新发展，整合"自治区—盟市—旗县（市、区）"文旅资源和渠道，正在建设"三级一体"的文旅融合发展大数据服务平台，以网络技术推动行业管理、用户服务、市场营销和数据分析。

全区争取在国家 4A 级及以上旅游景区、自治区级及以上旅游度假区实现智慧化改造提升，通过智慧旅游景区建设可实现在线预约预订、分时段预约游览、流量监测监控、科学疏导分流、无接触咨询服务、智能导游导览等。目前正在引导旅游景区开发数字化体验产品并普及景点的电子地图、线路咨询服务、语音导览等智能业务。借助科学技术手段，促进文物保护、非物质文化遗产保护等的宣传与普及工作，带动戏剧、曲艺、民乐等传统文化线上传播，提高全区旅游演艺、线下游览的可视化程度。在现代科技的支持下，积极推动优质文化艺术资源数字化，努力打造智能图书馆、智慧博物馆、数字文化馆、数字展览馆和数字化艺术档案，形成公共数字艺术资源库群，正在塑造"草原文艺网络"品牌。同时，全区也在运用数字技术打造夜间文旅产品，培育云旅游、云演艺、云娱乐等新型消费形态。

四 内蒙古文化和旅游融合发展重要启示

绿色是内蒙古的底色，生态是内蒙古的最大资源优势。文旅融合发展的内蒙古模式，充分发挥了内蒙古得天独厚的自然资源优势、历史文化资源优势和区位优势，在合理、有效地保护生态环境的基础上，积极推动了全区文化产业和旅游产业的高质量发展，对其他民族地区文旅融合发展具有重要的启示作用和借鉴意义。

（一）坚持整体规划、一体化发展

坚持整体规划、布局与发展，能使文旅产业更加发达，文化旅游资源进一步优化升级，文化旅游产品覆盖各个方面，文化旅游空间布局更加科学合理。区域一体化发展是文旅发展的大趋势、大方向，是推动建立区域合作发展战略联盟的重要内容，是实现线路共联、游客共享、品牌共建、协作共赢的必然路径。区域文旅一体化发展可打破产品的局限，将文化旅游产品扩展成为多方位、多维度的综合性产品；可打破地域的局限，并非只有景区才是旅游目的地，整个城市甚至整个行政区都可能成为旅游目的地；可突破市场的局限性，通过发展全新的文化旅游品牌，加强市场推广，从而延伸成更为全面的市场手段，这有助于进一步提高市场竞争力。要进一步加强协调工作，按照整体规划、统一经营、统一管理、统一营销的开发方式，全面推进区域旅游协同发展。可借鉴内蒙古已经创建的3个国家全域旅游示范区和15个自治区级全域旅游示范区的实践经验，坚持大保护、大规划的发展理念，深化协作，理顺运营管理机制，加强顶层设计，做好统筹规划，以高起点定位、高质量发展、高水平运营为目标，全力推动区域旅游一体化发展。

（二）将文化优势转化为旅游优势

文化是"五位一体"总体布局和"四个全面"战略布局的重要内容，是满足人民群众日益增长的美好生活需要的重要因素，是推动高质量发展的

重要支点和战胜各种风险挑战的重要力量源泉。要把深厚的历史文化底蕴和丰富的文化内涵融入旅游业，实现文化优势向旅游优势的转化，提升旅游产品的文化品位和内涵，满足不同游客更新、更高的精神文化的需求，促进文旅产业的高质量发展。要深度挖掘当地的文物古迹、民俗风情、美食特产、歌舞、神话传说等物质和非物质文化资源，采取"文旅+"的模式，使人文风情、特色餐饮、城镇、娱乐及相关服务业等诸多要素都融进文旅发展中，让文化成为旅游的灵魂。例如，黄河流经内蒙古840多公里，内蒙古地处黄河"几"字弯的上半部分，地理位置独特，流域面积广阔，具有生态治理区、多元文化相融交汇区、革命老区、边境地区、少数民族集聚区、传统特色农牧区和内蒙古经济核心区等"七区合一"的区域特点。沿黄一带共有全国重点文物保护单位62处，拥有战国、秦汉、北魏、北齐、隋、金、明等历代长城655.25公里，有国家级非遗代表性项目24个，国家级非遗代表性传承人25名，自治区级文化生态保护区4个。拥有一批国家级示范项目，包括A级旅游景区216家，其中5A级2家、4A级84家，呼和浩特市、包头市、鄂尔多斯市为国家公共文化服务体系示范区，鄂尔多斯市被列为全国旅游业改革创新先行区，敕勒川草原文化旅游区（哈素海）为国家首批湿地旅游示范基地，内蒙古伊利集团为国家工业旅游示范基地，越野E族阿拉善梦想沙漠汽车航空乐园为国家体育旅游示范基地等，内蒙古依托这些得天独厚的资源禀赋，深入挖掘其文化内涵，推出黄河旅游系列产品，把文化优势转换成旅游优势。再如，鄂尔多斯市以蒙古族风情的展示体验为核心，着力推出成吉思汗祭祀文化展示、鄂尔多斯歌舞、鄂尔多斯婚礼、察干苏力德那达慕、漫瀚调、萨拉乌苏文化展示等文化旅游精品，成功实现了地域文化优势向旅游优势的转换。

（三）坚持生态优先、绿色发展

保护好生态，是文化旅游融合发展的重点和难点，也是文化旅游产业科学发展的关键所在。维护好自然生态环境是为了发展好文化产业和旅游业、保障人民生活水平的底线，要处理好文旅产业发展和生态环境保护的关系。

推动文化和旅游融合发展，必须将自然环境保护视为既定前提，将生态环境保护教育及环保相关知识、法律法规的宣传普及视为其核心，并坚持践行"绿水青山就是金山银山"的理念，加大生态环境的保护力度。统筹好生态环境和文旅产业发展两者之间的关系，进一步促进可持续发展。要坚持绿色化智能化高端化导向，最大限度减少对自然生态的影响，实现保护与利用相统一。

（四）坚持宜融则融、能融尽融

坚持宜融则融、能融尽融的原则，推进文旅与生态、康养、非遗、文物考古、博物馆、音乐舞蹈、体育、教育、人才建设、城镇、工业、农牧业、金融、科技、交通、互联网等重点领域或产业的融合发展，可实现文旅产业多元创新、推进文旅产业增效提质和转型升级、丰富文化旅游功能，全面提高文旅产业综合带动作用。2021年推出的66个"内蒙古网红打卡地"，涵盖了"吃、住、行、游、购、娱"各环节的文化和旅游体验及消费场景，包括自然景点、人文景观、文化艺术类等内蒙古必去之地和阅读空间、文化街区园区、自驾线路等。这些网红打卡地的总传播浏览量达1200万次，各网红打卡地客流量达1000多万人次，实现了由流量效应向经济效益的良好转换。2021年，内蒙古打造了3个国家级夜间民俗文化和旅游消费集聚区，分别是呼和浩特市塞上老街、鄂尔多斯市康巴什区乌兰木伦文化和旅游街区、呼伦贝尔市满洲里市中俄边境旅游区套娃景区，还推出"云游鄂尔多斯"等，这些都是"文旅+网络+""文旅+城镇"模式的成功实践。

参考文献

内蒙古统计局：《内蒙古统计年鉴（2020）》，中国统计出版社，2020。

内蒙古统计局：《内蒙古统计年鉴（2021）》，中国统计出版社，2021。

张碧波、董国尧主编《中国古代北方民族文化史》（民族文化卷），黑龙江人民出版社，1993。

张岱年、万克立:《中国文化概论》,北京师范大学出版社,2011。
庄鸿雁、张碧波:《中国文化生态学史论》,中国文史出版社,2013。
朋·乌恩:《蒙古族文化研究》,内蒙古教育出版社,2007。
陶玉坤:《北方游牧民族历史文化研究》,内蒙古教育出版社,2007。
杨国良:《旅游规划中的文化元素表达——文旅融合的视角》,科学出版社,2020。
吴红辉:《智慧旅游实践》,人民邮电出版社,2018。

G.3
宁夏回族自治区文化和旅游融合发展实践与经验

高 燕*

摘　要： "以文促旅、以旅兴文"是谋划旅游业高质量发展的重要支撑。宁夏回族自治区通过完善文旅融合制度保障、凝练区域文旅产业特色、丰富文旅产品特色供给、推进文旅双向互促共融、服务全域旅游示范区创建和深化"两晒一促"活动将宁夏文化和旅游融合工作推进得如火如荼，使得宁夏旅游资源供给丰富，市场认可度提升，旅游消费实现恢复性增长。同时，宁夏文化旅游品牌定位日渐明晰，文旅产业成为推动旅游扶贫的助力。本报告认为，宁夏文旅融合的成效得益于始终坚持全域旅游发展理念，持续开展全时空旅游，明确树立文化旅游品牌，重视全媒体营销和对"两山"理念的高度秉承，以上经验总结可为其他区域文化和旅游的融合推进提供借鉴。

关键词： 文旅融合　旅游业　宁夏回族自治区

宁夏素有"中国微缩盆景"之誉，地貌景观丰富，域内有黄河、湿地、沙漠、戈壁、高山、草原、湖泊、峡谷等，依据《旅游资源分类、调查与评价》（GB/T 18972-2017），宁夏共有8大主类资源、28个亚类资源、120

---

* 高燕，陕西师范大学地理科学与旅游学院博士研究生，兰州文理学院教授，研究方向为旅游经济运行。

个基本类型资源，资源单体总量达1850个①。宁夏旅游资源特色显著、组合度佳，以古长城、西夏遗址遗迹、引黄古灌溉工程为代表的历史文化遗产彰显了宁夏的文化魅力，以葡萄酒、枸杞、肉牛和滩羊、牛奶精深加工为代表的"专精特新"企业提振了宁夏的产业发展动力，以黄河与沙漠、民族风情与红色遗址、自驾旅游与户外运动、避暑与康养的资源业态组合支撑了宁夏区级和国家全域旅游示范区的创建。2020年6月，习近平总书记再次视察宁夏时强调，决胜全面建成小康社会，决战脱贫攻坚，继续建设经济繁荣、民族团结、环境优美、人民富裕的美丽新宁夏②。加快推进产业转型升级，发展葡萄酒、全域旅游等特色产业，打造"星星故乡""葡萄酒之都""动感宁夏""长城遗址""酒庄休闲"等文化旅游品牌将为宁夏文化和旅游融合发展提供行动指南和根本遵循。

一 宁夏回族自治区文化和旅游融合发展实践

（一）加强文旅融合制度保障，引导文旅产业全要素运行

宁夏回族自治区积极对接国务院办公厅《关于进一步激发文化和旅游消费潜力的意见》，于2020年6月19日出台《自治区文化和旅游厅关于推动全区文化和旅游深度融合发展的实施意见》，同年10月29日发布《关于落实先行区建设要求全力推进文化旅游业高质量发展的实施意见（征求意见稿）》，坚持"宜融则融、能融尽融，以文促旅、以旅彰文"的总要求，基于宁夏文化和旅游产业融合提出了"旅游+"和"+旅游"的新模式探索，挖掘潜力、创新驱动的新领域开拓，培植优势、优化供给的新动能强化，项目带动、资金支撑的新格局构建，成果展示、品牌营销的新形象塑

---

① 《宁夏回族自治区"十三五"全域旅游发展规划》，宁夏人民政府网站，2020年1月6日，https://www.nx.gov.cn/zwgk/zfxxgk/fdzdgknr/ghxx/zxgh/202001/t20200106_1915136.html。
② 《习近平在宁夏考察》，中国政府网，2020年6月10日，http://www.gov.cn/xinwen/2020-06/10/content_5518467.htm。

造，优化环境、强化服务的新环境创设的主要发展任务。为应对疫情防控常态化，2020年3月13日，宁夏文化和旅游厅印发《关于有效应对疫情支持文化旅游企业加快复工复产的措施》，优化文旅企业营商环境，激活文化和旅游消费市场，促进文化和旅游产业健康发展。同时，为提振文旅产业全要素运行，宁夏出台政策扶持创意产品和特色旅游商品[1]、非物质文化遗产与旅游融合[2]以及博物馆、纪念馆旅游等业态发展，丰富体验型文化和旅游消费内容。

宁夏不断强化政策的导向作用，紧密围绕建设黄河流域生态保护和高质量发展先行区的目标，将文化旅游业作为"九大重点特色产业"之一，持续优化文旅融合发展环境，不断完善文化和旅游产业深度融合工作机制，为文化旅游业高质量发展赋予新内涵、注入新动能。

（二）凝练区域文旅资源特色，优化文旅融合定位布局

宁夏旅游特色与空间格局经历了"十三五"时期构建"一核集成服务、两带均衡发展、三廊整合提升、七板块打造精品"的全域部署。宁夏进一步优化文旅产业空间布局，着力构建银川都市圈文化旅游产业高质量发展核心区，黄河、贺兰山两大特色文化旅游带，沙湖、沙坡头、六盘山文化旅游产业"三大片区"，即"一核、两带、三片区"，以黄河休闲度假旅游、贺兰山葡萄酒休闲度假旅游、六盘山避暑度假旅游、长征红色文化旅游、枸杞中药材康养旅游等为特色，持续打造"塞上江南·神奇宁夏"旅游形象，统领打造"美丽宁夏""动感宁夏""星星故乡""葡萄酒之都"等品牌体系，提升"畅游宁夏、给心灵放个假"的价值认知，优化大西北旅游中转站功能配套，把宁夏建设成为大西北旅游目的地、中转站和国际旅游目的地。

---

[1] 《关于印发〈宁夏回族自治区文化和旅游厅关于促进文化创意产品和特色旅游商品发展奖补办法〉的通知》，宁夏文化和旅游厅网站，2020年7月6日，https://whhlyt.nx.gov.cn/zwgk/zc/zxgfxwj/202007/t20200706_3659250.html。

[2] 《宁夏回族自治区非物质文化遗产保护管理办法（修订稿）》，宁夏文化和旅游厅网站，2022年4月8日，https://whhlyt.nx.gov.cn/zwgk/fdzdgknr/yjzj/202204/t20220408_3659260.html。

（三）丰富文旅产品特色供给，推动文旅业态纵深融合

推动红色旅游发展。宁夏是陕甘宁革命根据地的重要组成部分，也是红军长征会师地之一，留下了丰富的红色资源。为秉承红色基因，讲好红色故事，宁夏围绕六盘山、贺兰山、黄河和长城打造文化旅游综合体。2019 年，宁夏红色旅游接待游客 271.25 万人次，同比增长 28.26%，红色旅游综合收入 7.0525 亿元，同比增长 31.33%[①]。2021 年"五一"前宁夏文旅厅发布了 22 条红色旅游精品线路，其中包括长征精神、红色记忆、感受中国力量和美丽乡村研学旅游线路，涵盖了宁夏全区 22 个县（区、市）的红色旅游景区景点、展馆、美丽乡村等研学点共 128 个，以满足人民接受革命传统教育和对红色旅游的需求，助力革命老区的经济发展。

推动生态旅游发展。四季分明的气候，充足的阳光，洁净的空气，山岳、河流、森林、草原、戈壁、沙漠、湖泊、湿地、绿洲交融的环境，共同构成了宁夏以黄河湿地为主的水域风光生态旅游景观，以贺兰山、六盘山为主的山岳生态旅游景观，以腾格里沙漠为代表的沙漠生态旅游景观。近年来，宁夏围绕建设黄河生态保护和高质量发展先行区的时代使命，转变旅游消费观念，积极推动贺兰山生态旅游区、六盘山生态旅游区、罗山生态旅游区、黄河湿地生态旅游区、大漠长城生态旅游区五大生态旅游区建设。

推动研学旅游发展。宁夏依托历史文化、红色、生态、农业、工业旅游资源、文化场馆、科研机构等，开发治沙研学、生态研学、非遗研学、红色研学、星空研学、工业研学等一批研学旅游产品，建设一批安全适宜的中小学生研学旅行基地。2019 年，宁夏设立了领新耘智·3D 打印创新基地等 30 个单位为首批中小学生研学实践教育基地，哈巴湖国家生态旅游区等 4 个单位为首批中小学生研学实践教育营地。现已面向市场推出"神奇宁夏"远古文明探索研学、宁夏历史文化研学系列、传统民俗非遗研学系列、"大美宁夏"科学自然系列、军事文化红色研学系列等研学产品。

---

① 《宁夏：胜利之山开启新长征》，《人民日报》（海外版）2021 年 7 月 23 日。

推动乡村旅游发展。宁夏乡村拥有清新的空气、良好的生态、优美的环境、古朴的风貌,对城市居民有着强烈的吸引力。全区拥有乡村旅游点1000余家、星级农家乐536家、全国乡村旅游重点村29个、特色产业示范村10个、特色文化旅游村30个、旅游扶贫重点村72个。2019年,宁夏9个村入选文化和旅游部第一批全国乡村旅游重点村并受牌。2020年,宁夏20个村入选文化和旅游部第二批全国乡村旅游重点村,休闲农业和乡村旅游接待人数达到1368万人次,实现旅游收入9.57亿元[1]。2021年,宁夏发布《宁夏乡村旅游指南》,安排部署乡村旅游重点工作。2022年,中国美丽休闲乡村推介宁夏5个乡村上榜。

推动特种旅游发展。宁夏依托大漠黄河、高山峡谷等独特地质地貌资源,大力发展沙漠探险、高山滑雪、冰雪旅游、低空飞行、热气球、汽车攀岩、汽车摩托车越野拉力等极限运动旅游产品,全力打造国家级沙漠运动基地、航模比赛基地、山地户外运动基地等。宁夏沙湖生态旅游区荣获"中国体育旅游十佳精品景区",沙坡头旅游区、星海湖体育运动休闲旅游区荣获"中国体育旅游精品景区",六盘山国家森林公园小南川徒步线路荣获"中国体育旅游精品线路",全国青少年航空航天模型锦标赛、中国·宁夏拉巴湖全国越野车大赛荣获"中国体育旅游精品赛事",宁夏三沙源和宁夏石嘴山市平罗县荣获"中国体育旅游精品目的地"[2]。

(四)推进文旅双向互促共融,实现文旅价值要素共创

推进"文艺创演+旅游"。大力推动演艺和旅游融合,水洞沟景区推出国内首部大型实景马战史诗剧《北疆天歌》,沙坡头旅游区推出反映丝路文化、边塞文化、治沙文化的国内首台魔幻情境体验剧《沙坡头盛典》,瑞信温泉小镇推出大型旅游演艺秀《西夏盛典》,西夏风情园推出还原夏辽"河

---

[1] 《宁夏推出28条精品乡村旅游线路》,宁夏文化和旅游资讯网,2021年4月1日,https://www.nxtour.com.cn/news-7144.do。
[2] 《宁夏8个项目入选中国体育旅游精品项目》,人民网,2018年1月9日,http://m.people.cn/n4/2018/0109/c902-10373739.html。

曲之战"实景马战演艺《烽火西夏》。宁夏启动"文化大篷车"基层巡演，创排《山海情》《塞上江南》等一批文艺精品，吸引国内外游客"阅贺兰山秀、品葡萄美酒"，叫响"长城博物馆""星星的故乡""中国旅游微缩景观""东西部扶贫协作典范"等品牌。

推进"公共文化服务+旅游"。2019年春节期间，宁夏共接待游客201.52万人次，实现旅游收入8.98亿元，同比分别增长0.69%和8.98%。宁夏博物馆、宁夏图书馆、亲水体育馆等文化体育场馆所有项目免费开放，各主要景区纷纷推出免门票或门票半价的惠民措施，宁夏歌舞剧院、宁夏京剧院、宁夏秦腔剧院、宁夏话剧杂技团精心组织80余场演出送戏进景区。

推进"非遗传承+旅游"。截至2020年4月，宁夏现有国家级非遗代表性项目18项，国家级非遗代表性传承人22人；自治区级非遗项目142项，自治区级非遗传承人176人；国家级非遗生产性保护示范基地1个，自治区级非遗传承基地65个[①]。在2019年公布的"中国非遗年度人物"100人候选名单中，宁夏4名非遗工作者入选，"魏氏砖雕扶贫"惠民增收案例入选全国50个优秀案例[②]。2019年，宁夏举办38项"非遗+旅游"大型活动丰富节日文化生活。2020年3月，自治区文化和旅游厅出台《宁夏非物质文化遗产保护管理暂行办法》。

推进"文化产业+旅游"。2019年，在宁夏文化旅游产业项目对接大会上，共签订16个项目、金额约50亿元，宁夏红色文创产品与红色旅游演艺作品斩获6项全国性奖项。截至2019年底，全市共有国家级文化产业示范基地6个、自治区级文化产业基地26个、文化产业园区3个、文化产业特色村镇1个[③]。2020年8月，宁夏举办文化和旅游产业工作推进会。扶持"宁夏有礼"、"固原有礼"、剪纸、刺绣、沙画、砖雕等文创产品走出宁夏，

---

① 《宁夏：非遗成全域旅游新亮点》，网广网，2020年7月1日，http://news.cnr.cn/local/zt/yyzg/shouye/20200701/t20200701_525151288.shtml。
② 《"非遗+"开辟宁夏文旅融合发展新路径》，《宁夏日报》2020年5月18日。
③ 《银川绘就文旅融合新蓝图》，宁夏新闻网，2020年10月9日，https://www.nxnews.net/zt/2020/nxkcdy/kcdyhfbd/202010/t20201009_6881223.html。

积极参加中国（深圳）国际文化产业博览交易会、中国西部文化产业博览会、中国北京国际文化创意产业博览会等国际性展会，促进文化产品交流与合作①。

（五）推进全域旅游示范区创建，健全文化旅游产品体系

2016年9月，宁夏被列入"国家全域旅游示范（省）区"创建单位。2019年9月，西夏区、沙坡头区被列入首批国家全域旅游示范区。2020年12月，青铜峡市、平罗县成功创建第二批国家全域旅游示范区。宁夏出台《宁夏回族自治区全域旅游发展总体规划（2020—2025年）》将旅游业纳入全区经济社会发展、空间规划、城乡建设、土地利用、基础设施建设和生态保护等相关规划，提出全域旅游"全景、全业、全时、全民"模式发展，把宁夏当成一个"大景区"来打造。通过高质量建设和打造一批文化底蕴深厚和文化特色鲜明的文旅融合精品旅游景区、文旅融合示范区、文旅融合主题公园、文旅融合历史文化街区、研学旅游目的地、文化旅游综合体、研学旅游目的地和文旅特色小镇，宁夏进一步丰富文化旅游产品体系。

（六）深化"两晒一促"活动，彰显文旅传播力与营销力

"两晒一促"，即"晒文旅·晒优品·促消费"，是由宁夏回族自治区党委宣传部、文化和旅游厅、商务厅、广播电视局联合主办的大型文旅推介活动。首届"两晒一促"活动于2020年8月15日至9月10日举办，包括书记（县长）专题宣传、"经典故事、精品线路"专版、"炫彩60秒"短视频、"云上文旅馆"等板块，活动通过与中央媒体、地方主流媒体及网络新媒体的合作，将宁夏的历史文化旅游资源进行挖掘提炼、展示表达，有效提升了"塞上江南·美丽宁夏"品牌影响力。2021年3月，宁夏第二季"两晒一促"活动开展，活动覆盖宁夏22个县区和5个地级市，推行"22+5"模式，实现从"晒风景人文"到"晒文创优品"的转变，让各地的文创优

---

① 鲁忠慧：《宁夏文化产业发展及趋势分析报告》，《新西部》2019年第19期。

品、非遗文化、特色美食在多个互联网平台争相亮相，形成更具传播力的网红效应。2021年第一季"两晒一促"综合传播量突破21亿次，让更多人了解宁夏、"种草"宁夏。

二 宁夏回族自治区文化和旅游融合发展成效

（一）旅游供给日益丰富，市场认可度提升

截至2020年底，宁夏全区共有A级旅游景区107家，其中2019～2020年新增A级景区41家（见表1）、省级旅游度假区3家、乡村旅游点1000余家（全国乡村旅游重点村29个）、旅行社178家、旅游星级饭店100家、星级农家乐500余家、自驾车营地13家、旅游商品研发基地28家、持证导游4537人[①]。

宁夏银川市先后获评"中国十大美好生活城市""中国十大新天府城市""中国最具幸福感城市""亚洲都市景观奖""中国人居环境范例奖""国际湿地城市"，以及全国首批十大"中国旅游休闲示范城市"等一系列殊荣。西夏区顺利通过全国首批全域旅游示范区（县）验收，镇北堡镇镇北堡村、闽宁镇原隆村成功获评首批"全国乡村旅游重点村"[②]，灵武获评中国地名文化遗产"千年古县"[③]，贺兰山东麓入选"世界十大最具潜力葡萄酒旅游产区"[④]。

---

① 《文旅融合促产业提质，升级换挡需做足"特色"——宁夏文旅产业发展观察》，宁夏企业公共服务平台网站，2021年3月20日，https：//www.smenx.com.cn/jdcycydt/whll/426156.shtml。
② 《银川绘就文旅融合新蓝图》，宁夏新闻网，2020年10月9日，https：//www.nxnews.net/zt/2020/nxkcdy/kcdyhfbd/202010/t20201009_6881223.html。
③ 《宁夏灵武获评中国地名文化遗产"千年古县"》，"央广网"百家号，2018年2月7日，https：//baijiahao.baidu.com/s?id=1591756405673514220&wfr=spider&for=pc。
④ 《众望所归！宁夏贺兰山东麓获评"世界十大最具潜力葡萄酒旅游产区"！》，搜狐网，2020年10月22日，https：//www.sohu.com/na/426606165_120229638。

表1　2019~2020年间宁夏回族自治区增列A级景区名录

序号	景区名称	所在地	等级	评定时间	序号	景区名称	所在地	等级	评定时间
1	西夏风情园旅游景区	银川市	4A	2020	16	石嘴山市大武口区龙泉村	石嘴山市	3A	2019
2	宁夏百瑞源枸杞博物馆	银川市	4A	2020	17	平罗县庙庙湖生态旅游区	石嘴山市	3A	2020
3	贺兰山漫葡小镇	银川市	4A	2020	18	大地天香旅游区	石嘴山市	3A	2020
4	志辉源石葡萄酒庄	银川市	4A	2020	19	西鸽酒庄	吴忠市	3A	2019
5	大武口区北武当生态旅游区	石嘴山市	4A	2020	20	黄河坛	吴忠市	3A	2019
6	盐州古城历史文化旅游区	吴忠市	4A	2020	21	董府景区	吴忠市	3A	2020
7	将台堡红军长征会师纪念园	固原市	4A	2020	22	青秀园市民休闲森林公园	吴忠市	3A	2020
8	寺口子风景旅游区	中卫市	4A	2020	23	隆德县老巷子民俗文化村	固原市	3A	2019
9	同心红军西征纪念园	吴忠市	4A	2020	24	彭阳县金鸡坪梯田公园	固原市	3A	2019
10	兵沟旅游度假区	银川市	3A	2019	25	彭阳县博物馆	固原市	3A	2019
11	华夏河图银川艺术小镇景区	银川市	3A	2019	26	天都山景区	中卫市	3A	2020
12	玉泉国际酒庄景区	银川市	3A	2019	27	天湖景区	中卫市	3A	2020
13	中粮长城天赋酒庄景区	银川市	3A	2019	28	香山湖湿地公园	中卫市	3A	2020
14	天山海世界景区	银川市	3A	2019	29	玺赞枸杞庄园景区	中卫市	3A	2020
15	宁夏灵武恐龙地质公园景区	银川市	3A	2020	30	贺金樽酒庄	银川市	2A	2020

续表

序号	景区名称	所在地市	等级	评定年份	序号	景区名称	所在地市	等级	评定年份
31	艾依薰衣草庄园	银川市	2A	2020	37	光耀美食街	吴忠市	2A	2019
32	格莉其酒庄	银川市	2A	2020	38	牛家坊	吴忠市	2A	2019
33	领新耘智·三维空间景区	银川市	2A	2020	39	强家老醋文化养生园	吴忠市	2A	2019
34	厚生记观光工厂	银川市	2A	2020	40	原州区刘姥姥农庄	固原市	2A	2019
35	贺翔航空旅游景区	石嘴山市	2A	2020	41	原州区黄土塬牡丹山庄	固原市	2A	2019
36	大武口硒有田园	石嘴山市	2A	2020					

资料来源：宁夏回族自治区文化和旅游厅：《宁夏A级旅游景区名录》，2021年3月1日，http：//whhlyt.nx.gov.cn/content_t.jsp?id=50160。

（二）旅游市场需求强劲，旅游消费恢复性增长

2019年，宁夏接待国内外游客4011.02万人次，同比增长19.92%，其中接待国内游客3998.45万人次，同比增长19.86%，接待过夜入境游客12.57万人，同比增长42.52%。实现旅游总收入340.03亿元，同比增长15.00%，其中实现国内旅游收入335.56亿元，同比增长14.96%，实现外汇收入6477.73万美元，同比增长15.94%。

2020年上半年，宁夏接待国内游客1557.71万人次，实现旅游总收入80.78亿元，分别恢复至上年同期的77.95%和53.15%，恢复程度高于全国平均水平。特别是"五一"期间，宁夏旅游接待人次和收入恢复至2019年的72.6%和88.94%，分别比全国高14个百分点和48个百分点①。

---

① 《宁夏上半年接待游客1557.71万人次》，文化和旅游部网站，2020年7月21日，https：//www.mct.gov.cn/whzx/qgwhxxlb/nx/202007/t20200721_873621.htm。

2021年春节假期期间，宁夏A级景区接待游客55万人次，恢复至2019年同期的93.63%，实现营业收入1561.06万元，恢复至2019年同期的87.41%[1]；清明假期期间，宁夏A级景区接待游客40.76万人次，恢复至2019年同期的63.74%，实现营业收入0.13亿元，恢复至2019年同期的72.22%[2]；五一假期期间，宁夏A级景区接待游客264.14万人次，与2019年同期相比增长74.14%，实现营业收入1.01亿元，与2019年同期相比增长19.59%[3]。至此，宁夏旅游进入恢复性增长阶段。

（三）文化旅游品牌定位明晰，市场影响力攀升

宁夏结合资源禀赋与市场诉求明晰文化旅游品牌进行定位，着力打好黄河文化、大漠星空、酒庄休闲、红色主题、动感体验、长城遗址六张牌，把宁夏建设成为西部国际旅游目的地，并将这一发展定位写入《宁夏回族自治区文化和旅游发展"十四五"规划》。围绕这一发展定位，宁夏树立全域化、国际化、生态化、品牌化发展思路进行产品开发与市场营销，市场影响力日益攀升。2020年度中国旅游产业影响力风云榜，宁夏"晒文旅·晒优品·促消费"大型文旅推介活动入选2020年度中国旅游影响力营销案例，《星空朗读》走进宁夏活动入选2020年度中国旅游影响力节庆活动，银川市入选2020年度中国夜游名城[4]。

（四）文化赋能产业驱动，文旅产业推动旅游扶贫

2016年以来，宁夏紧紧围绕全域旅游示范区的创建，通过"+旅游"和

---

[1] 《春节期间宁夏A级景区接待游客55万人次与2019年同期相比恢复93.63%》，宁夏文化和旅游厅网站，2021年2月18日，https://whhlyt.nx.gov.cn/zwgk/fdzdgknr/tjxx/202102/t20210218_3644238.html。

[2] 《清明节小长假期间宁夏A级景区接待游客40.76万人次》，宁夏文化和旅游厅网站，2021年4月7日，https://whhlyt.nx.gov.cn/zwgk/fdzdgknr/tjxx/202104/t20210407_3644399.html。

[3] 《2021年"五一"假期宁夏回族自治区旅游市场情况》，宁夏文化和旅游厅网站，2021年5月10日，https://whhlyt.nx.gov.cn/zwgk/fdzdgknr/tjxx/202105/t20210510_3644407.html。

[4] 《宁夏三项目荣登中国旅游产业风云榜》，《宁夏日报》2020年12月28日。

"旅游+"模式，培育和打造了一批新业态、新产品，其中"葡萄酒+旅游""非遗+旅游""农业+旅游"等都已初显成效。以葡萄酒旅游为例，坚持"小酒庄、大产业"的发展模式，目前宁夏酒庄年接待游客量超过60万人次，《中国葡萄酒旅游市场网络评论研究报告》显示，截至2020年9月，宁夏贺兰山东麓葡萄酒旅游网络热度在全国开展葡萄酒旅游的各产区中排名第一[1]。2021年宁夏国家葡萄及葡萄酒产业开放发展综合试验区在宁夏银川市挂牌。截至2020年9月，全区累计打造全国休闲农业精品线路2条、国家级休闲农业示范县10个、"中国美丽休闲乡村"13个、"中国最美田园"5个、国家星级农庄（园区）45个。这些线路景点在规划编制、业态打造、行业管理、宣传推介等方面已经形成可复制、可推广的经验模式，有效引导城乡居民乐享田园生活、品鉴农家美食、体验农耕乐趣、感知民俗风情、领略乡土文化，进而引领全区休闲农业和乡村旅游提档升级[2]。

三 宁夏回族自治区文化和旅游融合发展经验总结

（一）始终坚持全域旅游发展思路，实现文旅产业协调提升

全域旅游是全方位、系统化的区域旅游协调发展理念和模式，强调区域资源有机整合、产业融合发展、社会共建共享。宁夏通过发展全域旅游，推动旅游业与文化产业共生共荣，依照"全景、全业、全时、全民"的模式发展全域旅游，把全区当成一个"大景区"来打造，加快文化旅游资源优势向经济发展优势转化，实现文旅产业全域协调提升。

（二）持续开展全时空旅游发展思路，实现文旅产业均衡增长

突破旅游活动的季节性可以缓解大众旅游在时间分布上的不均衡性，使

---

[1] 《宁夏葡萄酒旅游网络热度排名全国第一》，宁夏人民政府网站，2020年9月4日，https://www.nx.gov.cn/zwxx_11337/zwdt/202009/t20200904_2217198.html。
[2] 《宁夏发布25条宁夏美丽乡村休闲旅游行线路》，"央广网"搜狐号，2020年9月9日，https://www.sohu.com/a/417179183_362042。

淡季不过淡，而旺季不过旺。宁夏牢固树立以"半年红"带动"全年旺"的理念，用"星空旅游"新IP照亮宁夏旅游"夜经济"，引领投资和消费新热点。目前，星空旅游在研学游、亲子游市场中已赢得了较好的口碑和复购率。宁夏盘活冬季，策划举办"冬游宁夏·享受阳光"冬季旅游系列活动，精心设置冬游线路产品和冬季旅游主题活动，着力推动文化旅游与生态、创意、康体、运动融合，实现文旅产业全季全时均衡增长。

（三）明确树立品牌化发展思路，实现文旅产业焦点带动

旅游品牌是标识旅游经营者知名度、信誉和服务质量的重要符号，旅游品牌的打造会给旅游目的地带来巨大的经济效益。宁夏打好、打实特色文化旅游牌，提出打造"黄河文化""大漠星空""酒庄休闲""长城遗址"等一批具有标志性、引领性、带动性的旅游品牌，重点围绕葡萄酒、枸杞深加工、羊绒制品等特色产品，研发一批具有代表性的"宁夏礼物"，助推宁夏"枸杞之乡、滩羊之乡、甘草之乡、硒砂瓜之乡、马铃薯之乡"品牌做大做强，实现文旅产业焦点带动。

（四）重视增强全媒体营销发展思路，实现文旅产业创新赋能

应对数字化时代，全媒体营销倡导构建多维度立体化的信息出入口，立体化、精准化、动态化实现传播协同。宁夏的"两晒一促"被评为"中国旅游影响力营销案例"。据统计，该活动在各展示终端和平台传播量突破21亿次，给宁夏旅游带来了一次全方位、立体式的展示和宣传，是宁夏首次区、市、县（区）全域、全行业、全产业链参与，全媒体融合的一次营销活动，实现了文旅产业科技创新赋能。

（五）大力贯彻"两山"理念，实现文旅产业持续增长

"两山"理念诠释了经济发展与环境保护之间的辩证统一关系。宁夏的发展史就是一部大力整治生态环境史的生动缩影。宁夏在自我的不断发展和对生态环境的重视程度不断提高的过程中牢固树立了"绿水青山就是金山银山"的理

念,积极倡导绿色转型发展,严守生态保护红线和生态环境质量底线,以人与人、人与自然、人与社会和谐发展为宗旨,促进生态文明建设与旅游业融合发展,形成可持续的旅游生产方式和消费方式,实现文旅产业持续增长。

四 发展启示

(一)抢抓历史机遇,助推文旅产业繁荣

时值百年未有之大变局,中国特色社会主义进入新征程,文旅产业成为构建"双循环"新发展格局的重要抓手。在旅游产品开发中弘扬文化意趣,对接大众旅游对旅游行为综合性、景观意态趣味性和旅游内容丰富性的关注,加快构建现代文化旅游产业体系成为旅游目的地确立地域区分度和市场盈利点的基本遵循,构建文化旅游消费的场域,增加文化场景体验内容将是引爆区域文化旅游消费的基点。

(二)推动融合创新,赋能文旅产业发展

以"旅游+"和"+旅游"为牵引,不断提升旅游业的开放度与包容度,推进旅游新兴业态的持续衍生,培育文旅产业内容的新增长点。乡村旅游、生态旅游、民俗旅游、研学旅游、康养旅游、工业旅游、冰雪旅游、探险旅游等旅游门类的不断丰富,推动了文化旅游业态的更迭。"旅游+演艺""旅游+工业""旅游+教育""旅游+科技""旅游+乡建""旅游+医疗"等深度融合突出了文旅产业的综合带动能力。在旅游新业态和新增长点的创新培育过程中,逐步凝练区域文旅产业的"高光点",突出特色体验,进而增强文化旅游目的地的品牌吸引力。

(三)关注市场实效,增强文旅产业活力

文化旅游产业带动面广,增长动力强劲,稳步向国民经济支柱性产业迈进,呈现全新的发展格局。文旅产业充分释放市场能效,要依托资源优势,

推动市场主体规模不断扩大、供给能力不断提升，要培育一批"精、特、优、新"的本土旅游市场主体，顺势而为、积极求变，培育新业态、升级新产品、丰富新体验，增强企业的市场韧性和生命力，把文旅市场的繁荣交给旅游市场进行检验。

参考文献

鲁忠慧：《宁夏文化产业发展及趋势分析报告》，《新西部》2019年第19期。

杨文笔、何洋：《宁夏创建全国民族团结进步示范区的思考与建议》，《回族研究》2021年第8期。

彭绪庶：《黄河流域生态保护和高质量发展：战略认知与战略取向》，《生态经济》2022年第1期。

史枫：《宁夏旅游业的发展研究》，《赤峰学院学报》2012年第6期。

G.4
广西壮族自治区文化和旅游融合发展实践与经验

梁继超　周世新*

摘　要： 文化是旅游的灵魂，旅游是文化的载体，二者具有天然的联系，又有相互融合的驱动力。广西通过加强顶层设计、坚持问题导向、发挥比较优势、深化招商引资、加强宣传推广等举措，使得全区文旅产业规模不断扩大、发展质量显著提升、基础设施持续完善、交流合作和宣传推广取得新突破、文化旅游稳步复苏。但也存在一些问题，如机构整合不深、管理经验缺乏，深度融合不足、转型升级缓慢，跨界融合不广、新兴业态较少，空间布局不优、区域发展失衡。广西在推动文旅深度融合发展的过程中，积累了一些经验可供其他地区借鉴，如优化顶层设计、完善工作机制，业态创新转型、产品升级换代，坚持系统观念、加强规划引领，科学应对疫情、全力提振消费。

关键词： 文旅融合　旅游业　广西壮族自治区

文化是旅游的灵魂，旅游是文化的载体，二者具有天然的联系，又有相互融合的驱动力。党的十九届三中全会开启的国家机构改革，对我国文化和旅游融合发展进行了顶层设计，具有重大而深远的现实意义。从2018年4

---

* 梁继超，广西壮族自治区民族文化艺术研究院副院长、研究馆员，研究方向为文化旅游和文化政策；周世新，广西壮族自治区非物质文化遗产保护中心副研究馆员，研究方向为非遗保护和民族文化。

月文化和旅游部揭牌，到2019年3月各地文化和旅游部门的相继组建完成，诗和远方终于携手同行，文化和旅游融合发展正式步入由政府部门推动的深水区和快车道。

广西是我国民族人口最多的民族自治区，集沿海、沿江、沿边优势于一身，文化和旅游资源禀赋高、类型多样，具有老、少、边、山、海、寿等特征，具有得天独厚的发展优势。改革开放以来，广西壮族自治区党委、政府高度重视文化和旅游工作，先后提出了民族文化强区、旅游强区和文化旅游强区等目标，推动全区文化旅游发展取得可喜的成绩。文化和旅游融合发展对促进广西跨越式发展和可持续发展具有战略性支撑作用，是广西经济发展实现转方式调结构和带领广大群众致富的重要途径。在融合发展方面，广西起步早、力度大、成果多，曾诞生了世界山水实景演出开山之作《印象·刘三姐》，积累了丰富的经验。随着各级文化和旅游行政管理部门的组建，广西加强顶层设计，不断完善体制机制，坚持"宜融则融、能融尽融、以文促旅、以旅彰文"工作思路，提出文化旅游强区和世界旅游目的地的目标，构建和优化"三地两带一中心"的区域发展格局，加强资源整合和项目建设，推动业态创新，出台系列扶持政策，加强宣传推广和交流合作，扩大消费规模，文化旅游主要指标不断攀升，奋力向全国第一方阵迈进。

一 广西壮族自治区推动文化和旅游融合发展的主要举措

（一）加强顶层设计，建立了党政统筹的体制机制

新一轮机构改革完成后，广西各级文化和旅游部门坚持"宜融则融、能融尽融、以文塑旅、以旅彰文"的原则，在职能、资源、产业、市场、公共服务、对外开放等领域加速全方位融合，实现资源共享、优势互补、协同并进。同时，学习借鉴贵州、四川等省的经验做法，结合自身实际，跳出传统思维和常规模式，在顶层设计方面大胆创新，推动从自治区层面谋划文化和旅游工作，建立健全定期举办广西文化旅游发展大会等体制机制，构建了各

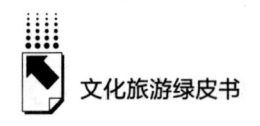

部门齐抓共管、各行业积极融入、全社会共同参与的产业发展新格局。创办于2019年的广西文化旅游发展大会是广西第一次将文化和旅游工作一同研究部署的全区性会议，它不是传统意义的工作布置会，而是一个系统性的工作机制和一项综合性活动，大会活动包括项目观摩、集中会议、宣传推介和项目签约、承办城市竞选会等内容，是广西文化旅游业界的年度盛会。广西通过"举办一届大会，提升一座城市"，形成了"举办一届文旅发展大会，打造一批文化旅游精品，助推一方经济社会发展"的新模式，达到"一地举办、辐射周边、带动全区"的效果，为文化旅游高质量发展提供制度支撑和新动能。14个设区市以现场竞选的方式角逐承办权，自治区本级财政安排旅游发展专项资金5000万元，专项用于承办城市的文化旅游基础设施和重大项目建设。同时，各厅局结合工作职能在相关领域支持承办城市的文化旅游发展。截至2022年，桂林、柳州、北海和崇左等4个城市先后承办了广西文化旅游发展大会，推动当地文化旅游乃至整个城市的发展取得了良好成效。

（二）坚持问题导向，出台了弥补短板的系列政策

虽然广西文化旅游资源禀赋较好，但在产品开发与丰富的资源禀赋、综合效益与旺盛的市场需求、企业实力与广阔的市场空间、公共服务供给与品质化发展趋势等方面仍存在不相匹配的问题。特别是随着海南、四川、新疆、贵州等省区旅游业的快速发展，广西作为传统旅游目的地和文化富集区的地位受到一定的冲击和挑战。2019年以来，自治区文化和旅游厅加强对全区文化和旅游资源的摸底调查，深入调研各地发展情况，以举办广西文化旅游发展大会为契机，推动在自治区层面出台了一系列促进文化和旅游融合发展的政策措施（见表1），数量之多、力度之大、创新之多，在广西文化旅游发展史上可谓空前，在全国也不多见。这些政策性文件聚焦广西文化旅游发展的瓶颈和短板，统筹疫情防控与文化旅游发展，涵盖文化和旅游、事业和产业、项目和环境，包括全区性的指导意见以及广西文化旅游发展大会承办城市实际出台的专项措施，持续释放政策红利，充分发挥政府部门的宏观管理职能，有力地推动了全区文化旅游深度融合和高质量发展。

表1　2019年以来广西出台的文化和旅游融合发展政策

类别	出台时间	出台部门	文件名称
综合性	2019年11月15日	自治区文化和旅游厅、自治区发展改革委	促进民营文化和旅游企业高质量发展的实施意见
	2019年11月16日	自治区党委、自治区政府	关于加快文化旅游产业高质量发展的意见
	2019年11月15日	自治区政府办公厅	关于支持全区文化旅游发展大会承办城市的若干意见
	2019年11月17日	自治区文化和旅游厅、自治区发展改革委	关于印发实施广西文化旅游产业重大项目及支持桂林市加快文化旅游产业发展项目的通知
	2020年6月10日	自治区人民政府办公厅	关于加快提振文化和旅游消费的若干措施
	2022年12月5日	自治区党委、自治区政府	关于加快建设世界旅游目的地推动旅游业高质量发展的意见
用地保障	2019年11月15日	自治区政府办公厅	关于支持文化旅游高质量发展用地政策的通知
文化产业	2020年4月30日	自治区党委办公厅、自治区政府办公厅	关于支持广西文化产业高质量发展的若干措施
	2021年9月23日	自治区党委宣传部、自治区文化和旅游厅、自治区财政厅	广西壮族自治区文化"双创"示范企业及孵化示范基地遴选管理办法(试行)
乡村旅游	2020年7月3日	自治区人民政府办公厅	关于促进乡村旅游高质量发展的若干措施
旅游民宿	2020年11月25日	自治区人民政府办公厅	广西旅游民宿管理暂行办法
文物保护利用改革	2019年5月20日	自治区党委办公厅、自治区政府办公厅	关于加强文物保护利用改革的若干措施
	2021年1月22日	自治区政府办公厅	关于加强石窟寺(含摩崖造像)保护利用工作实施方案的通知
项目建设	2021年4月6日	自治区文化和旅游厅	广西文化旅游产业重大项目建设三年行动计划(2021-2023年)

续表

类别	出台时间	出台部门	文件名称
金融支持	2021年6月25日	自治区文化和旅游厅、中国人民银行南宁中心支行、中国银行保险监督管理委员会广西监管局	关于转发抓好金融政策落实进一步支持演出企业和旅行社等市场主体纾困发展文件的通知
	2021年7月13日	自治区文化和旅游厅、国家开发银行广西壮族自治区分行	关于进一步加大开发性金融支持广西文化产业和旅游产业高质量发展的意见
智慧旅游	2021年7月4日	自治区政府办公厅	深化"互联网+旅游"加快"一键游广西"项目建设方案
区域发展	2019年6月17日	自治区发展改革委、自治区文化和旅游厅	关于以世界一流为发展目标打造桂林国际旅游胜地的实施意见
	2019年6月25日	自治区发展和改革委、桂林市人民政府	桂林漓江生态保护和修复提升工程方案（2019-2025年）
	2019年11月15日	自治区政府办公厅	关于支持桂林市加快文化旅游产业发展的意见
	2020年11月2日	自治区政府办公厅	关于支持柳州市加快文化旅游产业高质量发展的意见
	2020年11月2日	自治区政府办公厅	关于支持柳州市加快打造大健康和文化旅游装备制造基地的意见
	2021年9月13日	自治区政府办公厅	关于支持北海市发展邮轮产业的意见
	2021年10月8日	自治区政府办公厅	关于支持北海市建设国际滨海旅游度假胜地的意见
	2022年11月24日	自治区政府办公厅	关于支持崇左市建设国际边关风情旅游目的地的意见

（三）发挥比较优势，构建了协调发展的空间布局

自2013年召开全区旅游发展大会以来，广西强力推进桂林国际旅游胜地、北部湾国际旅游度假区、巴马长寿养生国际旅游区和边关风情旅游带"三区一带"建设，文化和旅游产业得到长足发展。2018年，"三区一带"

接待游客量为5.25亿人次,同比增长28.7%,占全区旅游总人数的76.9%;实现游客总消费5759.43亿元,同比增长35.4%,占全区游客总消费的75.6%。基于文化和旅游融合发展的新形势新变化,自治区党委、政府在2019年召开的首届广西文化旅游发展大会上提出建设文化旅游强区的目标和"三地两带一中心"战略新布局,这是"三区一带"建设的升级版。"三地"即桂林国际旅游胜地、北部湾国际滨海度假胜地、巴马国际长寿养生旅游胜地,"两带"即中越边关风情旅游带、西江生态旅游带,"一中心"即南宁区域性国际旅游中心城市。"三地两带一中心"构建了广西文化旅游发展的龙头和优势区域,辐射带动全区各地发挥自身优势,因地制宜,差异化发展,积极培育各具特色的文化旅游新业态,打响柳州工业旅游、百色红色旅游、玉林乡村旅游、贺州生态旅游等优势品牌,有力促进区域协调发展,全面提升广西文化旅游综合竞争力。2021年4月,习近平总书记视察桂林做出建设世界级旅游城市的重要指示后,广西迅速贯彻落实,在2021年广西文化旅游发展大会上提出建设桂林世界级旅游城市和广西世界旅游目的地的目标和具体举措,按照"世界眼光、国际标准、中国风范、广西特色、桂林经典"要求,锚定世界级山水旅游名城、世界级文化旅游之都、世界级康养休闲胜地、世界级旅游消费中心"四大定位",奋力打造世界级旅游城市。结合广西文化旅游发展大会承办城市的基础和优势,广西还打造了柳州大健康和文化旅游装备制造基地、北海邮轮产业等滨海旅游度假胜地,并取得了积极成效。中国—东盟(柳州)旅游装备博览会已成功举办3届,全方位搭建国内权威的旅游装备产业交流合作平台,银基滨海旅游度假中心、海丝首港等景区以及银滩皇冠假日等高星级酒店为北海文化旅游转型升级注入了新动力。

(四)深化招商引资,推进了厚植优势的重大项目建设

受广西各级政府财力和市场主体开发运营能力等因素的影响,广西文化旅游资源开发总体仍处于资源依赖型的初级和粗浅的阶段,具有影响力和引领力的重大项目不多,造成了广西文化旅游发展后劲乏力。2019年以来,

广西加大招商引资力度，优先引入世界和国内 500 强企业、国际知名品牌旅游公司，通过设立子公司或参股区内文化旅游企业等方式开展全方位合作，鼓励国际国内旅游组织在广西设立分支机构，提高文化旅游发展的现代化、国际化程度。大力开展"重大项目建设攻坚突破年"活动，重点推进"三区两带一中心"和一批百亿元重大文旅项目建设。2019 年全区安排推进的文化旅游产业重大项目共计 223 个，总投资 6648 亿元（其中新开工项目 63 个、续建项目 84 个、年度竣工项目 7 个、预备项目 69 个）①。2020 年，广西（柳州）文化旅游产业投资合作洽谈会暨重大项目签约仪式共签约项目 42 个，总金额达 1035 亿元。2021 年，广西（北海）文化旅游推介会暨重大项目签约仪式共签约项目 33 个，总金额超过 930 亿元。截至 2021 年底，桂林融创万达文化旅游城、北海银基国际医疗康养旅游产业新城、阳朔三千漓文化旅游区、南宁万有国际旅游度假区、防城港白浪滩·航洋文旅综合体等一批重大文旅项目顺利推进或建成营业，有力地促进了广西文化旅游业态的更新换代和产业的转型升级。

（五）加强宣传推广，打造了高辨识度的品牌体系

广西是我国现代旅游业起步较早的省区之一，20 世纪 70 年代，随着中国与美国等西方国家关系的改善，广西旅游业从外事接待起步，并在改革开放后迅速声名鹊起，"桂林山水甲天下"等旅游形象深入人心，成为广西最广为人知的重要旅游品牌。此后，广西又提升打造了"天下风景　美在广西"等旅游品牌，增添了滨海、边关、民族风情等元素，将对区外游客的吸引力拓展到桂林之外的其他地区。2019 年以来，文化和旅游融合为广西旅游品牌形象的塑造和提升提供了新契机，自治区文化和旅游厅开展了广西文化旅游品牌征集，最终形成了"秀甲天下　壮美广西"整体形象品牌，并在中央电视台等国家级媒体和新媒体广泛传播，广西文化旅游的形象为之一新。在"秀

---

① 《广西壮族自治区文化和旅游厅 2019 年工作总结》，广西文化和旅游厅网站，2020 年 2 月 16 日，http://wlt.gxzf.gov.cn/zfxxgk/fdzdgknr/ghjh/ndjh/t12801166.shtml。

甲天下 壮美广西"整体形象品牌之下,广西又提出打造"桂林山水""长寿广西""壮美边关""浪漫北部湾""壮族三月三""刘三姐文化"等六大品牌,充分利用中国—东盟博览会旅游展、文化论坛,以及深圳文博会、北京国际旅游博览会等平台,多渠道全方位宣传推广品牌形象。

二 广西壮族自治区文化和旅游融合发展取得的成效

(一)产业规模不断扩大

文化产业实力不断提升,广西文化及相关产业增加值从2016年的449.11亿元增长到2019年的501.00亿元。旅游业战略支柱产业地位更加巩固,旅游总收入由2016年的4191.36亿元增加到2019年的10241.44亿元,首次突破万亿元大关;接待游客总人数由2016年的4.09亿人次增加到2019年的8.76亿人次(见表2)。2019年全区旅游业综合增加值占GDP比重达18.6%,占服务业比重达36.6%,旅游税收对财政收入的综合贡献率达17.5%,产业支柱效应突出。

表2 "十三五"时期广西文化和旅游主要指标数据

主要指标	2016年	2017年	2018年	2019年	2020年	2016~2019年年均增速
文化及相关产业增加值(亿元)	449.11	479.97	448.35	501.00	—	4.3%
旅游总人数(亿人次)	4.09	5.23	6.83	8.76	6.61	26.6%
旅游总收入(亿元)	4191.36	5580.36	7619.9	10241.44	7267.53	33.2%
入境过夜游客人数(万人次)	482.52	512.44	562.33	623.96	24.68	8.5%
国际旅游收入(亿美元)	21.64	23.96	27.78	35.11	0.79	16.3%
国内游客人数(亿人次)	4.04	5.18	6.78	8.70	6.61	26.8%
国内旅游收入(亿元)	4047.65	5418.61	7436.08	9998.82	7262.08	33.6%

资料来源:《广西"十四五"文化和旅游发展规划》。

（二）发展质量显著提升

文化和旅游的融合发展产生了"1+1>2"的效应，推动广西文化旅游高质量发展取得积极成效，一批国家级、世界级文化旅游品牌取得零的突破。截至2021年底，广西共有世界文化遗产1处、世界级人类非物质文化遗产代表作1项，国家公共文化服务体系示范区3个、示范项目5个，国家级文化产业示范园区创建单位1家，国家级文化产业示范基地8家，国家文化和旅游消费试点城市2个，国家考古遗址公园1家，全国重点文物保护单位81处，国家级文化生态保护区1个，国家级非遗70项；国家级旅游度假区2家，国家生态旅游示范区3家，5A级旅游景区9家、4A级旅游景区306家，其中崇左市德天跨国瀑布景区、百色起义纪念园和北海市涠洲岛南湾鳄鱼山景区、贺州市黄姚古镇景区等4家景区为2018年以来创建，占5A级旅游景区总数的近一半；五星级饭店13家，四星级饭店119家，香格里拉、皇冠假日等国际连锁酒店品牌在广西稳步扩张，星级结构不断优化，区域布局日趋合理。广西的111个县（区、市）中有96个参与广西特色旅游名县或全域旅游示范区创建工作，占全区所有县（市、区）的86.49%，其中国家全域旅游示范区5个、广西全域旅游示范市6个、广西特色旅游名县32个和广西全域旅游示范区25个，全域旅游成为推动广西文化旅游发展的重要引擎。

（三）基础设施持续完善

"十三五"期间，广西重点推进"双创"单位旅游集散中心和咨询服务中心（点）的建设，共建成125个集散中心、634个咨询中心。持续加强与交通管理部门的对接协调，不断提高航空、陆路、水运的互联互通水平，强化旅游客运、旅游专线等对景区景点的服务保障，建成15个高铁无轨站，打造形成了交通枢纽—集散中心—旅游景区的全域旅游集散网络。逐步完善旅游标识系统，推进广西高速公路旅游交通标识系统建设，实现广西边海国家风景道旅游标识系统沿边8县（市）全覆盖。汽车营地建设取得新进展，新建105个汽车旅游营地,评定58家星级汽车旅游营地。在全国率先开展"厕所革命"并取得显著成效,"十三五"期间累计新建(改扩建)旅游厕所3976座,南宁、桂林、玉林、贵港、河池、崇左等城市先后被评为"全国厕所革命先进市"。

(四)交流合作和宣传推广取得新突破

作为我国重要的国际旅游目的地,广西大力推进边境旅游试验区、跨境旅游合作区建设,文化旅游合作取得长足进步,边境环境不断优化,边境旅游效益持续提升。"十三五"期间,广西出入境旅游人员通关便利化、智能化水平大幅提升,实现东兴口岸人员通关时间降至6秒/人。与越南边境四省建立文化旅游联席工作会议机制,与越南广宁省达成市场监管协议,常态化开展中越联合执法检查。中国桂林—越南下龙"两国四地"黄金旅游线成为国内为数不多的常态化跨境自驾游线路。2019年,广西共接待入境过夜游客623.96万人次,同比增长11.0%;国际旅游(外汇)消费35.11亿美元,同比增长26.4%[①]。其中,2019年桂林入境过夜游客人数314.59万人次,同比增长14.52%,创造了20.62亿美元的国际外汇消费,同比增长35.31%;8个边境县(市、区)共接待国内游客6658.35万人次,同比增长26.4%;接待入境过夜游客62.38万人次,同比增长5.9%;国内旅游消费645.77亿元,同比增长33.2%;国际旅游消费2.54亿美元,同比增长9.6%。边境旅游已经成为广西文化和旅游业新的一极。积极举办中国—东盟博览会旅游展、中国—东盟传统医药健康旅游国际论坛(巴马论坛)、中国—东盟文化论坛等,不断深化对外交流合作。持续组织开展"冬游广西""广西人游广西""壮族三月三·相约游广西"等主题宣传推广活动,在央视等媒体开展整体形象宣传,"秀甲天下 壮美广西"品牌影响力进一步提升。

---

① 《广西壮族自治区2019接待游客8.76亿人次》,中国网,2020年1月21日,http://travel.china.com.cn/txt/2020-01/21/content_75635983.html。

（五）文化旅游稳步复苏

2020年以来，面对前所未有的困难和挑战，自治区党委、政府沉着应对、精准施策，统筹推进疫情防控和经济社会发展，出台了《关于促进乡村旅游高质量发展若干措施》《关于加快提振文化和旅游消费若干措施》《支持打赢疫情防控阻击战全面振兴文旅经济的若干措施》等政策文件，及时下拨自治区旅游发展专项资金3.42亿元，暂退旅游服务质量保证金1.53亿元，与金融机构签署协议为文旅企业和项目授信700亿元，多管齐下为企业纾困解难、助力转型升级，扎实推进复工复产复商复市，文化旅游实现强力复苏。广西旅游抽样调查统计测算，2021年全区共接待国内游客7.98亿人次，同比增长20.8%；实现国内旅游消费9062.99亿元，同比增长24.8%。疫情发生后的主要旅游经济指标连续两年企稳回升，与疫情前2019年主要指标的差距进一步缩小①。

三 广西壮族自治区文化和旅游融合发展存在的问题

（一）机构整合不深，管理经验匮乏

广西各级文化和旅游部门组建以来，初步实现了机构职能和人员的整合，也在实践中进行了有益的探索，但文化和旅游融合发展的红利还没有完全释放。在管理体制方面，文化和旅游部门分别受党委宣传部门和政府的双重领导，前者主要管理文化事业和文化产业，后者主要管理旅游业，侧重点各不相同，不利于文化和旅游业的融合发展。部门间协调参与程度不高，重大文旅项目建设、文物安全保护、文化旅游市场监管、"一带一路"联动发展、跨境旅游合作等工作推进难度较大。一些文化和旅游管理部门在工作中

---

① 《广西壮族自治区文化和旅游厅2021年工作总结》，广西文化和旅游厅网站，2022年2月15日，http://wlt.gxzf.gov.cn/zfxxgk/fdzdgknr/ghjh/ndjh/t12801171.shtml。

对于融合的领域、界限和措施还不明晰，较多的是业务工作的合并叠加，文化的魂没有融入旅游的载体。在政策扶持方面，各地政府在政策支持上缺乏协调机制，宏观调控作用尚没有得到有效发挥，对产业的促进作用不明显，在税收、财政、产业扶持上的相关政策尚不完备。亟须健全多元化的投融资机制和人才培养机制，以解决文旅特色小镇、文创特色街、文创集市等新业态发展不足，以及文化旅游复合型高端人才短缺的问题。

（二）深度融合不足，转型升级较慢

产业融合表现为旧的产业链解构和重构，新的融合型产业价值链形成的过程。目前，广西文化和旅游融合新业态与新模式，主要集中于文旅城项目、文旅产业园区、文旅特色小镇与特色街区、大型实景演出和文旅精品线路等，缺少基于智慧旅游和大数据挖掘来整合信息资源。旅游产品和业态单一，观光经济特征明显，旅游消费依然停留在低层次水平。文化和旅游品牌效应不强，对全国游客的吸引力不足。截至2022年底，广西有国家5A级旅游景区9家、国家级旅游度假区2家，与东部省份江苏（25家国家5A级旅游景区、5家国家级旅游度假）、浙江（20家国家5A级旅游景区、8家国家级旅游度假区），以及周边省份广东（15家国家5A级旅游景区、2家国家级旅游度假区）、湖南（11家国家5A级旅游景区、3家国家级旅游度假区）相比，高品质景区和旅游度假区供给不足，丰富的文化旅游资源优势未转化为发展优势。目前广西的游客来源主要集中在区内和周边省份，2019年区内游客占比为55.17%，周边的广东省、湖南省、贵州省游客占比分别为6.72%、4.09%和3.18%，东部和东北地区等客源市场占比相对较低。游客的消费水平相对较低。由于旅游产品不丰富，食住行游购娱等产业链不够完善，不少景区依赖"门票经济"，广西旅游人均消费相对较低，仅为1168元，低于广东（2852元）、江苏（1627元）、浙江（1501元）、云南（1367元）等省份。

（三）跨界融合不广，新兴业态较少

文化和旅游与工业、农业、户外体育等产业还未全面融合，跨界融

合有待进一步拓展。文化旅游供给不能满足多样化的文化旅游需求，产品的吸引力不强，文化旅游消费质量不高。制造业等其他产业在发展时较少考虑开发衍生文化功能和旅游功能，产业间关联性较弱，文化旅游的综合效益不明显。产业融合深度不够，游艇度假、自驾车、研学旅游、中医药养生健康等新业态开发力度不足，文化旅游新业态的培育有待加强。让当地居民和游客参与产业融合，可以有效实现主客共建共享，增进民生福祉。在文化和旅游的深度融合及其与其他产业的跨界融合上，广西旅游景区和目的地群众的参与较为被动，创造性和积极性没有得到充分激发。广西文化旅游市场主体综合实力较弱、竞争力不足，龙头企业、领军企业少，本土上市企业少。广西旅游发展集团、广西文化产业集团等文化和旅游企业与国内其他大型文旅企业相比，综合实力不够强，2020年广西旅游发展集团总资产为567.67亿元，而华侨城集团总资产为6980亿元。

（四）空间布局不优，区域发展失衡

为促进全区文化旅游高质量发展，首届广西文化旅游发展大会提出了"三地两带一中心"发展新格局，2021年广西文化旅游发展大会又提出建设桂林世界级旅游城市和广西世界旅游目的地。广西文化旅游发展新格局主要是从旅游业的角度来构建的，对文化资源开发和赋能、文化产业带的布局考虑较少，不利于文化和旅游资源的统筹开发和深度融合。但受疫情影响，桂林世界级旅游城市建设的战略性举措还不多、推进力度不够大，"三地两带一中心"的空间布局还未有效构建，辐射带动作用还不强，西江生态旅游带和南宁区域性国际旅游中心城市建设相对滞后。总体而言，全区文化旅游区域发展不平衡、不充分，部分地区公共服务设施和基础设施功能有待完善、服务水平相对较低，公共服务覆盖不够全面，适用性、服务质量和效能，以及景区景点、度假区的通达度还需进一步提升。文化旅游的智慧化、标准化水平不高，游客体验感不够好，还不能完全适应广西文化旅游高质量发展要求。

四 广西壮族自治区文化和旅游融合发展的经验与启示

（一）做优顶层设计、完善工作机制是推动文化和旅游融合发展的重要动力

新一轮党和国家机构改革完成后，除了个别先行先试的省市，全国大部分地区文化和旅游融合发展几乎站在了同一起跑线上，面临着同样的机遇和挑战。2019年以来，广西壮族自治区党委、政府把推动文化和旅游融合发展，作为顺应时代发展大势、推动经济高质量发展、发挥广西资源优势和区位优势、培育发展新动能、助推贫困地区脱贫攻坚、促进城乡协调发展等的重要抓手，跳出一般行业和产业发展的常规思路，做优文化和旅游发展的顶层设计，学习借鉴兄弟省区的成功经验和先进做法，建立定期举办广西文化旅游发展大会的系统性机制，成立自治区层面的文化和旅游工作领导小组以及大健康和文化旅游产业指挥部，构建"三地两带一中心"发展新格局，形成党政统筹、高位推进、协同发力的工作格局，出台系列政策，加大财政投入、招商引资、项目建设、品牌创建、宣传推广力度，推动全区文化旅游高质量发展进入快车道。

（二）业态创新转型、产品升级换代是推动文化和旅游融合发展的主要途径

随着我国全面小康社会的建成，人民群众对文化和旅游的需求日益优质化、高端化、个性化和定制化，初级和低端的文化和旅游产品已经无法满足庞大的市场需求，急需进行业态的创新升级和产品的升级换代。在国内文化和旅游市场上，广西仍以观光型、原生态、低价游产品为主，中高端的文化和旅游产品开发滞后，桂林、北海等传统旅游城市被三亚、重庆、成都等网红旅游城市超越。在入境旅游市场上，国外游客对中国的了解日益深入，广西自然风光和民族风情的吸引力也日渐减弱。广西区位优势独特、生态环境优良、人文资源丰

富,沿海、沿边、沿江,向海发展、海陆联袂,文化和旅游资源丰富优质,打造世界旅游目的地具有得天独厚的条件。2019年以来,广西积极实施"文旅+""+文旅"战略,推动文化旅游与农业、工业、体育等产业跨界融合,在发展滨海休闲度假、大健康和文化旅游装备制造,引进高端星级酒店、促进农文旅融合等领域取得了积极成效,但在催生新业态、培育新产品、做大新项目方面仍有不少短板,需要进一步深化改革创新,加快转型升级,做大做强产业,提高服务品质,整体提升广西文化旅游发展的质量和效益。

(三)坚持系统观念、加强规划引领是推动文化和旅游融合发展的重要原则

虽然文化和旅游有天然和密切的联系,但由于长期行政管理上的分离,文化和旅游管理工作仍存在各自为政、互不相融的惯性和定式。除了旅游之外,文化还有自己的载体和阵地,除了文化之外,旅游也有其他类型的内涵。文化和旅游行业以及国家文化旅游融合战略,不仅体现为经济效益,而且更多地体现为国家文化建构价值,它推动了个体的文化身份与族群文化共同体的同构。在推进文化和旅游融合发展的过程中,既要看到二者的联系,又要看到二者的区别,要坚持系统观念,统筹发展和安全、统筹保护和利用、统筹事业和产业、统筹当下和长远,推动文化事业、文化产业和旅游业共同发展、相互促进。为谋划好"十四五"文化旅游高质量发展,广西高起点、高标准、高水平编制全区文化旅游发展总体规划和各专项规划,坚持"全区一盘棋"理念,既重视景区景点规划,又重视区域整体规划;既重视文化旅游要素规划,又重视配套设施规划;既有景区建设等"物"的规划,也有人才培养等"人"的规划,以高水平规划引领高水平建设。同时,还加强文化旅游规划与地方经济社会发展总体规划、城乡建设规划、环境保护规划、国土空间规划等各方面规划的衔接,以规划融合促进产业融合。狠抓规划执行,坚持一张蓝图画到底、一个规划管到底,坚决维护规划的权威性,提高规划的执行力、落实力。这些经验和做法为广西文化旅游"十四五"开好局、起好步奠定了坚实的基础。

（四）因时因势应对疫情、全力提振消费是推动文化和旅游融合发展的重大挑战

新冠疫情对全球文化旅游行业造成了严重的冲击。虽然各级文化和旅游部门采取了一系列为企业纾困、提振消费的有力措施，但全国和广西文化和旅游主要经济指标暂未恢复到疫情前的最高水平，入境旅游更是降至冰点。2022年底，党中央、国务院因时因势优化疫情防控措施，先后出台推出"二十条""新十条""乙类乙管"等优化措施，我国新冠疫情防控主动做出一系列重大调整，文化和旅游行业的全面复苏迎来了拐点。随着新冠感染高峰回落，人民群众生产生活基本恢复正常，部分热门旅游目的地迎来消费热潮。广西文化和旅游管理部门、企事业单位和行业协会，认真研判文化旅游发展新趋势新潮流，启动了冬季夜间文化和旅游消费（南宁主场）暨2023年"开年游广西"、"全国100+"渠道商（旅行社）广西旅游线路产品采购大会等活动，努力抢占后疫情时代文化旅游发展先机，大力恢复发展国内旅游、有序重启入境旅游、稳步发展出境旅游，着力推动文化和旅游深度融合，不断健全现代文化产业和旅游业体系、文化和旅游高品质服务体系、现代文化和旅游市场体系，奋力建设世界旅游目的地和文化旅游强区。

参考文献

闫春娥：《广西文化与旅游融合发展探究》，《市场周刊（理论研究）》2015年第6期。

陈红玲、陈文婕：《基于新增长理论的广西民族文化产业与旅游产业融合发展研究》，《广西社会科学》2013年第4期。

方世巧、徐少癸：《广西民族文化产业与旅游产业融合发展研究》，《太原城市职业技术学院学报》2018年第2期。

傅才武：《论文化和旅游融合的内在逻辑》，《武汉大学学报》（哲学社会科学版）2020年第2期。

G.5 西藏自治区文化和旅游融合发展实践与经验

陈娅玲 刘宝珺*

摘　要： 文旅融合既是西藏文旅产业实现转型升级、实现高质量发展的必由之路，也是其发挥先导产业"引流"作用、拓展消费市场、促进全区七大产业全面融合发展的关键抓手，更是以文旅发展带动富民兴藏、铸牢中华民族共同体意识、促进"稳定、发展、生态、强边"，全面实现国家边疆治理战略的重要支撑和有效保障。本报告在分析近年来西藏文旅融合发展举措、成效、问题的基础上，提出促进西藏自治区文化和旅游深度融合发展的对策：①把握新阶段新理念新格局下的新机遇；②大力实施科技创新、"文旅+""+文旅"等战略，多措并举促进文化和旅游产业融合发展；③提升文旅融合的经济效应、社会文化效应和环境效应，激活各类文旅参与主体的内源性潜力，促进治边稳藏、富民兴藏。

关键词： 文旅融合　科技赋能　富民兴藏　西藏自治区

改革开放以来，西藏旅游产业发展迅速，已成为西藏经济社会发展的支柱产业和先导产业。但受长期以来区域经济基础薄弱、人口总量少且平均受

---

* 陈娅玲，博士，西藏民族大学管理学院教授，硕士生导师，研究方向为旅游发展与乡村振兴、文旅融合；刘宝珺，西藏民族大学管理学院硕士研究生，研究方向为文旅融合。

教育程度相对较低等因素影响，西藏的文旅产业融合发展仍面临诸多困境与障碍，亟待通过融合发展促进转型升级、提质增效。

2020年底，西藏脱贫攻坚取得决定性的胜利，标志着西藏与全国同步全面建成小康社会，意味着西藏与国内其他省份的发展差距进一步缩小，也意味着西藏区域综合竞争力将再上一个新的台阶。新时代新理念新格局下，这些发展成就成为西藏文旅融合发展的新起点，为西藏文旅融合发展注入了新动力和新活力。

一 西藏文化和旅游产业融合发展实践

（一）文化和旅游产业融合要素长足发展

1. 文化产业要素日趋丰富完善

近年来，西藏的文化产业稳步发展，对西藏经济增长的贡献率不断提高。"十三五"时期，西藏文化及相关产业增加值从2016年的36.3亿元增长到2020年的79.34亿元（见图1），年均增长21%。截至2020年底，全区文化产业年产值达到60.95亿元，拥有各类特色文化产业发展企业7500多家，从业人员近7万人，共有文化产业示范基地（园区）234家，是发展西藏特色文化产业的重要力量和重点扶持的市场主体①。2020年，全区规模以上文化及相关产业企业共有32家，全年营业收入24.8亿元②，其中规模以上文化制造业企业③共有3家，全年营业收入1亿元；限额以上文化批发和零售业企业④有4家，全年营业收入1.3亿元；规模以上文化

---

① 西藏自治区文化厅：《西藏自治区"十四五"时期特色文化产业发展规划》，2022年1月。
② 《中国文化及相关产业统计年鉴（2021）》，中国统计出版社，2021。
③ 规模以上文化制造业企业指《文化及相关产业分类（2018）》所规定行业范围内，年主营业务收入在2000万元及以上的工业企业法人。
④ 限额以上文化批发和零售业企业指《文化及相关产业分类（2018）》所规定行业范围内，年主营业务收入在2000万元及以上的批发业企业法人和年主营业务收入在500万元及以上的零售业企业法人。

服务业企业①有25家，全年营业收入22.5亿元。

从2012年至2021年十年间，西藏自治区博物馆、公共图书馆和艺术表演场馆的数量均有所增长（见表1），广播节目综合人口覆盖率、公共广播节目和公共电视节目套数也均有增长。

图1　2015~2020年西藏文化及相关产业增加值及占GDP比重

资料来源：国家统计局。

表1　2012年和2021年西藏自治区部分文化产业要素数量

年份	博物馆			公共图书馆		艺术表演团体和表演场馆		广播节目综合人口覆盖率(%)	公共广播节目套数(套)	公共电视节目套数(套)
	机构数(个)	从业人员(人)	文物藏品(件/套)	机构数(个)	总藏量(万册)	团体机构数(个)	场馆机构数(个)			
2012	2	63	63150	77	68.57	92	22	93.4	8	10
2021	13	284	76533	82	262.62	89	27	99.2	30	82

资料来源：国家统计局。

"十三五"时期，西藏自治区着重打造了西藏藏毯产业交易博览会、中国西藏旅游文化国际博览会和西藏唐卡艺术博览会等重点自主展会品牌，并

---

① 规模以上文化服务业企业指《文化及相关产业分类（2018）》所规定行业范围内，年主营业务收入在1000万元及以上的服务业企业，其中交通运输、仓储和邮政业，信息传输、软件和信息技术服务业，水利、环境和公共设施管理业的年营业收入在2000万元及以上，居民服务、修理和其他服务业以及文化、体育和娱乐业的年营业收入在500万元及以上。

且主办了西藏特色文化产业发展论坛①。此外，自治区文化厅还牵头组织和参加了以藏香、藏毯（编织）和唐卡为特色的丝绸之路国际文化博览会、中国西部文化产业博览会、中国北京国际文化创意产业博览会等大型文化展会，并连续三年荣获"最佳组织奖"及"最佳展览奖"②。域上和美文化和旅游股份有限公司联合拉萨布达拉旅游文化集团共同打造出品的大型实景剧《文成公主》以及舞台剧《金城公主》等大型演艺剧目也陆续投放市场，获得了较好的社会和经济效益。随着全区文化事业的快速发展，西藏自治区还推动文化"走出去"，着力打造"文创西藏"公用品牌，持续推进"具有中国特色的西藏文化产业的窗口"建设，完成"西藏宝贝"文化电商平台和"文创西藏"新媒体营销平台搭建，为进一步推动西藏文化产业发展奠定了坚实的基础。

2. 旅游产业要素日趋丰富完善

西藏旅游产业的日益发展得益于其丰富而独特的自然资源和人文资源（见表2）。截至2022年3月，西藏共有A级景区151处（其中5A级景区5处、4A级景区28处）、旅行社307家、星级饭店245家（其中五星级饭店3家，四星级饭店58家）。

党的十八大以来，以建设"重要的世界旅游目的地"为目标，西藏旅游业保持了稳定健康的发展势头。"十三五"时期，西藏共接待国内外游客1.5亿人次，累计旅游收入达2125.96亿元，分别是"十二五"时期的2.3倍和2.4倍，旅游经济占全区国民经济总收入的比重达到33.3%，产业实力显著增强③。2015~2021年，西藏自治区接待旅游者人数从2018万人次增加到4150万人次，年均增长12.77%；旅游总收入从281.92亿元增加到441.00亿元，年均增长7.74%（见图2）。"十三五"期间，西藏大力推动以5A级景区和国家级旅游度假区为代表的重点产品建设，并且在全国范围内牵头成立了中国国际旅游联盟"唐竺古道"，开通了旅游专列"唐竺古道"，同时积极组织参加国内旅游推广联盟10余次会议和活动，以及近百场国

---

① 西藏自治区文化厅：《西藏自治区"十四五"时期特色文化产业发展规划》，2022年1月。
② 西藏自治区文化厅：《西藏自治区"十四五"时期特色文化产业发展规划》，2022年1月。
③ 《"十三五"期间西藏累计接待游客1.5亿人次》，中国西藏网，2021年4月24日，http://www.tibet.cn/cn/news/yc/202104/t20210424_6996085.html。

际、国内旅游展览和专题赛事活动，打造"人间圣地·天上西藏"等主题旅游品牌，启动客源援藏专项行动，促进对口援藏省市1400余万人次游客到藏旅游。

表2　截至2022年3月西藏A级景区名录

质量等级划分	景区
5A级景区（5处）	布达拉宫、大昭寺、扎什伦布寺景区、巴松措风景旅游区、雅鲁藏布大峡谷景区
4A级景区（28处）	罗布林卡、西藏博物馆、哲蚌寺、牦牛博物馆、西藏自然科学博物馆、文成公主藏文化风情园景区、萨迦寺景区、萨迦古城景区、珠峰自然保护区、江孜宗山抗英遗址红色旅游景区、博览园区、桑耶寺、昌珠寺旅游景区、玉麦自然人文景区、卡定沟、世界柏树王园林景区、南伊沟风景区、米堆冰川景区、波密红楼红色系列景区、鲁朗景区、千年古盐田民俗旅游风景区、西藏解放第一村景区、神山圣湖景区、象雄美朵文化旅游景区、江孜英雄古城文化旅游景区、林则生态文化旅游景区、然乌湖景区、比如唐蕃古道文化旅游景区
3A级景区（75处）	"藏域星球"天文体验馆、娘热民俗风情园、尼木吞巴、秀色才纳、净土智昭产业园区、群觉兵器博物馆、莲花之宝、拉萨藏坛城景区、夏扎大院旅游景区、藏草宜生生物科技（工业）园、纳唐寺景区、恩贡寺景区、俄尔寺景区、夏鲁寺景区、扎西吉培寺景区、卡嘎温泉旅游小镇、甘日曲林寺景区、执拉雍仲林寺景区、拉孜曲德寺景区、彭措林寺景区、昂仁曲德寺景区、日吾其金塔景区、帕巴寺景区、吉普峡谷景区、卡若拉冰川景区、帕拉庄园景区、雍泽绿观相湖景区、宗嘎雅江秘境生态度假村、嘎布久嘎生态民俗村、强钦寺景区、多情胡景区、野人谷景区、乃堆拉杜鹃花海景区、东嘎寺、琼孜乡牧村土林景区、曲果德庆林寺贡巴强桑旦曲布寺景区、多布扎湖景区、阿布人寺景区、羌姆石窟景区、美女湖景区、敏珠林寺、雍布拉康、勒布沟、加拉里王宫、羊卓雍措、藏王陵、普姆雍措、岗布冰川（40冰川）、尼洋阁景区、千年核桃王景区、冲康景区、强巴林寺景区、茶马城旅游景区、嘎玛藏艺谷景区、谷布山旅游景区、天穹孜珠旅游景区、布托湖旅游景区、布迦雪山旅游景区、多拉山旅游景区、天路72拐旅游景区、三色湖旅游景区、香堆古镇旅游景区、吉塘温泉小镇旅游景区、夏乌民俗村旅游景区、雪巴沟旅游景区、伊日大峡谷旅游景区、查杰玛大殿景区、萨普冰川、当惹雍措中象雄文化旅游景区、班公湖景区、科迦寺、托林寺、皮央东嘎洞窟遗址、穹窿银城、扎日南木措
2A级景区（29处）	德仲温泉、思金拉措湖、仓姑寺、西藏甘露藏药工业园、奇圣士特产品开发有限公司、西藏优敏芭文化产业园旅游景区、擦擦文化展览馆、西藏娃哈哈食品工业园景区、桑珠曲顶寺景区、日嘉寺景区、欧曲山景区、色吾沟寺景区、乃宁寺景区、朗通庄园、藏扎寺景区、刚钦寺景区、扎桑寺景区、色热珠德寺景区、参卓林寺景区、真桑寺、哲古湖、扎央宗、宗布布、卡久寺、吉荣峡谷景区、美玉草原景区、莽措湖景区、尼果寺景区、卓玛朗措湖
1A级景区（14处）	卓玛拉康、鲁固西三怙、西藏堆秀唐卡传习基地（拉萨措美林民族手工艺传承中心）、帕索寺景区、色多坚寺景区、年木巴钦皓寺景区、达那土登寺景区、索布寺景区、森都寺景区、孜东曲德寺松南迦寺景区、雄雄寺景区、达那寺景区、杂布寺景区、热龙寺景区

资料来源：《关于评定2022年第一批国家4A级旅游景区的公示》，http://lyfzt.xizang.gov.cn/zwgk_69/tzgg/202203/t20220325_290096.html。

图 2　2015～2021 年西藏接待旅游者人数及旅游总收入

资料来源：历年《西藏统计年鉴》。

（二）西藏文化和旅游产业融合发展现状

1. 文化和旅游产业融合的政策促进作用不断加强

随着《国务院机构改革方案》（2018 年 3 月 17 日）和《"十四五"文化和旅游发展规划》（2021 年 4 月 29 日）等的颁布和出台，西藏自治区也及时有效地出台了一系列政策，积极促进文化和旅游产业的融合发展。这些政策包括实施"旅游+"战略、加快发展"全时全域旅游"、投资拉动并加强基层设施建设、打造精品线路产品，积极促进文化在乡村旅游、红色旅游中的支撑作用等。

2018 年西藏颁布了《西藏自治区"十三五"旅游业发展规划》，提出实施"旅游+"战略，推动旅游与农牧、体育、教育、城镇化、文化、藏医藏药等融合发展，不断拓展旅游发展的新领域。《2021 年西藏自治区政府工作报告》强调，要大力发展文化旅游，抓住目前受限的国外游时机，以疫情防控为前提，加快全时全域旅游发展。通过招商引资和基础设施建设，力争完成文化旅游产业投资 100 亿元以上。启动"天湖之旅""边境之行""古道之游"等精品路线建设，形成 G219 旅游大通道。实施"文创西藏"新业态培育项目，大力发展乡村旅游和红色旅游创建工作。2022 年《西藏自治区"十四五"时期特色文化产业发展规划》提出，要振兴特色文化产业,加强文化在旅游中的内容支撑、创意提升和价值挖掘作用,持续提升旅游文化内涵。这些政策的陆续出台,对"十四五"期间西藏文化旅游产业融合发展具有积极的推动作用。

2.文化和旅游产业融合的管理机制改革逐步推进

第十三届全国人民代表大会第一次会议审议通过的《国务院机构改革方案》中提出,为了增强和彰显文化自信,统筹发展文化事业、文化产业和旅游资源开发,提升国家文化软实力和中华文化影响力,促进文化事业、文化产业和旅游业融合发展,必须压实文化部和国家旅游局的责任,组建文化和旅游部。但是,与全国机构改革不同,西藏自治区文化、旅游部门既不完全合并,又不完全分离,中层、高层将文化部门、旅游部门保留下来,而部分基层则将文化、旅游综合为一个部门(见表3)。

有学者认为,西藏采用的这种文化与旅游相结合的结构,有其自身的合理性,也是西藏现阶段根据自身特殊的区情做出的务实选择。在上级部门的有效监督下,下级机构可以集中力量开展业务工作,自治区级、市级文化和旅游部门分开,有利于充分发挥各自监管职能,不因为机构合并而模糊、削弱监管职能,县、乡两级部门可以发挥机构合并的优势,有效减少扯皮推诿。显然,这样的机构设置也对西藏文旅高层、中层部门不断加强联合履行监管职能提出了更高的要求。

表3 西藏自治区各级文化和旅游管理机构设置

行政管理机构级别	区划名称	单位名称
自治区级文化和旅游行政管理机构	西藏自治区	西藏自治区文化厅、西藏自治区旅游发展厅
市级文化和旅游行政管理机构	拉萨市	拉萨市文化局、拉萨市旅游发展局
	山南市	山南市文化局、山南市旅游发展局
	日喀则市	日喀则市文化局、日喀则市旅游发展局
	昌都市	昌都市文化局、昌都市旅游发展局
	林芝市	林芝市文化局、林芝市旅游发展局
	阿里地区	阿里地区文化局、阿里地区旅游发展局
	那曲市	那曲市文化和旅游局

续表

行政管理机构级别	区划名称		单位名称
县级文化和旅游行政管理机构（部分）	拉萨市	城关区	城关区文化和旅游局
		当雄县	当雄县文化和旅游局
		尼木县	尼木县文化和旅游局
	山南市	琼结县	琼结县文化局、琼结县旅游发展局
		乃东区	乃东区文化局、乃东区旅游发展局
		洛扎县	洛扎县文化局、洛扎县旅游发展局
	日喀则市	桑珠孜区	桑珠孜区文化和旅游局
		江孜县	江孜县文化和旅游局
		白朗县	白朗县文化和旅游局
	昌都市	卡若区	卡若区文化局、卡若区旅游发展局
		贡觉县	贡觉县文化和旅游局
		察雅县	察雅县文化局、察雅县旅游发展局
	林芝市	巴宜区	巴宜区文化和旅游局
		米林县	米林县文化和旅游局
		朗县	朗县文化和旅游局
	阿里地区	措勤县	措勤县文化和旅游局
		改则县	改则县文化和旅游局
		革吉县	革吉县文化和旅游局
	那曲市	嘉黎县	嘉黎县文化和旅游局
		色尼区	色尼区文化和旅游局
		比如县	比如县文化和旅游局

3. 文化和旅游产业融合的发展基础不断巩固

全区旅游基础设施不断完善，可进入性不断增强，文旅融合发展基础不断巩固。5G、大数据等新基建有效推进，文化、旅游与科技融合程度不断提高，文旅产业发展格局加速重塑。

在传统基建方面，截至2020年底，西藏自治区公路通车总里程达到12万公里，相比2015年末增长了约50%；高等级公路通车总里程有688公里，约为2015年的18倍，拉萨至林芝及贡嘎机场至泽当、日喀则机场的高等级公路已开通，那曲至拉萨、拉萨至日喀则机场、拉萨至泽当的高等级公路也在加快建设。铁路运营里程达954公里，相比2015年末增加了253公里，青藏铁路格拉段的扩能改造工程已建设投入运营，新藏铁路、滇藏铁路、日喀则到吉隆和青藏铁路电气化改造的前期工作也正在加快推进中①。国际国内航线达130条，比2015年增长1倍以上，通航城市有61个，增长50%，林芝米林机场和昌都邦达机场的改扩建工程已建成投用。2021年，"复兴号"高原内电双源动力的动车组驶进西藏，川藏铁路拉林段已建成通车，拉萨贡嘎机场T2航站楼建成，以拉萨为中心，包括日喀则、山南、林芝和那曲在内的3小时经济圈初步形成。

在新基建方面，全区基本建成"一网、一云、一中心"的信息化架构体系，4798家单位实现了电子政务外网"一张网"。移动信号全面覆盖A级以上景区，5G信号覆盖了七市（地）所在地，新增5G基站3083个，光缆线路近28万公里，现代通信已经连接千家万户。2020年，西藏互联网及相关服务业企业有20家，全年业务收入达到11.3亿元，互联网网站个数已有1544个。

4. 文化和旅游产业融合的新产品、新品牌不断涌现

"十三五"以来，西藏文化旅游产业的融合发展不断将西藏丰富独特的资源优势转化为经济效益，涌现出一批文化旅游新产品、新品牌。

在产品方面，随着珠穆朗玛峰、纳木错、神山圣湖、雅鲁藏布大峡谷、鲁朗国际旅游小镇、巴松错、《文成公主》和《金城公主》大型演艺等重点旅游景区和产品的陆续开发，西藏旅游产品供给体系更加丰富、更具吸引力。

在品牌化方面，"拉萨净土"等特色优势产业发展势头强劲，越来越多的特色产品走向全国乃至世界，不仅为经济发展创造了新引擎，在拉动区域经济发展的同时，还为引导群众增加收入、吸纳地方就业、提升产业化经营效益开拓了新路径。"拉萨净土"已成为西藏经济社会发展中一张知名"名片"。此外，西藏自治区统筹区域经济发展和生态文明建设，制定品牌战略"地球

---

① 《2021年西藏自治区政府工作报告》，西藏人民政府网站，2021年3月24日，http://www.xizang.gov.cn/zwgk/xxfb/zfgzbg/202103/t20210324_197174.html。

第三极",并通过品牌化、产业化、标准化生产,努力与世界分享西藏极为洁净的生态、乡土文化和优质产品。"地球第三极"品牌选择天然饮用水、青稞制品和牦牛制品作为三大特色产业,并将藏鸡、虫草、文创等纳入辅助产业发展计划。"地球第三极"品牌优化产品结构,从源头上选择优质的产品,打造多元化的产品矩阵,为广大消费者提供西藏的"礼物"。

5. 文化和旅游产业融合的新业态、新模式不断丰富

"十三五"以来,在现有传统旅游体验活动的基础上,全区推出了一批新型文旅体验活动来拓宽旅游新业态,加速模式创新来促进文旅经济融合发展。

在持续探索"冬游西藏"创新激励政策的背景下,2018年以来,全区连续推出四轮"冬游西藏"活动,通过推行一系列冬季旅游优惠举措,促进了西藏冬季旅游热度持续提升,打破西藏淡季旅游瓶颈,发展成果显著[①]。

2020年,在受新冠肺炎疫情影响的情况下,西藏依托非遗藏医药资源、红色资源、生态资源等优势,陆续创新推出"康养旅游""红色旅游""西藏人游西藏""绿色旅游""研学旅游"等系列重要的专项旅游产品,实现了全区旅游业快速且优质的复苏,增长速度也在全国名列前茅。

此外,依托丰富的生态和康养资源,西藏大力发展绿色生态、休闲度假、温泉养生、藏医药浴等,推动传统观光式旅游向体验式旅游的升级,开辟西藏旅游业转型的新途径。2020年5月,西藏在全国率先启动首批自治区级康养绿色旅游示范基地试点,以"创建基地、形成特色"为目标,通过发展新业态、专项旅游,解决西藏旅游产品供给不足和同质化问题。

2020年9月8日,拉萨夜间经济启动仪式在藏游坛城举行。从增强夜间经济的硬实力到充实夜间文化活动的软实力,拉萨市着力引进和培育旅游、餐饮等新兴时尚业态,努力创造开放、活跃、规范、有序的夜间经济和文化氛围,充分满足市民和游客"夜游、夜购、夜食、夜娱、夜宿、夜行"的夜间休闲消费需求,着力塑造拉萨夜间经济品牌。

---

① 《疫情防控第四轮"冬游西藏"活动稳步有序推进》,西藏旅游发展厅网站,2022年3月13日,http://lyfzt.xizang.gov.cn/ztzl_69/2021lvyou/202203/t20220313_288168.html。

2021年10月19日，拉萨市文成公主藏文化风情园景区被列为首批国家夜间文化旅游消费集聚区名单。景区为保护文成公主进藏随行人员的聚居地——慈觉林古村落而申报，这是中国西藏文化旅游创意园区首个以西藏非物质文化遗产的传承、保护、创新和发展为重点的旅游项目，也是西藏自治区首个以文化演艺为主要内容的国家级旅游景区，并于2019年入选国家4A级旅游景区名录。

2021年9月30日，主题为"新西藏心视界"的西藏旅游新业态分享会发布了9条"黄叶金秋"轻度假目的地线路，这些线路分别为藏嘎营地奢野之游、蓝色天国羊八井温泉之旅、扎囊沙漠之行、象雄美朵象雄之行、鲁日拉观景台寻湖之旅、乡村精品民宿休闲之旅、脱贫振兴馆观展之行、林周农场红色之旅、祖国万岁山登高之行，这些距离拉萨市不到2小时车程的线路成为加快文旅融合、促进内循环的重要载体。

在此基础上，西藏形成了那曲草原游牧文化产业聚集区、昌都香格里拉文化旅游产业聚集区及西藏珠峰文化旅游创意产业园等西藏文化特色明显、产业优势鲜明的文化产业园，引领区域特色文化产业创新发展，持续提升区域文化旅游产业核心竞争力，提升区域文化品质，打造地方文化旅游产业名片。

二 西藏文化和旅游产业融合经验总结

（一）文化和旅游产业融合发展立足于独特的自然人文资源优势

立足资源优势，打造区域文旅融合特色发展路径。西藏以其独特的高原地理环境和历史文化，催生了数量众多、类型丰富、品质优异、典型性强、保存原始的旅游资源。全国165个旅游资源基本类型中，西藏有110个，占2/3，在全国旅游资源系统中处于不可替代的重要地位[1]，这为近年来西藏

---

[1] 《旅游及古迹》，西藏人民政府网站，2021年2月2日，http://www.xizang.gov.cn/rsxz/qqjj/zrdl/201812/t20181219_33380.html。

大力发展文旅融合产业奠定了基础。为有效推动非遗和旅游深度融合发展，2021年3月，自治区文化厅、自治区旅游发展厅联合印发了《关于开展首批自治区非遗旅游景区（点）推荐申报工作的通知》，19个旅游景区（点）入选自治区首批非遗旅游景区（点）推荐名单，探索通过发展文化遗产旅游促进文旅空间融合的路径。此外，还大力发展民族节事及会展旅游以展销地方特色文化产品，吸引游客前往当地现场体验，以文促旅，现已形成全年时段、类型丰富的品牌节事赛事，如拉萨雪顿节、那曲赛马节、林芝桃花节、雅鲁藏布江文化旅游节、环拉萨城自行车大赛等。

（二）文化和旅游产业融合发展得益于政府主导下的政策和资金保障

政府主导出台政策保障资金，夯实文旅融合发展基础。为了促进西藏文化旅游产业的融合发展，全区实施了一系列扶持政策。一是基础设施建设，降低游客的进藏成本，加快推进"四通五有"①的景区工程建设。二是基层文化建设，推动乡村演出队的建设，支持群众性的文化活动。三是民俗文化保护，命名首批西藏自治区非物质文化遗产特色县、乡镇、村，加快西藏美术馆、自然博物馆和文化广电艺术中心建设，推动城乡公共服务设施均等化。四是文化产业建设，支持西藏文化产业园区的建造，加强"文创西藏"品牌建设，深入推进西藏特色文化产业窗口建设，发展文创产业并且培育"旅游+"新业态。各项文化和旅游产业扶持政策的颁布实施，为西藏地区文化和旅游产业的深度融合发展提供了明确的方向引导和有力的政策支持。

"十三五"期间，全区落实国家旅游发展基金对地方政府旅游厕所建设、乡村旅游、旅游扶贫、旅游基础设施和公共服务设施建设补助资金14.5亿元；落实自治区旅游发展资金19.3亿元，用于旅游基础设施和公共服务设施建设、重点旅游示范村旅游扶贫、景区旅游厕所精品化等。同

---

① "四通"指通路、通水、通电、通广播电视，"五有"指有学校、有卫生室、有安全饮用水、有安居房、有基本农田或牧场。

时，大力推进以国家5A级景区为代表的国家级重点文物保护单位创建工作，发布首批"红色+"区域复合旅游产品线，并发布4条经典红色旅游线路。

2021年，自治区共落实项目资金50650万元，支持全区39个旅游基础设施与公共服务设施建设。其中，落实中央预算内资金46450万元，支持22个文化保护工程项目和补短板项目建设；落实自治区旅游发展专项资金4200万元，支持17个边境旅游和乡村旅游项目。大力支持G219沿线乡村旅游、红色旅游、精品景区发展建设，新建改扩建游客服务中心12个，新建改扩建通景道路14.22公里，新建改扩建旅游停车位790个，新建改扩建旅游公共厕所14个①。

（三）文化和旅游产业融合发展依托援藏力量实现多途径合作

作为中央西藏工作总体部署的一部分，西藏文化和旅游产业的发展离不开国家部委、国有企业和对口援藏省市长期以来的大力支援。从1994年7月召开的第三次中央西藏工作座谈会突破性地决定实行"分片负责、对口支援、定期轮换"的援藏政策以来，党和国家不断创新文化和旅游援藏主体、投入机制和制度保障，通过多途径合作，不断促进西藏文旅融合发展。

支援建设文化创意产业，打造西藏特色文创金名片。该援藏项目的主体是文化和旅游部，主要通过支援建设"文创西藏1+74"特色文化产业培育工程等重点项目来打造一批各具特色的县（区）文化（文创）新兴拳头产品，力争使西藏文化产业整体实力和竞争力显著增强，文化产业发展的质量和效益全面提升。

合作联建文化旅游产业园区、文旅小镇，实现文旅产品、体验和IP的深度融合。该援藏项目的主体是以江苏、北京、上海、广东、黑龙江为代表的17个对口援藏省市。如在江苏援藏工作的大力支持下，2021年，拉萨市

---

① 《今年将打造高原丝绸之路旅游区域经济带》，西藏旅游发展厅网站，2021年1月20日，http://lyfzt.xizang.gov.cn/xwzx_69/jdxw/202101/t20210120_188636.html。

成功获批创建第二批国家文化和旅游消费试点城市,文成公主藏文化风情园景区成为全国首批文化旅游夜间消费集聚区;同年5月,北京市援藏助推拉萨堆龙德庆区象雄美朵旅游文化产业园正式运营,园区"德吉藏家"民俗文化旅游项目成为文旅扶贫的新亮点;上海市第九批援藏队2020年开始谋划、2021年3月正式启动建设的扎西宗珠峰小镇,着力打造了"环珠峰生态文化旅游圈"的核心地标。而广东省通过对口支援林芝市鲁朗国际旅游小镇建设项目,成为以文旅深度融合促进产业转型升级的典范。2021年,鲁朗小镇大力发展乡村旅游、研学旅游、红色旅游、节庆旅游、康养旅游等多种文旅融合产业,稳步向前发展,成为援藏富民的典范。

人才援藏促进西藏文旅融合高质量人才培养。在国家文化和旅游部层面,通过实施"订单式"人才援藏、导游援藏、西藏与新疆基层文化人才共建培养项目援藏来助力西藏文旅融合产业发展,解决西藏文旅融合中的人才匮乏问题。"订单式"人才援藏项目自2018年启动,主要包括选派专业技术人员赴西藏进行专业指导和由西藏选派专业技术人员到北京跟班学习两种形式。在对口援藏省市层面,2019年11月,南京市对口支援墨竹工卡县工作组和墨竹工卡县创新设立了"格桑花开大学生就业创业特训营",截至2021年9月,已累计跟踪培养学员417名,培训内容涉及与西藏文化旅游产业发展相关的文化、礼仪、技能、组织、管理等多个方面。

(四)文化和旅游产业融合发展同社会福祉紧密相连

提升乡村文旅融合发展的社会效益,实现从脱贫攻坚、乡村振兴到共同富裕的转型。随着基础设施的升级和多条旅游线路的开发,西藏旅游业有效带动了乡村旅游业发展。"十三五"时期,西藏自治区乡村旅游带动农牧民就业达8.6万人,人均年增收4300元。西藏通过旅游业直接或间接地带动2.15万户贫困户7.5万名建档立卡贫困人口脱贫。基础设施的升级改造和多条线路的开发建设有效地带动了乡村旅游业的发展。2021年,西藏自治区乡村旅游累计接待游客1274.11万人次,实现旅游收入15.87亿元,直接或间接带动就业64521人次。

"十四五"时期,西藏先后推出了一批乡村旅游精品线路,如藏南乡恋之红谷游、藏东乡愁之桃村寻踪游等,以及一系列品牌乡村民宿、特色乡村旅游产品,有效整合了"能人带户""景区带村""企业+合作社+农户""政府+企业+合作社"等多种形式的旅游资源。全区近300家旅游企业开展结对帮扶行动,打造300多个具有旅游接待能力的乡村旅游点,家庭旅馆已经达到了2377家。山南市玉麦村、麻麻村,拉萨市达东村、德吉藏家等30多个村入选国家乡村旅游重点村名录。

西藏通过大力发展乡村旅游,让更多农牧民吃上了旅游饭,走上了脱贫致富路,让当地农牧民实现了安居乐业、增收致富的目标,使文化和旅游产业成为群众增收致富的新渠道,成为提高群众幸福指数的重要力量和乡村振兴的重要抓手。

(五)文化和旅游产业融合发展成为建构各文旅主体国家认同的新途径

文化引领国家认同和文化归属感是实现社会安宁、稳定发展的必要因素。中华优秀传统文化资源和丰富的世界文化遗产中蕴含着诸多能够强化国家认同的典型符号,通过深度文旅融合,各参与主体在旅游活动过程中体验、学习、理解中华民族共同的历史、价值和信仰,发现和深化情感归属,进而强化国家认同和民族认同。

西藏有历史非常悠久的民族文化、红色文化和社会主义建设文化,以文旅融合为途径,促进旅游活动中的各主体传承好、树立好、利用好这些承载着民族复兴、国家富强的内容,有助于发挥文化的内源性作用,加快新旧动能转换,促进文旅经济高质量发展,也是新时代铸牢中华民族共同体意识、增强国家认同的重要途径。2021年5月19日,西藏自治区旅游发展厅结合文旅部"绿色发展·美好生活"的主题,推介了7条红色旅游线路,分别为辉煌跨越看拉萨(一日游),日喀则风光无限好(二日游),勒布杜鹃分外红(三日游),体验美丽乡村、助力乡村振兴(四日游),重温红色历史、传承奋斗精神(五日游),体验天堑通途、传承两路精神(六日游),寻觅孔繁森、天湖托水塔（七日游）①。2022年7月，由自治区旅游发展厅主办，人民网股份有限公司西藏分公司、自治区专项旅游协会承办的"百年峥嵘，恰风华正茂"主题西藏红色旅游线路发布会在谭冠三纪念馆举行，重点介绍了上述7条红色旅游线路，旨在深入贯彻习近平总书记关于传承红色文化和发展红色旅游系列重要论述精神，进一步用好红色资源、讲好红色故事、开展红色教育、传承红色基因、发展红色旅游，激发人民群众爱国情②。

三 西藏文化和旅游产业融合发展存在的问题

（一）文化和旅游融合产品供给不足，数量和质量仍有待进一步提升

目前，西藏文化和旅游的成熟产品仍主要集中在寺庙产品上，其次是湖泊产品、古迹类和山岳产品，具体发展中的不平衡现象表现较为明显。布达拉宫、大昭寺这样的热点景区在旺季客流量较大，游客很难买到门票，而温点、冷点景区门可罗雀。因此，文化和旅游产品供给的不均衡性，一方面影响了游客的游览质量，另一方面也在一定程度上造成了西藏文化和旅游产品与旅游业的错位发展。

此外，西藏各城市的文化和旅游产业仍以文化演出、节庆会展、民族手工业等藏族传统文化资源为主，缺乏现代意义的经营服务型文化和旅游企业。多数文化和旅游企业规模较小且主要是传统作坊式的经营模式，对具有西藏地方民族特色以及现代气息的新兴文化和旅游产品的研发力度不够，其产品科技含量较低、市场竞争力较弱，不能满足人们对多样化、多层次的文化旅游产品的需求。

---

① 《西藏发布7条红色旅游线路》，西藏人民政府网站，2021年5月20日，http://www.xizang.gov.cn/rsxz/lydt/202105/t20210520_202863.html。
② 《传承红色精神西藏发布七条红色旅游线路》，中国西藏网，2022年7月11日，http://www.tibet.cn/cn/travel/202207/t20220711_7238082.html。

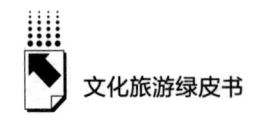

（二）文化和旅游产业融合度低，进藏人均文旅消费增长缓慢

由图3和图4可以看出，2016~2019年，西藏与其周边五省区的国内旅游接待规模都处于上升趋势，但差异较明显，贵州国内旅游接待规模居首，云南紧随其后，甘肃与新疆分别位居第三与第四，但是青海和西藏的国内旅游

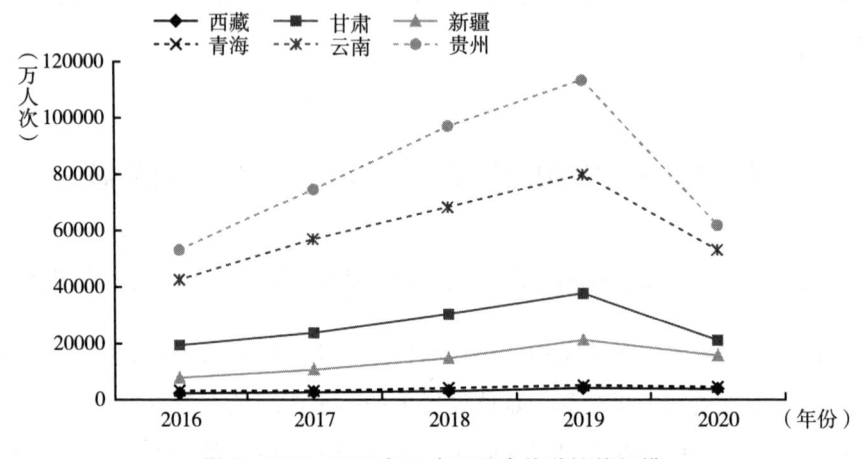

图3　2016~2020年六省区国内旅游接待规模

资料来源：各省区统计年鉴、国民经济和社会发展统计公报及中国统计年鉴。

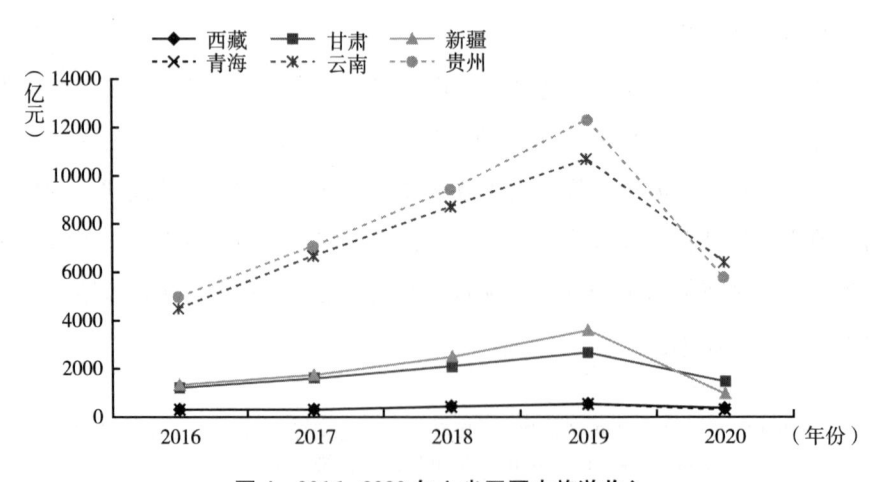

图4　2016~2020年六省区国内旅游收入

资料来源：各省区统计年鉴、国民经济和社会发展统计公报及中国统计年鉴。

接待规模相对较小且差距不大。四年间，六省区的国内旅游收入都在增长，其中贵州和云南的总量较大，分列第一、第二名，新疆和甘肃次之，而西藏和青海较少。不管是从国内旅游接待规模，还是从国内旅游收入来看，西藏都无法与其周边的省区特别是云南、贵州相比。

从2019年人均旅游消费来看，甘肃、贵州、青海都位于全国平均线上下，而西藏、新疆和云南都高于全国平均水平（见图5）。但是，这并不意味着西藏旅游市场人均旅游消费增速快。2016~2019年，全国人均旅游消费年均增长率为1.83%，青海和新疆分别为0.72%和0.08%，贵州和甘肃高于全国平均水平，分别为3.69%和3.00%，云南则是最高，达6.29%，而西藏只有-0.54%，也是六省区中唯一负增长的省区。从人均旅游消费的年均增长率来看，西藏不仅低于全国平均水平，更是低于其周边的五省区。即便是2020年在新冠疫情的影响下，2016~2020年西藏的人均旅游消费年均增长率仍然低于全国平均水平（见表4）。因此，如何提高文旅产业融合度，拉动游客的人均消费，是西藏旅游业目前亟待解决的问题。

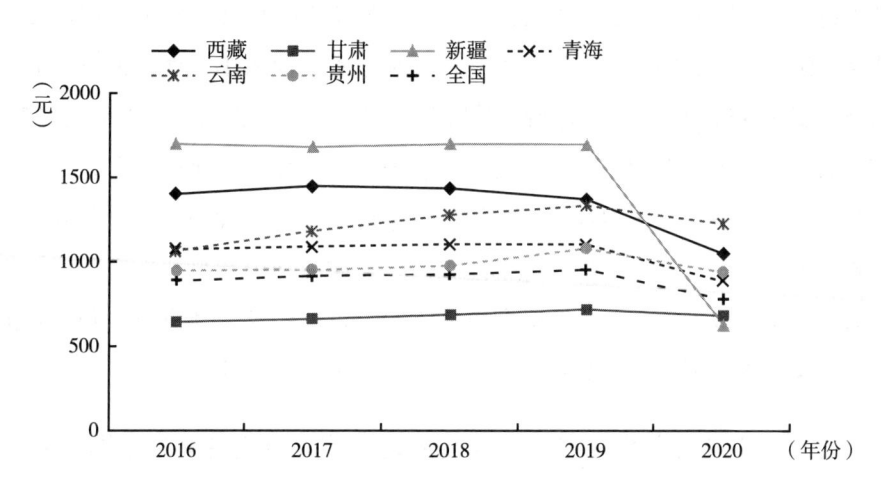

图5 2016~2020年全国及六省区人均旅游消费

资料来源：各省区统计年鉴、国民经济和社会发展统计公报及中国统计年鉴。

表4　全国及六省区人均旅游消费年均增长率

单位：%

年份	西藏	甘肃	新疆	青海	云南	贵州	全国
2016~2019	-0.54	3.00	0.08	0.72	6.29	3.69	1.83
2016~2020	-5.03	1.37	-12.60	-3.66	2.86	-0.19	-2.57

（三）文化和旅游产业融合科技创新基础薄弱，赋能文旅融合发展能力有待提升

产业融合最开始是以科技创新为先导。科学技术创新不仅有助于提高文化和旅游产业的整体生产效率，而且有助于推动文化旅游产业升级和发展。在科技创新发展的基础上，文化产业和旅游产业均完成了产业升级，丰富了生产维度，逐步消除了清晰的产业范围界限，不断促进产业的融合与发展。而西藏等西部地区相比东部发达省份，在科技创新方面具有一定的落后性，这在一定程度上不利于文化和旅游的融合发展，特别是在西藏高海拔缺氧和各类特色文化资源内涵亟待挖掘的背景下，迫切需要科技创新来增加西藏文化和旅游融合产品的可进入性、可观赏度和体验的深入丰富性，也迫切需要科技创新来促进西藏文化和旅游公共服务保障体系的完善和管理水平的提升，实现文化和旅游产业的进一步高质量融合发展。比如，当前适应高原环境的可移动旅居设备、安全跟踪及定位设备、旅游创意体验设施、旅游服务运营管理设施、旅游污染物处理设施都还很匮乏，如何利用新科技新商业模式推动宣传西藏来减少潜在消费者对高原反应的"过度恐慌"还没有找到更好的解决方案，这些都是科技赋能文旅融合亟待解决的重要问题。

（四）文化和旅游融合人才量与质均不足，结构性需求矛盾凸显

从当前西藏对文旅融合人才的需求来看，旅游经营管理人才需求量较大，旅游专业技术的需求量次之，旅游行政管理人才的需求量较低，而且受人才编制数量限制，呈现人才结构性紧缺的特点。西藏文化和旅游产业人才

质量和学历层次相对偏低，年龄结构偏大，这也不符合我国文化和旅游产业人才整体年轻化的基本特征。

在人才供给方面，文旅融合人才的总量供给不足，目前西藏高校培养的文化和旅游人才远远不能满足西藏旅游业快速发展的需要。文化和旅游相关专业人才市场化就业率较低，虽然西藏自治区高校文化和旅游专业毕业生总体就业率维持在85%以上，但是大多以考公务员为首要就业方向，毕业之后从事文化和旅游行业的人才偏少。国家历年的"导游援藏"活动、"西部人才计划"等为西藏自治区输送的大量文化和旅游人才为西藏文化和旅游产业的发展做出了巨大贡献，但这对西藏整体文化和旅游人才需求来说，仅占极少份额，而且随着西藏旅游业的不断发展，援藏人才占比也会相应地不断下降，远远不能满足当前西藏文化和旅游市场的客观需求。

四　西藏文化和旅游产业深度融合发展对策

（一）把握新阶段新理念新格局下的新机遇

新阶段是促进西藏文化和旅游产业融合发展的新起点和新动力。截至2020年底，西藏已取得脱贫攻坚战的决定性胜利，62.8万名农村建档立卡贫困人口全部脱贫、74个贫困县（区）全部摘帽，长期以来困扰西藏各族人民的绝对贫困问题已经得到历史性地解决，标志着西藏和全国同步全面建成小康社会。这意味着西藏与全国其他省份的发展差距不断缩小，也意味着新时代西藏的区域综合竞争力达到了一个新的水平，这无疑会大幅度提升"十四五"时期西藏文旅市场的供给能力和消费水平，也自然成为增强文旅产业融合的新动力。

新理念给西藏文化和旅游产业融合发展带来新潜力和新活力。在"创新、协调、绿色、开放、共享"的新发展理念下，"十四五"时期，西藏的文旅产业融合必须坚持"大文化""大旅游"的发展理念。"大文化"是广义的文化概念，不仅包括文物保护、传统文化保护和传承，还包括现代文化的创新。只有对包括民族传统文化、红色文化、社会主义现代化建设文化在内的多类型的文化资源及文化价值进行充分挖掘,突出其在文旅融合中的地位,才能真正激发文化产业的新潜力,实现文化引领下的产业创新和产业融合。"大旅游"是指不能只强调经济的、产业的狭义旅游概念,还要凸显旅游的文化属性,积极与文化融合。因此,要坚持"大旅游"的理念,强调发展质量,走绿色、开放之路,把旅游产业建设成"主客共享"的产业,把旅游目的地打造成创造主客共享美好生活的空间,进一步释放旅游产业的新活力。

新格局给西藏文化和旅游产业融合发展带来新的客源市场。在加快构建以国内大循环为主体、国内国际双循环相互促进的新发展格局背景下,2020年上半年,西藏旅游市场复苏率排名全国第一,西藏旅游业在全国率先实现复苏和正增长。因此,"十四五"时期,西藏要瞄准并把握好新格局下出现的新市场、新需求和新机遇,加快调整产品和产业结构,加快提升服务能力和管理能力,促进文旅产业走向更深融合。

(二)多措并举促进文化和旅游产业融合发展

科技创新是核心,通过科技创新引领多种创新,促进文旅产业加快融合。通过科技创新引领产品创新、体验创新、服务创新和管理创新,最大化地释放文化和旅游消费的潜能,把原来受自然条件、生态环境保护等因素所限的"可达不可留"地方变成"可达可留"地方,促进文旅产业在时间、空间、数量和质量上的扩容,加深融合。在产品创新方面,以科技驱动开发高原环境下的可移动旅居产品如便携方舱等。在体验创新方面,可以利用科技创新打造符合高原环境的沉浸式体验产品,如户外移动剧场,改变传统的只"观景"、体验单一的现状。在服务创新方面,可以利用科技创新智慧导游服务,建设智慧景区、智慧博物馆、智慧乡村,解决现有导游人员不足的问题。在管理创新方面,可以构建西藏文化旅游产业融合的公共服务管理平台,提升服务管理的质量,优化文旅融合的体制机制,为促进文旅高质量发展做好关键保障。

构建以"文旅+"和"+文旅"为先导的多产业、多领域融合发展模式。作为七大产业中的先导产业,西藏的文化和旅游产业具有"引流"区外消费市场的重要功能。因此,把文化和旅游产业置于西藏七大产业之中,通过"文旅+生态产业""文旅+绿色工业""文旅+现代服务业""文旅+边贸物流业""文旅+清洁能源产业"等多种组合,实现双向或多向的产品、品牌融合,进而实现文旅产业与西藏七大产业的协同、高质量发展。例如,"文体旅康"融合发展可把文化、体育、旅游、康养四个产业,通过产业链、供应链、营销链、创新链或技术链、人才链融合在一起,形成互利共赢的新产业链,推动西藏走出产业规模小、产能低、产业链短的现实困境。

(三)进一步提升文化和旅游融合综合效应

"十四五"时期,应充分发挥文化和旅游产业的事业和产业双重属性,进一步加强文化产业同旅游产业及其他产业的双向融合,提升文旅融合产业的经济效应、社会文化效应和环境效应,激活各类文旅参与主体的内源性潜力,实现治边稳藏、富民兴藏。

在城市文旅产业融合发展方面,不仅要壮大以中小文旅企业为代表的文旅市场主体,激活市场,加强文旅市场供给,促进供求平衡,实现经济效益最大化,还要强化文旅行政管理部门同市场监管、交通、教育、体育、生态、自然资源等行政管理部门之间管理机制的协调,协同提升城市文旅公共服务管理能力,打造主客共享、绿色、美好的生活空间,让客人和主人都从文旅产业的融合发展中受益,从而激发包括游客、目的地居民、旅游经营者、服务者、管理者、其他社会民众在内的各类文旅参与主体的积极性与潜力,共建、共享美丽西藏。

在乡村文旅融合发展方面,首先,可以充分发挥文旅融合对旅游乡村转型发展的促进作用,引领乡村实现从脱贫攻坚到乡村振兴再到共同富裕的转型。挖掘西藏乡村丰富的文化资源,打造适应后疫情时代市场新需求的乡村文旅产品,拓展产业链,实现乡村三次产业融合发展,切实提升乡村农牧民收入水平,建设美丽乡村,实现就地城镇化。其次,可以推动乡村现有公共

文化服务资源和公共文化活动空间与旅游产业融合，提升现有公共文化资源的效用，增强文旅融合的社会效应。再次，可以加强对乡村传统文化的挖掘、整理、保护与传承，以文化引领提升乡村精神文明水平，以文旅融合促进边疆稳定，铸牢中华民族共同体意识。最后，发展有利于筑牢乡村生态安全防线的生态文旅，加强乡村生态环境保护，建设美丽乡村，打造西藏乡村生态文明高地，实现高质量发展。

参考文献

万东华、李建臣：《中国文化及相关产业统计年鉴》，中国统计出版社，2021。

周勇、胡立：《治理角度下的文化和旅游融合研究——兼讼西藏文化和旅游机构设置模式》，《西藏研究》2020年第3期。

卢杰：《基于评价机制之西藏旅游资源发展研究》，《西藏发展论坛》2021年第6期。

侯志茹、岳世聪：《乡村振兴背景下西藏地区文化和旅游融合发展模式探究》，《西藏大学学报》（社会科学版）2020年第3期。

楼嘉军、徐爱萍：《休闲·旅游·民宿：观察与思考》，上海交通大学出版社，2017。

连成国：《2019西藏文化产业发展特点及展望》，《新西部》2020年第2期。

陈娅玲、孟来果：《高质量发展背景下西藏文化和旅游人才培养研究》，《西藏发展论坛》2021年第5期。

G.6 云南省文化和旅游融合发展实践与经验

宋 磊 徐何珊*

摘 要: 云南拥有得天独厚的文化和旅游资源优势,文旅产业发展起步早,形成了较为完善的文旅产业体系,在国内乃至世界范围内享有较高知名度。当前,文旅融合是文旅产业再次转型升级的方向,云南通过政策支持、民族文化保护、智慧旅游建设、全域旅游发展等举措有效促进文旅融合发展,但仍存在精细化程度不高、创新能力不足、人才支撑不到位、资金支撑不足等问题。基于云南文化和旅游产业发展基础,本报告建议云南要从转变文旅产业发展模式、加强创新驱动、加强高素质复合型人才培养、拓宽文旅项目融资渠道等方面做出努力。

关键词: 文旅融合 旅游业 文旅产业 云南省

一 云南省文化和旅游融合发展基础

地处我国西南边陲的云南省,凭借其独特的文化和旅游资源,不断吸引着来自国内外的游客,文旅产业发展规模不断壮大。

(一)文化旅游资源禀赋优越

从自然地理条件来看,云南位于北纬21°8′~29°15′,东经97°31′~106°

---

* 宋磊,博士,云南省社会科学院民族学所副研究员,研究方向为文化产业;徐何珊,博士,云南省社会科学院民族学所副研究员,研究方向为民族学。

11′，北回归线横穿云南，造就了云南丰富的景观条件——北有冰山，南有热带雨林。云南是一个高原山区省份，地势从西北向东南倾斜，南北高低落差大，金沙江、澜沧江、怒江顺着地势，以扇形分别向东、向东南、向南流去。高山峡谷与坝区丘陵并存的多样地质条件形成了寒、温、热三带兼有的特殊气候。得天独厚的地理环境和气候条件，孕育了云南丰富多彩的动植物种类，有"植物王国""动物王国"的美名。从人文条件看，云南历史悠久，出土有距今约170万年的元谋人化石。战国时期，这里是滇族部落的生息之地，留下了辉煌灿烂的历史文化遗产。26个世居民族在这块美丽的红土地上繁衍生息，各民族因所处的自然环境和历史发展的差异而呈现不同的社会文化形态，并以各自不同的生活习俗和生产方式，创造出特色鲜明、丰富多彩的民族文化。这些得天独厚的自然地理条件和人文历史条件为云南文旅产业的发展奠定了很好的基础，形成了文旅融合的云南禀赋。

（二）文旅产业持续高速增长

云南省文旅产业发展起步较早。2016年4月，云南省委、省政府出台《云南省旅游产业转型升级三年（2016—2018年）行动计划》，并从全省经济社会发展的全局考虑，将旅游和文化产业合二为一，列入全省八大重点产业[1]。全省接待海内外游客从2015年的3.30亿人次增加到2019年的8.07亿人次，文旅总收入由4181.79亿元增加到12291.69亿元，年均分别增长25.05%和30.94%，分别完成"十三五"规划目标的132.76%和122.91%，旅游收入排名从2018年的全国第7名上升到2019年的第6名。2020年以来，云南文旅市场发展虽受到新冠疫情影响，但目前已稳步复苏[2]。

---

[1] 《关于印发云南省旅游产业转型升级三年（2016—2018年）行动计划重大建设项目表和全域旅游创建项目目录的通知》，云南省人民政府网站，2016年6月16日，http://www.yn.gov.cn/zwgk/zcwj/zxwj/201606/t20160616_143016.html。

[2] 《云南文旅总收入破万亿元，超额完成"十三五"规划目标》，"澎湃新闻"百家号，2020年11月24日，https://m.thepaper.cn/baijiahao_10129588。

（三）文旅产业体系较为完善

文旅产业的健康发展需要完善的产业体系作为支撑。餐饮方面，2015年云南省政府办公厅印发《"舌尖上的云南"行动计划》，旨在推动"滇菜"产业做精、做强、做大，促进全省商贸服务业提质增效、跨越发展。这一文件的出台为云南省餐饮行业指明了方向，也助推了云南文旅产业的发展。住宿方面，2019年云南共有415家星级酒店，全国排名第5位，星级酒店实现营业收入37.11亿元，全国排名第16位[1]，住宿业的发展为云南文旅产业的健康发展提供了有力支撑。交通方面，云南在全国率先形成了铁路、公路、民航、水运、邮政"大交通"管理体制，县域高速公路"能通全通"工程建设成效显著，新增高速公路5000公里，全省公路总里程达29.2万公里，高速公路建成里程达9006公里，16个州市及110个县通高速公路，129个县（市、区）全部通高等级公路，并相继启动实施了"互联互通"工程。铁路运营里程4233公里，其中高铁运营里程1105公里。民用运输机场达15个，旅客吞吐量百万级以上机场7个[2]。交通基础设施的完善有效促进了云南文旅产业的持续发展，推动云南文旅产业融合走得更远。

二 云南省文化和旅游融合发展实践

（一）政策支持助推文化和旅游融合

2016年，云南省委、省政府出台的《云南省旅游产业转型升级三年（2016—2018年）行动计划》将文旅产业列入全省八大重要产业，确立了云南文旅融合发展的战略地位。2017年，云南省人民政府发布《云南省旅游市场

---

[1] 《2020年云南省星级酒店经营数据统计分析》，中商情报网，2020年9月14日，https://www.askci.com/news/chanye/20200914/1146321214629.shtml。
[2] 《云南省综合交通运输发展取得重大突破》，《潇湘晨报》百家号，2021年5月21日，https://baijiahao.baidu.com/s?id=1700333749853657608&wfr=spider&for=pc。

秩序整治工作措施的通知》，这份文件被称为最严"22条措施"，从经营主体和就业人员管理、行业协会改革、管理机制体制创新等方面发力，严厉打击了云南省文旅产业发展市场乱象，促进了云南文旅产业的健康发展。2019年，云南省人民政府办公厅下发《云南省旅游从业人员"八不准"规定》。"八不准"规定是在云南省文旅产业乱象尚未得到根治的背景下出台的，这些行业乱象灰色链条大大降低了游客对于云南的旅游体验，严重破坏了云南省的文旅形象，因此出台该政策对这些不正当的行业乱象进一步进行整治。疫情发生以来，云南出台一系列政策为文旅企业纾难解困，提升文旅产业应对疫情风险的能力。2020年，云南省人民政府办公厅印发《云南省支持文旅产业应对新冠肺炎疫情加快转型发展若干措施》。2022年，出台《云南省关于支持文旅行业的纾困帮扶措施》《关于精准做好疫情防控加快旅游业恢复发展的若干政策措施》等，这些政策在降低企业经营成本、加强对文旅企业资金支持、促进云南文旅转型升级等方面给予有力支持，帮助受疫情影响而经营困难的企业脱离困境，从而实现云南文旅产业的可持续健康发展。

（二）民族文化保护助推文化和旅游融合

云南有25个世居少数民族，在长期的历史发展过程中创造了各具特色的民族文化，民族文化多样性在此充分显现。习近平总书记在考察云南时指出："云南少数民族文化是中华民族文化的重要瑰宝，要积极加以支持和发展。"[①]云南省委、省政府认真贯彻落实习近平总书记讲话精神，加快民族文化强省建设，发展民族特色旅游产业，推动各民族团结交流。云南出台了一系列政策文件保护民族文化，比如《关于进一步加强非物质文化遗产保护工作的意见》《关于进一步加强文物保护的实施意见》等，这些综合性或者单项保护民族文化政策的出台，为建立科学完备的民族文化遗产保护体系提供了有力的政策指导，极大地促进了云南民族文化遗产的保护传承。"金、木、土、石、

---

① 《文艺繁荣发展 文旅融合创新》，云南省人民政府网站，2020年12月25日，https://www.yn.gov.cn/ywdt/ynyw/202012/t20201225_214689.html。

布"五位一体的民族民间工艺品品牌是云南民族文化传承发展的亮丽名片，建水紫陶、大理扎染、鹤庆银器、永仁石砚等独具民族特色的文旅产品逐步走出云南，迈向国际舞台，不仅带动了当地的经济社会发展，也促进了民族文化的交流传播。同时通过民族文化"百名人才"培养工程、少数民族传统文化抢救保护项目、世居少数民族文化精品工程项目对非物质文化遗产进行保护和发掘，对民族文化的保护与传承发挥了积极作用。截至2022年6月，云南拥有国家级非遗项目代表性传承人125人，省级非遗项目代表性传承人1419人，州（市）级非遗项目代表性传承人3568人，县（市、区）级非遗项目代表性传承人12563人[1]，通过结帮带、研学等方式将非遗传承人的技艺传授给文化新人，同时与省内高等院校进行合作，积极开展民族文化进校园活动，促进学生对少数民族文化的价值认同，从而实现民族文化的交融发展。云南坚持把促进旅游业发展作为发掘民族文化资源、传承和发展民族特色文化、增强各民族内生发展动力的重要抓手，推动旅游产业与民族文化、特色产业深度融合，加快推进民族地区脱贫攻坚、乡村振兴和全面建成小康社会进程。

（三）智慧旅游建设助推文化和旅游融合

云南智慧旅游运用物联网、5G、大数据、云计算等技术，借助用户的移动终端，帮助游客拥有更好的旅游体验，其中最典型的就是"一部手机游云南"手机App。从2018年上线以来，该App全面整合资源，将游客在云南的"吃、住、行、游、购、娱"各环节全部集中在一个平台上，游客可以享受旅游前、旅游中、旅游后的全过程、全方位、全景式服务，全面提升了云南文旅形象。特别是其推出的"30天无理由退货""平均六小时办结投诉"等贴心服务[2]，使得广大游客几乎无后顾之忧，大大保障了游客的合法权益。"一部手机游云南"App成功的原因主要有以下几点：第一，深耕用户需求，积极解决游客在云南旅游遇到的难题；第二，加强政府监管，

---

[1] 《云南拥有国家级非遗127项非遗传承人125人》，中新网，昆明2022年6月11日电。
[2] 邵宇航：《"互联网+全域智慧旅游"发展模式探析——以"一部手机游云南"App为例》，《今传媒》（学术版）2019年第5期。

"一部手机游云南"App 可以实现用户与政府部门之间的联动,当用户遇到问题时,可以在该 App 上发布,政府工作人员在后台就可以处理问题,及时解决游客诉求,最大限度提升游客旅游体验;第三,搭建游客与商户之间的桥梁,进一步缩小商家与游客之间的距离,使得服务更加精准直达游客。智慧旅游建设极大地促进了文旅数字化进程,加快了文旅产业复苏的步伐。

(四)全域旅游发展助推文化和旅游融合

2017 年,"大力发展全域旅游"写入国务院《政府工作报告》。2018 年 3 月,国务院办公厅印发《关于促进全域旅游发展的指导意见》,对走全域旅游发展的新路子做出部署,并提出着力推动旅游业从门票经济向产业经济转变,从封闭的旅游自循环向开放的"旅游+"转变,从企业单打独享向社会共建共享转变,从单一景点景区建设向综合目的地服务转变。[①] 云南按照"国际化、高端化、特色化、智慧化"的发展目标和"云南只有一个景区,这个景区叫云南"的理念,全面推进"旅游革命",加快全域旅游发展,实现旅游转型升级,把云南建设成为世界一流旅游目的地,云南省人民政府办公厅于 2018 年出台《关于促进全域旅游发展的实施意见》,该实施意见总共有 8 个方面 44 条具体举措,主要包括打造全域旅游线路、发展乡村旅游、完善旅游基础设施、提升旅游品质、加强全域旅游监管、推进旅游共建共享、强化文旅政策支持和加强统筹组织。大滇西旅游环线就是云南全域旅游的一个缩影,大滇西旅游环线最初涉及德钦、香格里拉、丽江、大理、保山、瑞丽、腾冲、泸水、贡山等地约 1600 公里。之后,在原有的基础上新增 1600 公里西南环线(昆明—玉溪—红河—普洱—西双版纳—临沧—楚雄),形成"8"字形大环线[②]。大滇西旅游环线规划将沿线丰富的旅游资源建设成为"走进雪山草地""漫步苍山洱海""骑行怒江峡谷""俯瞰三江并

---

① 《以"全域融合"推动旅游业高质量发展》,"央广网"百家号,2018 年 3 月 25 日,https://baijiahao.baidu.com/s?id=1595882042307661730&wfr=spider&for=pc。
② 《大滇西旅游环线 2025 年全线贯通》,云南省人民政府网站,2021 年 9 月 15 日,https://www.yn.gov.cn/ztgg/dldzddlxyhx/ywq/202109/t20210915_228070.html。

流""旅居半山酒店""体验温泉热海""享受天然氧吧"等世界级旅游产品，打造世人心中向往、游客流连忘返的新型旅游目的地。打造大滇西旅游环线对推动滇西旅游全面转型升级，推动人流、物流、资金流、信息流等经济要素自由流动，实现旅游、文化、科技、扶贫等多项功能叠加，释放辐射带动效应，践行"绿水青山就是金山银山"理念，推动滇西边境山区经济社会发展，助力深度贫困地区稳定脱贫和高质量跨越式发展具有十分重要的意义。①

三 云南省文化和旅游融合发展存在的问题

（一）文旅产业融合发展精细化程度不高

回顾云南文旅产业发展的历史，不难看出文化和旅游产业总体呈现粗放式发展状态，主要表现为注重数量、规模和发展速度，片面追求经济效益而忽视社会效益、生态效益。特色民族文化是云南文化最鲜亮的底色，实现高质量发展注定离不开民族文化的加持，但在现实中云南特色民族文化的创新利用与其他地区相比明显存在差距与不足，特色民族文化开发利用进程缓慢、规模小、不成体系，严重制约了云南文旅产业的进一步发展壮大。以建水紫陶为例，其品牌影响力和知名度都远不及景德镇，深入反思之后发现，其实不是产品质量的原因，而是好东西没有得到深入开发，这就需要在品牌影响力和知名度方面持续发力。云南优质的文化资源得不到深度开发，吸引不到大额的投资，确实需要深究，亟须转变文旅产业融合模式。

（二）文旅产业融合发展创新不足

文旅产业发展注定不能千篇一律，不同地区、文旅产业的发展模式一定要丰富多样。而囿于创新意识的缺乏，云南文旅产业的同质化竞争较为严重。要实现云南文旅产业的高质量发展必须提升创新意识，充分挖掘不同民

---

① 《"8"字形大环线，欢迎您来"大滇西"》，《云南日报》2020年12月12日。

族、不同地域独特的文化内涵，而这又受制于技术创新能力，成为亟待补齐的"短板"。发展文旅产业迫切需要创新发展模式与路径，不能简单建个景区大门就收门票，也不能家家户户一窝蜂地搞农家乐，而是要围绕"吃住行游购娱"旅游六要素的各个环节发力，用特色文化和特色服务来吸引游客，满足游客的多元化需求。云南省文旅产品与发达地区相比明显缺乏科技感和趣味性，虽然其中有民族地区科技产业薄弱的因素，但主观上的创新意识不足也是重要原因。另外，在管理体制方面也需要创新，破除影响云南文旅产业融合发展的体制机制壁垒，深化云南文旅产业融合发展体制机制改革。

（三）文旅产业融合发展人才支撑不足

云南文旅产业融合发展质量高低的关键在于人，最终需要人来完成文旅融合的各项工作，但在实践过程中，云南文旅行业存在高技能从业人员供给不足、专业人才缺口大，旅游产业领军人才、高层次创新人才、新业态专业人才匮乏等问题[①]。高技能人才和文旅专业人才需要系统地培养，然而培养周期长、成本高是制约人才发展的重要因素。旅游产业领军人才、高层次创新人才、新业态专业人才等属于文旅产业融合发展的高质量人才，这几种人才更是短缺。目前，云南省内仅有一所"双一流"高校——云南大学，高等教育质量的差距在一定程度上导致了人才短板的出现，这也是长期制约云南文旅产业深层次高质量发展的原因之一。另外，当游客进入云南游玩，第一时间接触的还是各行各业的云南人，云南美、服务到位需要千千万万云南人的共同努力，每个人的形象都决定了云南文旅融合发展的形象。因此，解决人才缺口问题，提升当地居民综合素质，是实现云南文旅产业融合发展的现实需要。

（四）文旅产业融合发展资金支持不足

云南地处西南边陲地区，整体经济基础薄弱，省内各市州经济发展水平差

---

① 《云南省启动"万名文旅人才"专项培养计划》，中国网，2021年6月29日，http://union.china.com.cn/txt/2021-06/29/content_ 41604869.html。

距较大。云南虽然近几年经济社会发展取得了丰硕的成果,但与东部发达地区相比仍存在差距,吸引投资有限,资金缺口较大。文旅产业的发展需要足额资金的支持,这是发展文旅产业的先行条件,若缺乏资金的支持,文旅产业的发展必定不充分、不完善,导致许多好的资源"长时间沉睡"。融资方式单一是资金不足的原因之一,主要资金来源为银行贷款,文旅企业向银行申请贷款的门槛较高,而大部分文旅项目存在回报周期长、风险大的特点,银行出于规避风险的考虑对向此类企业发放贷款持审慎态度,这就导致了从银行融资难的问题。

四 促进云南省文化和旅游深度融合发展的建议

(一)转变文旅产业发展模式

党的二十大报告中明确指出坚持以文塑旅、以旅彰文,推进文化和旅游深度融合发展,为文旅产业的高质量发展指明了方向。云南文旅产业融合发展过程中要重视旅游品质,摒弃之前文旅产业发展过程中只求速度和数量不求质量的错误思维,要持续在转变发展方式、提供高品质旅游产品等方面发力,以质量和效益的全面提升为目标,最终实现云南文化和旅游产业的高质量发展。这就需要进一步满足人民高质量、深度化、体验式的旅游需求,持续扩大云南旅游消费规模。要抓住老少两个重要市场,积极发展养老度假、医疗旅游、研学旅行等,促进不同年龄段的旅游消费。要加快文旅产业供给侧结构性改革,进一步激活市场主体作用,持续优化营商环境,提升文旅产业市场服务水平和服务能力,完善文旅产业市场评价标准,提升文旅产业市场监管能力,实现文化和旅游市场治理体系进一步完善,综合协同监管能力进一步提升,综合治理效能进一步增强,市场秩序更加规范①。

(二)创新驱动文旅深度融合

创新是云南文旅产业实现跨越式发展的关键。云南文旅产业同质化现象

---

① 姚先林:《国外文旅产业发展法律规范比较》,《中国社会科学报》2021年12月6日。

较严重，必须创新开发文旅产品，充分利用新媒体、新技术，注重和支持文旅融合新业态的培育，通过动漫、游戏、影视、文学等新兴业态来丰富文旅融合路径。挖掘文旅产业的要素资源，利用新一代信息技术将要素资源进行整合，催生文旅产业的新业态。打造云南的文创IP[①]，游客更加重视沉浸式的旅游体验，旅游体验需要文创IP的加持，用引人入胜的故事吸引游客，连接起更广泛的用户情感，吸引游客成为回头客，并向朋友推荐，带来更多消费，进一步延伸文旅产业链。在做优做强自然风光体验的基础上，进一步深度挖掘红色文化资源、历史文化资源、民族文化资源等，用心打造文化IP，提升影响力和知名度，实现云南文旅产业的转型升级。

（三）加强高素质复合型人才培养

人才是云南文旅产业融合发展的第一要素，必须重视文旅人才的作用。建立相应级别的人才创新平台，开展针对云南文旅产业发展的制度设计、创新实践、典型经验与工作机制研究等相关工作，加强与高校研究院等智库的联系，打造高素质复合型文旅人才队伍。强化文旅人才管理体制创新，引导高级技术岗位向文旅人才倾斜，健全岗位聘任制度、考核制度，加快形成竞争择优、能上能下的用人机制。引进高层次文化和旅游人才。一方面，建立和完善人才引进制度，引聚省内外高层次人才为艺术精品创作服务；另一方面，利用云南省自身的文旅资源，通过联合培养、社会机构培训等方式培养各层次所需的文旅人才，为文旅产业的发展提供充足的人才保障，如筹建文旅融合发展智库，吸纳国内外文旅专业高层次人才加入智库，为重点项目论证和重大问题解决提供专业的咨询和业务指导。

（四）拓宽文旅项目融资渠道

足额资金是文旅产业发展的命脉，保障资金支持是促进文旅产业健康发

[①] 徐菲菲、何云梦：《数字文旅创新发展新机遇、新挑战与新思路》，《旅游学刊》2021年第3期。

展的重要支撑。金融机构要因地制宜、因企制宜,提供灵活多样的差异化服务。第一,成立专项资金,推动基础设施建设和配套建设,为文化旅游产业发展提供坚实基础。第二,加大对各类文旅市场主体的资金支持力度,支持资金的来源主要包括政府和金融部门,政府的资金支持更要体现奖补机制,金融机构则要创新产品服务,提升金融服务水平。在此基础上,政府进而支持培育一批"专精特新"中小微文化旅游企业,发挥示范带动作用。第三,在风险可控的前提下,研判和扩大抵质押范围,运用银团贷款、联合授信、供应链金融等多种形式满足文旅企业的融资需求。第四,鼓励保险、信托、基金、融资租赁等非银行业金融机构加大社会资本对文旅企业支持力度。第五,鼓励合规企业拓宽直接融资渠道,支持文化旅游企业以股权融资、项目融资、租赁融资及发行信托计划等方式融资①。

参考文献

徐万佳:《文旅产业指数实验室:打造新型智库 助力媒体转型》,《中国报业》2021年第7期(上)。

---

① 《人民银行、文化和旅游部印发〈关于金融支持文化和旅游行业恢复发展的通知〉》,中国政府网,2022年7月25日,http://www.gov.cn/xinwen/2022-07/25/content_5702778.htm。

G.7
青海省文化与旅游融合发展实践与经验

孙 新*

摘　要： 近年来，青海加大了全省范围内文化与旅游的融合与开发力度，文旅融合发展再上新台阶，并取得了较为丰硕的成果。本报告在青海省文旅融合发展相关数据资料的基础上，对2020年以来青海省文旅融合发展实践与成效进行梳理，分析了政府职能发挥、发展目标定位、非遗保护开发、文旅数智化建设、文旅业态升级及人力资源建设五个方面实践内容，并从注重文旅融合发展的整体性和系统性、依托优势资源进行市场定位、探索文旅融合创新发展模式及统筹疫情防控和文旅发展等四个方面进行了经验总结，最后针对青海省文化与旅游深度融合发展提出了相应对策。

关键词： 文旅融合　生态旅游　非物质文化遗产　青海省

　　经济性是旅游业的外在形式，文化性则是其内在属性。一方面，文化作为旅游业发展的软实力，既是旅游业开发的主要对象，也是旅游产品的特色所在，更是旅游业市场竞争力的关键要素。"以文促旅"可以为旅游业发展赋能，在深入挖掘、整合文化资源的过程中提升旅游产品品位，打造更多体现文化内涵、人文精神的旅游精品，以满足旅游市场中不断增长的文化需求。另一方面，旅游产业为优秀文化的继承、传播与发扬提供了行之有效的载体和平台，旅游业在发挥文化功能的同时，实现了文旅融合、以旅彰文的

---

* 孙新，西北民族大学管理学院讲师，硕士生导师，研究方向为旅游管理、文化创意管理。

社会文化发展目标。

青海省是一个多民族融合聚居地区，主要少数民族有藏族、回族、土族、撒拉族和蒙古族，其中土族和撒拉族为青海所独有。青海省东北部同甘肃相接，西北部与新疆相邻，南部和西南部与西藏毗连，东南部与四川接壤。青海省4/5以上的地区为高原，西部高原和盆地并存，东部地区为青藏高原和黄土高原的过渡带，地貌复杂多样，属高原大陆性气候，是黄河、长江、澜沧江、黑河、大通河五大水系的发源地[①]，区域内自然生态和人文资源独特而丰富。近年来，青海省在生态保护优先的前提下，发挥历史文化底蕴和旅游资源优势，遵循融合发展规律，统筹推进文化旅游在公共服务、产业发展、科技创新、对外交流等领域的深度融合，加强自身建设，全力以赴推进文化旅游业高质量融合发展。

一　青海省文旅融合发展基础

（一）文化与旅游资源禀赋优良

根据青海省文化和旅游厅统计数据，截至2021年，全省有文化馆（群艺馆）55个、公共图书馆51个、馆藏文献图书442.68万册（件）、乡镇文化站369个、村级综合性文化服务中心4169个；博物馆41家，其中二级及以上博物馆4家；31个县、乡（镇）先后被命名为"中国民间文化艺术之乡"。海南州、同仁县、贵南县分别被中国工艺美术协会命名为"中国藏绣艺术之乡""中国唐卡艺术之乡""中国藏绣生产基地"。泽库县和日镇和日村一直享有"高原石刻第一村""石刻艺术之乡"的美誉。

2021年，青海省新增国家级乡村旅游重点乡镇3个、重点村5个，省级乡村旅游重点村45个，红色旅游经典景区5家，旅游休闲街区17家，全域旅游示范区4家，20位乡村旅游能人获得国家支持。截至2022年12月，

---

① 《大美青海》，青海省人民政府网站，2020年10月10日，http：//www.qinghai.gov.cn/dmqh/。

青海省共有全国乡村旅游重点村39个、全国乡村旅游重点乡镇7个；全省拥有非遗2361项，其中，国家级非遗项目88项、省级非遗项目238项、市（州）级非遗项目782项、县（区）级非遗项目1253项。热贡艺术、花儿、黄南藏戏、格萨尔、河湟皮影戏、藏医药浴法入选联合国教科文组织人类非物质文化遗产代表作名录。全省拥有全国重点文物保护单位51处、省级文物保护单位466处，国家级历史文化名城1个、名镇1个、名村5个，国家级传统村落123个，省级传统村落231个。

（二）文旅接待设施日益完善

根据青海省文化和旅游厅数据，截至2021年，青海省培育国家文化产业示范基地10家，省级文化旅游产业示范基地103家；共有A级旅游景区166家、4A级及以上33家，其中5A级4家；星级饭店344家，其中五星级2家、四星级49家、三星级176家、二星级114家、一星级3家；拥有旅行社520家；共有旅游商品展销店110家。截至2021年，青海省公路总里程达8.62万公里，其中，高速（含一级）公路里程达4101公里、二级公路里程达9116公里、三级及以下公路里程达7.29万公里。近20年，青海省旅游业的快速发展带动了地方餐饮业的繁荣，青海在各地特色食材的基础上，结合青海旅游市场中餐饮消费的多样化需求，开发了档次、类型及功能多样的餐饮产品，形成了一定规模的餐饮供给体系，类型涵盖全国各地知名菜系餐饮、本地传统饮食餐饮、各类特色民族餐饮、原有地方传统饮食餐饮及创意创新餐饮等。文旅融合发展过程中餐饮文化得到较好的继承和发扬，未来餐饮业将成为支撑青海省文旅融合发展的重要部门。

二 青海省文旅融合发展实践举措

（一）发挥政府职能，把控文旅融合发展方向

1.完善政策法规，提供文旅融合发展依据

2021年，青海省高标准编制了《青海省"十四五"文化和旅游发展规

划》《黄河文化保护传承弘扬青海省专项规划》《黄河国家文化公园（青海省）建设保护规划》《长城国家文化公园（青海段）建设保护规划》等9个专项规划。2022年，青海省印发《青海省省级文化生态保护区管理办法》《关于在三江源地区、祁连山南麓青海片区、环青海湖区域探索开展生态环境公益诉讼巡回检察的意见（试行）》《关于开展文化和旅游市场督导检查工作的通知》，出台《青海省非物质文化遗产条例》《关于进一步加强非物质文化遗产保护工作的若干措施》《"青绣"三年提升行动计划（2021—2023年）》《青海省非遗保护专项资金管理办法》《青海省非物质文化遗产代表性传承人认定管理办法》等一系列促进文旅融合发展的制度规范和专项政策。

2. 修订科学标准体系，规范文旅融合市场运作

为推进文旅融合市场的规范化运作，青海省文化和旅游主管部门本着结构合理、覆盖全面、定位准确、相互衔接的原则，针对文旅融合行业标准开展了增补修订工作，系统梳理了254项文旅标准，其中国家标准72项、行业标准166项、地方标准16项，建立由国家标准、行业标准、地方标准和企业标准共同组成的四级文旅标准框架体系[①]。围绕乡村旅游、生态旅游、智慧旅游、研学旅行、公共服务几大方面，确立《生态旅游产品设计与开发指南》《生态旅游解说服务质量规范》等6项地方标准，制定《智慧旅游景区建设指南》等3项地方标准，多元文化旅游标准体系为青海省文旅融合市场的规范化操作提供了依据和参照。

（二）明确目标定位，优化文旅融合发展格局

1. 构建"一环六区两廊多点"文化生态旅游发展布局

青海省雪山林立、冰川广布，湖泊众多、湿地多样，具有一批世界级的高品质生态旅游资源。青海省十三届人大七次会议要求"着眼生态

[①] 《青海省人民政府 文化和旅游部 关于印发青海打造国际生态旅游目的地行动方案的通知》，青海省乡村振兴局网站，2021年11月3日，http://xczxj.qinghai.gov.cn/sjcm/481。

保护、生态旅游互促共赢，建立健全国际生态旅游目的地标准体系"，构建以青藏高原生态旅游大环线为"一环"，以青海湖、三江源、祁连风光、昆仑溯源、河湟文化、青甘川黄河风情六大生态旅游协作区为"六区"，以青藏世界屋脊和唐蕃古道生态旅游廊道为"两廊"的"一环六区两廊多点"文化生态旅游发展新布局①，聚力将青海省打造成国际生态旅游目的地，该发展布局既是国家战略层面生态建设的需要，也是地区文旅融合高质量发展的重要目标。目前，青海省共有世界自然遗产1处，国家级生态旅游示范区3个、自然保护区7处、风景名胜区1处、水利风景区13处、森林公园7个、湿地公园19个、地质公园7个、沙漠公园12个，丰富多样且特色鲜明的文化生态旅游资源，为青海全域国际生态旅游目的地建设提供了优质的资源基础。同时，文化和旅游部与青海省建立省部共建机制，联合印发了《青海打造国际生态旅游目的地行动方案》，明确6项重点行动、28项具体措施，制定了《青海打造国际生态旅游目的地行动方案任务分工》及《青海打造国际生态旅游目的地2022年上半年重点工作任务责任清单》，确定了32项任务分工、35项责任清单，全面完善了国际生态旅游目的地建设的具体任务、进度安排与责任体系。

2. 以生态旅游目的地建设重塑文旅新形象

青海省通过做好格萨尔文化（果洛）、藏族文化（玉树）国家级文化生态保护实验区验收工作，推进海西德都蒙古族、互助土族、循化撒拉族3个省级文化生态保护实验区提档升级，同时设立海东、西宁省级河湟文化生态保护实验区。"十四五"期间，青海省明确将国家级文化生态旅游目的地开发作为地区未来经济增长的重要引擎，力争通过国际生态旅游目的地的打造全面推进青海省文化与旅游产业的快速发展，在满足文旅高品质多样化消费需求的同时开拓市场新局面，重塑青海文旅新形象和新格局。

---

① 《青海省"十四五"文化和旅游发展规划》，青海省人民政府网站，2021年12月22日，http：//whlyt.qinghai.gov.cn/zwgk/gknr/ghjh/14904.html。

（三）重视非遗保护与开发，凸显文旅融合发展特色

1. 构建非遗保护传承体系

青海省持续推进非遗代表性项目、代表性传承人名录体系建设，建立了以国家级项目为龙头，以省级项目为骨干，以市州、县（区）级项目为基础的四级名录体系，并形成了一支数量较为充足、布局较为合理、老中青结合的传承人队伍。2022 年，青海省文化和旅游厅出台《青海省非物质文化遗产代表性传承人传承活动评估细则》，包含制定依据、适用范围、评估方式、评估原则、评估指标、工作程序、评估结果等 14 项细则，规范了非物质文化遗产代表性传承人评估工作。

实施"国家非遗记录工程"和"青海文化记忆工程"，对 27 名国家级非遗代表性传承人和 30 项省级非遗代表性项目进行记录，并通过云上非遗影像展进行展播宣传，播放量达 250 余万次。鼓励各地依托传统工艺项目推动传统工艺振兴，有效促进了热贡唐卡、藏毯、青绣等传统工艺资源的合理利用。成立省级非遗保护协会，国家发改委安排专项基建资金在青海省建设 14 个非遗保护利用设施。同时，省级财政设立了非遗保护专项资金，资金额度从 2012 年的 400 万元提高至 2019 年的 1000 万元，省级传承人补助标准也由 5000 元/年·人提高至 8000 元/年·人，有力支持了省级非遗保护①。

2. 文旅融合促进非遗活化

青海省 3 个国家级文化生态保护区和 3 个省级文化生态保护区依托非遗资源，因地制宜，不断完善非遗名录体系，举办各类展示展演活动，加强保护区内非遗传习设施建设，开展传承人群培训，推进核心区域整体性保护，培育打造特色文化品牌。2021 年以来，青海省级层面积极利用"非遗过大年文化进万家""文化与自然遗产日""非遗购物节""青

---

① 《城乡皆有传习声 非遗繁花缀青海——访青海省文化和旅游厅副厅长、一级巡视员吕霞》，青海省文化和旅游厅网站，2022 年 8 月 17 日，http：//whlyt.qinghai.gov.cn/qhwl/16923.html。

海文化旅游节"及其他重要节庆活动等多种文旅融合方式推动非遗活化。2021年，青海各地围绕特色非遗资源，举办了热贡六月会、格萨尔文化旅游节、玉树传统赛马节、土族纳顿节、花儿会、拉伊大赛、那达慕民俗节等活动，在积极开展青海非遗对外交流与传播的基础上，继承和弘扬了青海丰富多彩的优秀传统文化，进一步提升了青海非遗的可见度与知名度。青海通过开展非遗研学旅游、深度体验旅游以及对非遗主题和精品旅游线路的开发与宣传，加强非遗文创产品研发，打造非遗品牌，提升非遗旅游服务水平，推动青海非遗文旅融合发展。此外，青海以非遗场馆设施与旅游专项设施的建设推进黄河流域重大非遗项目的保护传承。一系列文旅融合发展实践证明，在开发中进行"非遗"保护的模式是行之有效的。

3. 重点开展青绣文旅开发

青绣是青海省多民族文化交流与交融的产物，是青海省非遗文化中的代表。2021年以来，青海省完善了刺绣类非遗项目名录和传承人名录体系，并成立省级刺绣行业协会，设立青绣就业工坊31家，培育青绣企业60家，形成了"刺绣公司+基地+农户+绣娘"的发展模式。近年来，青海通过举办青海传统工艺（刺绣）与乡村振兴论坛、青海刺绣大赛暨刺绣大展、黄河流域九省区刺绣艺术大展、青绣荷包大展、青绣服饰绣、青绣创意设计大赛等众多活动，打开了青绣文化与旅游市场。未来青海还将通过积极挖掘青绣文化内涵、凝练和萃取青绣文化要素、设计研发青绣文创旅游产品、探索青绣品牌化发展机制等方式，推动青绣文旅融合的产品化和产业化，力争将青绣打造成青海民族团结知名文化品牌①。

（四）加强数智化建设，提升文旅融合发展效能

1."青海文旅云"推动文旅融合数智化建设

为加快数字文旅建设进程，在国务院《关于推进实施国家文化数字化

---

① 《省文化和旅游厅多措并举 着力提升打造"青绣"品牌》，青海省文化和旅游厅网站，2019年4月29日，http://whlyt.qinghai.gov.cn/qhwl/1133.html。

战略的意见》的指导下,青海文化和旅游厅与中国联通青海分公司合作,依托国家级IDC大数据中心,在整合全省所有文旅信息化系统的基础上,初步完成了"青海文旅云"建设。"青海文旅云"是集数据共享、数据交换和数据开放于一体的文旅云平台,分为文旅内网区和互联网区,目前已通过网络安全2.0三级测评,可提供平台安全、租户安全、服务安全三重安全保障,未来将为全省文旅行业提供虚拟化服务器、云数据库、对象存储、云闪存SSD等超过100款的数字化云产品[1],满足全省文旅行业数字化平台快速上云服务需求。"青海文旅云"建成后将服务于全省文化旅游行业的信息化建设,加快青海数字文旅的建设进程。

2.项目合作提升文旅融合数智化服务

2022年,青海省与携程集团达成合作。该集团具备全球旅游资源整合营销能力,是亚洲最大、全球领先的在线旅游服务平台。双方围绕国际生态旅游目的地打造,在区域结算中心共建、景区运营管理、示范头部旅游景区建设、数据共建共享、生态旅游定制师培养等领域开展项目合作,通过资源共享及旅行大数据和旅游资源整合营销,实现可持续的文旅产业融合数智化服务创新。

(五)创意创新开发,丰富文旅融合业态类型

1.文化赋能,激发文旅市场业态发展

2021年以来,青海省文化和旅游厅主持创作了《绣河湟》《大河之源》《青海情》等100余部有温度的精品力作,投资2000万元为400个村(社区)配发文化设备,22家非遗工坊带动15万人就业[2]。2021年,青海省博物馆推出的"1+3"主题展览,展出文物2405件,多件文物珍品为首次展出,成为全国十大热搜展览。全省41个博物馆举办"山宗·水源·路之冲——'一带一路'中的青海"等展览63个;青海文旅消费平台上线运

---

[1] 《数字文旅"一朵云"点燃发展"新引擎"——青海省文化和旅游云初步建设完成》,青海省文化和旅游厅网站,2022年8月1日,http://whlyt.qinghai.gov.cn/qhwl/16745.html。
[2] 《非凡十年｜青海:特色文旅蝶变发展》,《中国文化报》2022年8月26日。

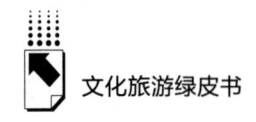

行，发放惠民消费券1000万元，推出200余项优惠措施，力促文旅市场回暖[①]。依托国际生态旅游目的地建设，青海省实施乡村旅游带动农牧民群众就业增收，红色游、乡村游、冰雪游、研学游、沉浸式体验等新业态层出不穷。重点推动青海省图书馆、博物馆、柳湾彩陶博物馆等国家确定的试点单位提升文化创意产品开发水平，着力培育省级文化文物单位进行文化创意产品开发试点，激发全社会文化创新创意活力。

2. 统筹谋划，优化文旅融合业态布局

2022年，青海省文化和旅游厅、省委宣传部等9部门联合印发《关于推进文化文物单位文化创意产品开发实施方案》，该方案集中提出了青海省未来文化创意产品开发四个方面的实施内容：在深挖文化文物文化内涵的基础上，开发满足现代生活需要且兼具艺术价值的文化创意产品；文化创意赋能加快新型文旅业态发展；优化全省旅游产业发展布局，构建优质旅游产品供给体系；以扩大内需拉动文旅市场发展，通过产业升级和数智化建设推进文旅融合创新发展。该方案还提出了九项任务，主要包括：以市场为主体，整合文化旅游优势资源，加强创意设计、工艺创新、市场营销、人才引培、品牌提升等方面合作；发挥地区文旅龙头企业示范带动作用；鼓励试点文化单位结合自身情况，通过合作、授权等方式吸引社会力量参与文化创意产品研发、生产及运营等；建立完善文创产品开发信息名录，培育一批文化创意产品开发示范单位；促进市场主体资源共享、渠道共用，联合打造具有社会影响力的文化创意产品品牌体系；实施旅游商品创意提升行动等。

（六）专项培训精准化，强化文旅融合智力支持

1. 标准化专项培训，提高相关从业人员业务水平

2021年以来，为了能更好地推动文旅行业与企业标准的制定及有效实

[①] 《高质量发展交出精彩答卷》，《青海日报》百家号，2022年1月23日，https://baijiahao.baidu.com/s?id=1722699205794100605&wfr=spider&for=pc。

施，青海省以文旅行业、企业相关管理人员为培训对象，组织开展了线上线下地方标准的实务培训及试点项目的专题培训，并围绕政策的标准化解读、重点标准的宣传贯彻、标准实施流程等内容，举办了全省文旅标准化业务骨干培训班，采取专家授课、实地观摩、研讨交流等多种方式提升从业人员标准化意识、提升标准化工作能力，推动标准人才队伍建设[①]。

2. "订单式"援助项目，精准帮扶相关从业人员业务能力

近两年，青海省积极与国内知名专家和文化单位对接，通过对口支援帮扶和学习培训互助等"订单式"项目提高文旅行业人才质量。文化和旅游部着眼青海需求，以项目为依托，选派中国旅游研究院、中国东方演艺集团有限公司、国家图书馆、中国国家博物馆相关专家到青海开展了为期5个月的援助工作，帮扶旅游景区开展策划和市场营销，提升艺术创作生产水平和公共文化服务质量。同时，青海省文化和旅游厅选派5名专业技术人才赴中国歌剧舞剧院、故宫博物院、国家图书馆进行为期2个月的跟班学习。

此外，文化和旅游部依据西藏、青海、新疆等受援地区的实际需要，聚焦急需紧缺专业技术人才，细化人才需求具体内容，开展下单点将、依岗送才的精准化人才支持项目。2019年以来，文化和旅游部选派中国歌剧舞剧院、中国煤矿文工团、国家图书馆、故宫博物院等部直单位13名"订单式"人才，在西宁市、海东市、海北藏族自治州、海南藏族自治州开展援助工作，在艺术创作、戏曲研究、文物鉴定定级、社教活动策划等工作中发挥了重要作用。"订单式"人才援助项目的精准帮扶，有效提升了青海文旅行业从业人员工作效能和业务水平，为青海文旅进一步融合发展打好了人力资源基础[②]。

---

① 《转作风 强标准 促发展 奋力打造国际生态旅游目的地》，青海省文化和旅游厅网站，2022年8月23日，http：//whlyt.qinghai.gov.cn/qhwl/17011.html。
② 《不负使命 真情奉献——"订单式"援助人才胡海在青开展工作》，青海省文化和旅游厅网站，2022年10月27日，http：//whlyt.qinghai.gov.cn/tsdt/17497.html。

三 青海省文旅融合发展经验总结

(一)注重文旅融合发展的整体性和系统性

文旅融合,规划先行。近年来,青海省加强了文旅融合发展的整体性和系统性,通过对文旅融合各项发展内容一系列政策法规的制定和细化,将非遗开发、业态发展、数智化建设、人力资源培训等文旅融合发展中的各项工作,整合到打造青海国际生态旅游目的地的全局发展战略中,围绕该总体发展目标对其他各项文旅融合发展内容进行布局和细化,协调统一全局和局部的关系,兼顾文旅融合发展的站位和效率。

为了更好地落实文旅融合各项发展目标,青海充分发挥文旅联盟在解读政策、咨政建言、推动交流等方面的桥梁纽带作用,搭建信息共享、资源共享、成果共享的集聚平台,为各级各地文旅管理部门、行业与企业政策的执行落地提供沟通和协调服务。此外,针对行政管理人员、行业与企业开展文旅标准的学习和培训,统筹推进全省文化和旅游标准化工作,形成"政府主导、部门合作、多级联动、企业主体"的文化和旅游标准化工作机制,提高文旅融合发展实践中的效率和质量。

(二)依托优势资源找准文旅融合发展定位

将区域优势资源作为文旅融合开发重点,立足优势文化资源定位青海文旅融合发展方向。遵循国家生态安全屏障的全局战略,践行"绿水青山就是金山银山"理念,将保护和开发三江源生态文化资源作为青海省文旅融合发展的首要任务和目标。从国际视野出发进行青海文旅融合发展的市场定位,聚焦生态旅游目的地建设,提升特色生态文化资源的市场竞争力,通过生态文旅资源开发实现经济效益、社会效益、生态效益的统一。

此外,挖掘各类地方特色民族民间文化资源,通过合理开发利用非遗资源带动乡村文旅经济发展，鼓励乡村传统手工技艺与现代化工艺的融合，将青绣、唐卡、格萨尔、花儿等传统文化活动打造成具有青海民族特色的文化旅游品牌。在下一步的文旅融合发展过程中，青海省还将通过非遗旅游街区和非遗村镇等项目建设推进地方文化旅游经济的繁荣和乡村振兴的实现。

（三）积极探索文旅融合创新发展模式

青海省在文旅融合发展过程中，一边积极总结经验，一边主动与行业、企业及外界进行交流学习，积极探索文旅融合发展新模式。通过政策创新、管理制度创新、产品创新、协同创新、市场机制创新和业态创新，谋求文旅融合的高效和高质量发展。

坚持以系统观念、问题导向为基础进行政策创新，通过新旧政策更新、优化和完善，着力解决省内文旅融合发展的地区不平衡和不充分的问题。通过将传统文化资源与休闲产业、旅游产业、夜间经济和乡村振兴相结合实现产品开发和经济业态创新。在文旅数智化建设基础上，积极利用互联网和新媒体平台，通过线上线下相结合的方式进行运营、营销等市场机制的创新。有效汇聚政府、行业、企业、高校、社会组织和民间的资源和要素，突破文旅融合主体间的壁垒，释放人才、资本、信息、技术等创新要素活力，实现文旅融合的协同创新发展。

（四）统筹协调疫情防控与文旅融合发展

全球新冠肺炎疫情暴发后，青海文化与旅游产业受到了较大冲击。在坚持外防输入、内防反弹总策略不动摇的前提下，青海省统筹疫情防控与文旅发展，围绕全省文化与旅游业市场恢复，先后制定印发《青海省进一步激发文化和旅游消费潜力实施方案》《关于一手抓疫情防控，一手抓文旅发展的通知》《青海省省级文化和旅游发展专项引导资金管理（试行）办法》。省文旅厅成立8个分片包干督导组，对全省文化和旅游市场安全生产、疫情防控、市场秩序等工作进行督导检查，科学规范落实疫情防控措施。2022

年7月1~13日,青海省游客总量超过250万人次,旅游总收入14.2亿元。青海通过进一步强化文化旅游产品供给、扩大对外宣传推广、提升文化与旅游产品品质等系列举措助力文旅市场的恢复与繁荣。

四 促进青海省文旅深度融合发展的建议

青海文旅融合市场前景广阔,发展潜力巨大,在未来发展中,需从以下几方面进行加强和完善。

(一)完善和夯实文旅融合发展基础

在国际生态旅游目的地发展目标的统筹下,进一步明晰"一环六区两廊多点"的生态文旅产业发展定位,加快文旅融合发展基础设施和专项设施建设,夯实文旅产业发展基础。优化文旅融合发展经济社会环境,在文旅招商引资、中小微企业发展、跨区域和跨境项目合作等方面,给予文旅企业融资、税收、运营推广等多方面的政策优惠。在"订单式"人力资源的基础上,实现文旅行业从业人员学习培训管理常态化,丰富培训项目类型和内容层次,加强与高校在专业人才培养方面的合作,通过校企合作、大学生创新创业项目孵化、实习实训基地建设等举措,为青海文旅融合发展提供优质人力资源支持。

(二)培育和发展文旅龙头企业

整合青海特色生态与人文优势资源,培育或引进具有核心竞争力和行业带动作用的龙头文旅企业,通过青海国际生态文旅项目开发带动龙头企业的孵化与成长,通过开发文旅新产品、进军新领域、延伸文旅产业链等措施实现龙头企业营收增长,通过兼并重组、参股控股、联合经营、文旅企业上市等方式推动青海文旅龙头企业规模进一步扩大。同时,建立对中小微文旅企业融资、信贷及项目孵化等方面的长效扶持机制,为中小微文化企业营造良好的政策和市场环境。发挥龙头企业示范带动作用,支持和帮扶中小微文旅企业市场化发展，根据文旅融合发展的省情实际，合理布局文旅企业规模等级，通过企业产品创新、市场创新、制度创新、品牌创新及营销创新等逐步加快文旅融合进程。

（三）品牌战略提升文旅融合发展动能

拓宽青海文旅融合行业领域，在大文旅概念下，以文化旅游、交通旅游、体育旅游和农业旅游等产业融合为抓手，促进文旅融合新型业态发展。持续打造青海农牧业生态文化、多民族融合文化、民俗节事文化等文旅融合品牌，重点深耕青海湖生态旅游、少数民族民俗旅游及国际环湖自行车赛等已有文旅项目，加大国内外市场推广力度，在市场开发过程中塑造和强化文旅品牌形象，通过品牌战略的制定和实施进一步开拓国内外文旅市场，提升青海文旅产业发展的专业化水平。以品牌战略提升青海文旅融合在加工制造、建筑、设计、数字化信息、农业农村发展、体育康养、特色产业等领域的溢出效应，进一步扩大文旅融合范围，提升文旅融合产业发展动能。

（四）加快文旅融合发展创意转向

以内容生产为主的创意产业已成为全球经济与文化发展的新增长极，应加大文旅产业与创意产业的融合力度，提升青海文旅产业融合发展创新能力，将城市工业及老城街区改造，旅游主题公园、展览馆、艺术馆、博物馆等文化场所建设与文旅产品创意开发，地方特色歌舞艺术、文学、影视的多次元开发等创意产业常规运营方式与青海文旅产业融合发展进行有效对接，实现青海省文旅融合的全产业链开发，提高文旅融合发展的文化品质和市场竞争水平，推动青海文旅融合产业发展的升级换代。

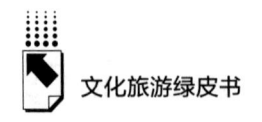

参考文献

陈慧慧：《文旅融合视域下青海湖生态旅游高地建设研究》，《青海社会科学》2022年第5期。

张俊英：《青海省文化和旅游产业融合发展对策研究》，《内蒙古农业大学学报》（社会科学版）2022年第3期。

G.8
贵州省文化和旅游融合发展实践与经验

夏倩 杨芳芳*

摘 要： 贵州省拥有丰富的自然生态文化、民族文化和红色文化资源，在政策支持和引导下，文化和旅游融合发展成效显著，文化旅游产业新业态新产品不断涌现，但仍存在文化与旅游融合的深度不够、体制机制不顺、高层次复合型人才匮乏、金融投资渠道单一、资金投入不足等问题。本报告梳理了近年来贵州在文化和旅游融合发展过程中的推进措施、主要模式和发展经验，针对存在的问题，提出了完善融合体制机制、统筹文化与旅游产业发展、推动融合创新、增强文化与旅游产业活力、关注市场需求、提升文化与旅游产业竞争力等对策建议，以期为贵州建设旅游强省提供理论依据与实践参考。

关键词： 文旅融合 民族文化 贵州省

贵州是少数民族聚居地区，有苗族、布依族、侗族、土家族、水族、仡佬族等17个世居少数民族。各民族凭借聪明才智和勤劳勇敢形成了丰富多彩的文化习俗、民族服饰、谚语诗歌和独特的民族建筑，还拥有夜郎文化、屯堡文化、土司文化和酒文化等。此外，数不胜数的民间艺术，如"活化石"傩文化、侗族大歌以及苗族飞歌等民间歌舞更是蜚声海外。贵州拥有的世界文化遗产、全国重点文物、中国传统村落村寨、国家非物质文化遗产

---

* 夏倩，博士，贵州民族大学政治与经济管理学院副教授，研究方向为电子商务、商务智能；杨芳芳，博士，贵州民族大学政治与经济管理学院副教授，研究方向为创新与科研管理。

等数量均居西部地区前列。与这些极具个性的民族文化交相辉映，贵州的自然景观也极为丰富，喀斯特地貌发育非常典型，分布范围广泛，占全省总面积的70%以上。以喀斯特为代表的景观特征别致清新，形成了神奇秀美的自然生态风光。贵州有18个国家级风景名胜区、9个国家级自然保护区、25个国家级森林公园、6个国家级地质公园、4处世界自然遗产，其中世界自然遗产数量位居全国第一。自然风光、山地文化和民族文化相互交融塑造了贵州极具特色的地域文化，为文化和旅游的融合发展提供了多元化的创意来源和必要的资源基础。

近年来，贵州充分挖掘自然生态和民族文化内涵，全力推进"山地公园省·多彩贵州风"品牌建设，推动业态升级，提升服务质量，文化旅游业实现了连续快速的发展。2016~2019年，贵州旅游接待人次与旅游收入增长率连续4年达到30%以上。2019年，贵州旅游总收入达1.2万亿元，位列全国第三，旅游产业增加值占全省GDP的比重为11.6%，已成为促进全省经济社会发展的重要支柱性产业。受新冠疫情影响，2020年贵州旅游收入有所减少，但贵州省很快将文化旅游项目建设工作重点转到经济管理、优化服务、培育品牌和提升效应上来，2021年贵州旅游总收入达到6642.16亿元，旅游接待人数达到6.44亿人次，位居全国前列。把生态优势和文化优势转化为产业竞争优势，促进文化旅游产业的发展和经济效益的提升，是贵州文化和旅游融合发展成效的显现。

一 贵州省文化和旅游融合发展实践

（一）文化和旅游融合发展的推进措施

1. 相关政策引领文化和旅游融合发展

2019年11月22日，《贵州省强化文化旅游融合系统提升旅游产品供给三年行动方案》出台，标志着贵州文化旅游融合新征程全面开启。以大旅游、全域旅游、"旅游+"、旅游扶贫、旅游经济为关键词，贵州全面推进国际旅游目的地、国际旅游精品线路建设工程，深入推进旅游供给侧结构性改革，强化文化旅游深度融合，努力建设国际知名的山地休闲度假旅游目的地。

2020年12月9日，贵州省委十二届八次全会会议公报明确提出，"十四五"时期，将建设多彩贵州旅游强省和民族特色文化强省，旅游产业化将与新型工业化、新型城镇化、农业现代化"四个轮子"一起转，着力建设国际一流山地旅游目的地和国内一流度假康养目的地。

2020年12月31日，贵州省委、省政府印发《关于推动旅游业高质量发展加快旅游产业化建设多彩贵州旅游强省的意见》，强调着力推进旅游产业化发展，在加快完善山地旅游产品方面，要优化传统业态，创新产品和服务方式，以数字化推动文化和旅游融合发展，提高旅游科技含量，提高产品服务和企业治理的智慧化程度。

2022年1月，国务院出台《关于支持贵州在新时代西部大开发上闯新路的意见》，支持贵州在新时代西部大开发中探索文化和旅游高质量发展的有效路径。同年11月，文化和旅游部、国家文物局制定出台《支持贵州文化和旅游高质量发展的实施方案》，从传承弘扬长征精神和革命文化、加强文化遗产保护利用、提升文艺创作和公共服务水平、推动文化产业和旅游产业数字化发展、打造"山地公园省·多彩贵州风"旅游品牌等五个方面着力推动贵州文化和旅游高质量发展。这一系列政策利好，为加快推动贵州文化和旅游的融合发展提供了强大动力和政策保障。

2. 交通基础设施建设助力文化和旅游融合发展

"地无三尺平"的贵州将交通基础设施建设视为文化和旅游发展的第一要素和先决条件。党的十八大以来，贵州不断加强和持续投入基础设施建设，截至2022年，形成了以贵阳为核心的综合性交通枢纽，以及"北上、南下、东出"立体化交通网。在高铁方面，目前有贵广高铁、沪昆高铁、渝贵高铁、黔桂铁路、成贵高铁等8条线路，以贵阳为中心的"米"字形高铁网形成，贵州基本实现了省内市市通高铁。在公路方面，2015年12月，贵州已实现县县通高速，是西部地区第一个实现县县通高速的省份。

2022年，贵州的高速公路里程超过1万公里，形成"六横七纵八联"及四个城市环线的高速公路网。在机场方面，目前贵州形成了"一枢九支"的布局，机场覆盖全省10个市州。贵州初步形成枢纽与城市交通、枢纽与枢纽间有效快速衔接的综合立体化现代交通运输体系，大大缩短了周边省市到贵州的时间，促使贵州旅游人气更旺、特色产业更丰富，进入了交通引领经济社会发展的时代。另外，贵州根据地势地形建成几乎包含世界上全部桥型的2.1万座桥梁，总里程2500公里，有"世界桥梁博物馆"的美称。这些桥梁穿行在贵州千山万水之间，让贵州千沟万壑皆成坦途。2022年6月，贵州省政府制定了《贵州省"十四五"综合交通运输体系发展规划》，明确提出"十四五"期间交通发展的目标是进一步完善高质量的综合立体交通基础设施网络，推动创新山地特色旅游交通体系、完善旅游交通服务网和试点推进桥梁旅游等，以"大交通"带动"大旅游"。贵州通过一系列相关政策规划加强交通基础设施建设，进而加快文化和旅游产业的融合发展。

3. 现代营销方式推动文化和旅游融合发展

贵州自然风光秀美，民族风情古朴浓郁，然而这些丰富又独特的旅游资源大多地处偏远，还处于"养在深闺人未识"的状态，没有形成品牌影响力。近年来，贵州整合文化元素，坚持市场导向，结合时令特点，创新传播载体，策划具有影响力的文化旅游主题活动和推介会，并借助现代多媒体营销方式如网络推广、微信和微博、直播和短视频等，全面及时地把贵州文化旅游资源推荐给游客。贵州在全国多个省份开展了不同主题和定位的推介会。例如，2019年的"生态人文之旅：从××地到多彩贵州"主题推介活动，2020年和2021年的以"多彩贵州，度假康养胜地"为主题的推广活动。针对不同时节，开展各类营销活动，推出旅游包机及专列奖励、景区门票半价等优惠政策。在春季，到全国各大主要城市进行"春游好时节、醉美是贵州"的主题宣传；在夏季，开展以避暑度假为主题的旅游营销。2021年9月初，贵州省委宣传部、省文化和旅游厅共同发起了抖音"爽游贵州"话题，截至2021年底，话题视频浏览量已超过30亿次。还有，贵州的黔西南布依族苗族自治州连续多年承办国际山地旅游暨户外运动大会，来自40多个国家和地区的旅游、体育界知名人士、专家参会。贵州联合今日头条、新浪微博、微信、抖音及省内媒体，全面开展"绝美喀斯特·康养黔西南""黔西南·中国四季康养之都"等品牌形象宣传。黔东南苗族侗族自治州拥有全世界最大的苗族聚居村寨——西江千户苗寨，经过多年经营运作建设及多媒体宣传推广，如今西江每年的"苗年"、"尝新节"及每十三年一次的"牯藏节"等名扬四海。2020年，黔东南州针对"苗年"和"侗年"设立了专属假期，在此期间会举办特色民族风情活动，以吸引游客的到来。贵州以聚集人气、做大游客群来打造文化旅游为新亮点，形成宣传营销新效应，拓展新市场，助力文化和旅游深度融合发展。

4. 借力乡村振兴项目促进文化和旅游融合发展

国家乡村振兴战略为文化和旅游融合提供了契机，贵州依托原生态文化、民族文化和红色文化优势，大力推进文化和旅游产业的融合，催生了一批旅游新业态、生活新方式，部分乡村振兴项目已经产生积极效应[①]。贵州结合体验游、研学游、村寨游的特色，大力发展"传统农耕文化+非遗+旅游"的现代乡村农文旅融合新业态，将传统村落开发为非遗研学体验基地，成功打造了苗年节庆游、百里侗寨非遗主题体验走廊、天龙屯堡人文游及瑶族药浴康养游等乡村振兴项目，促进了非遗文化的活态传承和旅游业的发展。贵州连续多年举办线下或线上多彩贵州非遗购物节暨"非遗周末聚"，吸引游客，销售非遗产品，特别是雷山县的非遗手工艺品银饰受到广大游客的青睐。据统计，2018年以来，雷山县已经建成非遗工坊50多家，其中20家进入贵州省第一批非遗扶贫就业工坊名单。传统技艺和旅游的融合带领人们从精神和物质的双重层面走出贫困的桎梏，直接或间接带动5000多名当地民众参与生产，实现收入增加。另外，贵州打造了乡村振兴精准扶贫的核心产业项目——丹寨万达小镇，小镇建筑采用苗侗风格，引入丹寨当地特有的国家非遗项目、民族手工艺、苗侗美食、苗医苗药等，形成了独具民族特

---

① 《贵州旅游扶贫主要做法及成效》，文化和旅游部网站，2019年11月6日，https：//www.mct.gov.cn/whzx/qgwhxxlb/gz/201911/t20191106_848712.htm。

色的网红旅游目的地,国家文化和旅游部主持的"中国丹寨非遗周"每年都在这里举办。2017年7月丹寨万达小镇开业,5年来累计接待游客超过3030万人次,旅游收入超247亿元,拉动丹寨20个产业和50个子行业发展[①]。贵州充分挖掘和保护当地民俗文化和独特元素,通过特色鲜明的乡村振兴项目推进文旅深度融合。

5. 人才培养创新加快文化和旅游融合发展

近年来,贵州陆续出台了文化体制改革和加快文化发展、强化贵州旅游人才队伍建设的相关政策,为打造国际一流的山地旅游目的地、国内一流的度假康养目的地、建设多彩贵州民族特色文化强省和旅游强省提供了强有力的人才支撑。2021年1月,贵州印发《关于推动旅游业高质量发展加快旅游产业化建设多彩贵州旅游强省的意见》,明确提出要强化人才保障,加快推进文化和旅游人才队伍高质量建设。在高层次创新人才方面,贵州把旅游产业、非物质文化遗产、文化创意和文化事业等领域的高层次人才列入省级高层次人才引进计划、黔归人才计划、创新型人才遴选培养计划、优秀企业家培养工程等优惠政策范围。通过实施旅游英才培养计划和省级非遗传承人遴选项目,联合北京师范大学等高等院校培养出一批在民族文化、非遗、文博、演艺等领域的复合型高层次创新型人才。在实践运行方面,以培养乡村文化旅游人才、提高行业管理水平为抓手,以"新时代学习大讲堂"和全省旅游扶贫重点村村干部暨乡村旅游示范村村干部培训班为契机,常态化培养一线乡村旅游人才,召开全省乡村旅游(民宿)工作推进会、贵州省首届乡村旅游创客大赛等,积极引导广大青年才俊投身旅游业发展,助力乡村振兴,全面提升整体服务品质。

6. 强化资金保障助推文化和旅游融合发展

贵州省政府通过持续增加公共资金投入来引导文化与旅游融合,将原文化系统与旅游系统各类专项资金进行整合,提高公共资金利用水平,并设立

---

① 《丹寨万达小镇五年蜕变 旅游产业的"新"与"兴"》,"贵阳网"百家号,2022年7月8日。

文化与旅游融合专项基金，指导金融机构增加文化旅游融合示范项目和重点项目信贷投放，充分发挥各地区文化产业投资基金、旅游产业基金撬动推动作用。同时，省政府也指导担保公司开展文化旅游发展融资担保工作，并鼓励银行业金融机构以知识产权质押贷款等形式扶持文化旅游企业创新发展，积极利用直接债务融资工具扩大文化旅游企业直接融资渠道。在疫情防控期间，贵州出台了多个财政措施以保障文化旅游业恢复并高质量发展。例如，2020年3月，贵州省政府制定了《支持文化旅游业恢复并高质量发展十条措施》，在省文化和旅游发展专项资金内调剂拨付5500万元预算资金，用于重点扶持新冠疫情期间遭受严重损失的文化和旅游关联企业；对于有一定规模的文化旅游企业，由省政府按照中国人民银行再贷款利率的50%进行贴息，贴息期限不得超过1年；对于中小文化旅游企业，省政府将取消反担保要求、下调担保费率，疫情防控期内产生的担保业务平均担保费率不得超过1%，省级财政将提供1%担保费补贴，补贴期限不得超过1年。随后又推出了《贵州省关于加大文化旅游企业信贷支持力度实施细则》和《贵州省强化文化旅游企业融资担保服务实施细则》等8个相关配套实施细则，助力文化与旅游企业渡过难关，充分支持文化旅游业的复苏与高质量融合。

7. 科技创新推动文化和旅游融合发展

充分发挥好互联网、大数据、虚拟现实、人工智能和物联网等技术的创新服务作用，有助于打造文化与旅游的智慧化和多样态应用场景，增强文化与旅游的审美感知能力，进而更好地满足文化与旅游市场的个性化和多样化需求。贵州利用数字媒介和新兴技术将民族文化元素升级为线上或线下多元化场景表达方式，深挖生态和民族文化，提炼故事元素和各种主题，通过微博和微信、短视频和直播等新媒体渠道传播特色文化与旅游信息。其中，以"非遗购物节"和"非遗周末聚"为主题，贵州依托国内电商及短视频平台进行直播带货，为全省多个县市进行非遗文化宣传推广，创新非遗民族文化传承的传播途径，有效应对疫情带来的挑战和压力。同时，贵州借助虚拟现实、增强现实等技术，打造沉浸式体验场景，提升服务水平，推进科技创新贯穿文化与旅游发展的全过程，推动文化与旅游融合的高质量发展。2020

年5月，贵州推出了"一码游贵州"全域智慧旅游平台，使游客一码享受"衣食住行、游购娱乐"的综合服务。2021年中秋和国庆假期，安顺黄果树风景名胜区迎来了游客流量高峰，为了增强游客对景区内游览的感受体验，景区采用实名制分时预约、人脸识别入园、观光车智慧化客流调度系统等技术，以140辆调度车完成了120万人次游客的接待工作，在景区内天星桥与大瀑布及陡坡塘间引流和分流游客。

（二）文化和旅游融合发展主要模式与成效

1. 演出演艺业和旅游融合成效

依托旅游业，贵州演出演艺业融入特色民族文化要素，运用现代审美观念与技术对民族文化艺术表现手段进行创新，打造出了一系列民族演艺精品，获得了良好的社会经济效益。其中，《多彩贵州风》的影响力最大，它以贵州本土世居少数民族的浪漫风情、乐器表演、精美的民族服饰秀以及民族绝技演绎了贵州600年历史文化，目前在海内外40个国家及地区进行了4300多场商演，被列入国家文化旅游重点项目名录。另外，颇具贵州标签、苗族文化符号的大型歌舞《蝴蝶妈妈》以及"山水实景+沉浸式演出"的《西江盛典》也经受住市场考验，深受游客喜爱，是贵州文化旅游演艺的典范。从2018年起，贵州省连续举办多彩贵州民族服饰设计大赛，展示民族服饰风情，讲好贵州民族地区文化故事，其中有代表性的《一步一尘》非遗时尚秀，吸引了法、英、美、日、韩等11个国家嘉宾参加。

2. 民族节庆文化和旅游融合成效

贵州拥有丰富多彩的民俗节庆文化，现有大大小小的少数民族节日400多个，比较知名的有苗族和侗族最隆重的祭祖仪式"牯藏节"，苗族的"苗年""姊妹节""芦笙节"，布依族的"布依年""六月六"，侗族的"侗年""歌酒节"，土家族的"吃新节"，彝族的"火把节"等。其中，"苗年"即苗族新年，是一年劳作的结束和欢乐的开始，也是苗族人一年中最重要的节日，其庆祝活动最隆重的是贵州黔东南雷山县，被国际节庆协会组织评为"中国最具有特色民族节庆"。在当地政府的支持和管理下,"苗年"已成为雷山文化旅游的亮丽名片。2019年,雷山县实现旅游综合收入118.97亿元,接待游客1321.95万人次。台江县苗族"姊妹节"的社会影响力也比较大,为第一批进入国家非物质文化遗产名录,届时苗族男女青年穿上节日盛装聚集游演,举办集体婚礼、斗牛等民间活动。据统计,2021年苗族"姊妹节"期间,黔东南州台江县旅游接待人数累计达43.58万人次,实现旅游综合收入3.49亿元。少数民族的节庆活动通过具有鲜明民族特色的公众性庆典活动,在庆祝民族习俗节事的同时,也吸引了大量游客,既传承了民族文化,又推动了民族地区经济的快速发展。

3. 生态休闲观光文化和旅游融合成效

贵州省着力打造以"多彩贵州 山地公园"为品牌的世界知名山地旅游目的地。目前贵州有国家森林公园23个、国家地质公园9个、国家自然保护区10个。2020年,贵州入选世界著名旅行指南 *Lonely Planet* 推出的最佳旅行目的地榜单。其中,位于黔西的百里杜鹃森林公园,总体规划经营面积12580公顷,杜鹃林全长50多公里,素有"百里杜鹃"之称,享有"世界上最大的天然花园"的美誉。清明小长假一般是杜鹃的最佳花期,2018年清明小长假3天,百里杜鹃旅游景区共接待游客50万人次,实现旅游综合收入2.08亿元。2019年清明期间共接待游客48.27万人次,实现旅游综合收入3.37亿元,接待国内外游客量和旅游综合收入持续增长。贵州生长着种类纷繁、数目众多的珍稀动植物,全省共有国家重点保护野生动物181种,国家重点保护野生植物79种。目前已建立122个自然保护区,对珍稀濒危动植物种群、数量的恢复发挥着重要的作用。被称为动植物基因库的梵净山是国家级5A景区,被列入世界自然遗产名录,整个景区森林覆盖率超过95%,保留了大量古老孑遗、珍稀濒危和特有物种,如黔金丝猴、珙桐树等。2019年,梵净山旅游景区接待游客143.56万人次,实现营业收入2.87亿元,同比分别增长19.56%和12.59%。

4. 民族传统工艺和旅游融合成效

贵州依托地方民族特色优势,促进传统工艺与旅游融合发展。据统计,

全省现有民族民间工艺品覆盖11个大类、78个门类、1300多个品种。拥有与民族民间工艺直接相关的"传统技艺"和"传统美术"类省级非物质文化遗产107项、国家级28项。传统工艺蕴藏着精湛技艺和传统文化，正加速与工坊、博物馆、节庆及主题景区进行深入融合。贵州丹寨万达小镇推出的古法造纸、蜡染体验、鸟笼小院和国春银饰等非遗手工艺产品体验，吸引了数以万计的游客。晟世锦绣是贵州的本土文创企业，关注发掘苗族刺绣、蜡染和织布等传统手工艺品的价值，从创新性的传统工艺产品到民族原生态体验基地，再到精品农产品，融入民族文化和村寨生活场景，走出了一条文化旅游农业深度融合的道路。晟世锦绣采用O2O的经营模式，线下门店遍及北京、上海、广州等一线城市，在英国也有店面，已经成为中国民族文创代表性品牌。

5. 体育文化和旅游融合成效

贵州是世界上喀斯特山地分布最广的区域，有92.5%的土地为山地和丘陵，是典型的山地公园省。山地户外运动资源丰富是贵州有别于其他省份的得天独厚的优势。2017年9月，国家体育总局批准支持贵州省创建全国体育旅游示范区。贵州省政府随后发布《关于创建全国体育旅游示范区的意见》，明确将贵州建成山地民族特色体育旅游强省。安顺连续多年成功举办了国际半程马拉松赛，别致的民族风情和国家5A级景区黄果树风景名胜区吸引了成千上万国内外跑步爱好者参与。从2015年起，全国唯一的国家级国际山地旅游暨户外运动大会在黔西南布依族苗族自治州落户，每一届大会根据不同的主题发布国际山地旅游宣言，来自40多个国家和地区的旅游、体育界知名人士、专家参会。此外，贵州特色的民族体育项目，赛龙舟（铜仁市、镇远县）、赤水独竹漂（赤水市）、布依族铁链械（花溪区）、苗族武术（麻江县）、民间棋艺（正安县、望谟县）、侗族摔跤（黎平县）等均入选国家非物质文化遗产名录。这些民族传统体育文化以表演和观赏为主，也正在向游客体验型转变。经过多年的发展，贵州以打造国内外具有影响力的体育赛事为突破口，不断推动民族体育文化与旅游的深度融合。

6. 影视文化和旅游融合成效

影视文化因其高附加值、强融合性以及品牌影响力等对旅游业的发展具有强大的带动力，而且影视文化和旅游融合模式是丰富多样的，包括影视外景地旅游、影视故事地旅游、影视拍摄制作基地旅游和影视节庆旅游。具有鲜明地域民族文化特征的《云上太阳》《侗族大歌》《滚拉拉的枪》《脸谱》《行歌坐月》《鸟巢》《我们的嗓嘎》等作品，讲述贵州少数民族故事，展示了当地少数民族民俗风情。其中，《云上太阳》取材于贵州丹寨，在2011年美国塞多纳国际电影节获最佳外语片奖和最佳电影摄影奖。2016年，黔南布依族苗族自治州打造的都匀影视基地，在为影视文化产品提供拍摄服务的同时，也成为游客参观体验的目的地。截至2021年，都匀影视基地已经接待40余部影视作品入驻拍摄，日均可接待游客超10万人次。影视与旅游深度融合，是精神与物质的结合，产生的辐射效应也是显而易见的，《陈情令》《无名之辈》《星火云雾街》等影视作品让都匀影视基地声名远扬，也间接展示了贵州的自然风光和民族特色[①]。此外，从2008年起，贵州持续举办中国原生态国际摄影大展，是目前全球唯一的持续以原生态文化为核心的影像活动，截至2020年初，该摄影展向全球征集摄影作品已达数10万幅，在美国、英国、德国、法国、俄罗斯等20余个国家及中国台湾地区都举办过专题展览[②]。

二 贵州文化和旅游融合发展经验总结

（一）深挖文化资源内涵，夯实文化旅游融合发展基础

传统走马观花式景区观光或者肤浅体验式旅游项目，已无法适应日益增长的多样化、个性化的旅游需要。只有多视角、多层次地深度挖掘文化

---

① 《贵州借力影视基地驱动文化旅游融合》，《贵州日报》2019年8月2日。
② 《共同的世界，以山为语！2020多彩贵州·第十三届中国原生态国际摄影大展开幕》，人民网，2020年9月29日，http://m.people.cn/n4/2020/0929/c1292-14459663.html。

资源内涵，贵州文化旅游才会形成丰富完善的业态、别具风格的服务和充实饱满的品牌形象，这些也是贵州做大市场规模、做强市场主题的先决条件。近年来，贵州从丰富的民族文化、红色文化和喀斯特地貌自然景观中深入挖掘、系统开发、提炼典型、创新载体，实现特色资源转化，形成差异化产品的吸引力，将特色文化精髓全方面地融入旅游项目、路线、产品、服务与销售，为文化与旅游的融合奠定坚实基础。另外，贵州通过深层次的资源挖掘，进行文化创意设计，打破原来文化旅游产业的边界，把"以人为本"融入生活方式，构建的不仅是一个旅游场景，还蕴含丰富的意境。贵州首个场景化文化体验区——桐梓记忆①，是一个集桐梓老城文化、佛教文化、夜郎文化、民国军政文化、酒文化以及红色文化等于一体的黔北地域特色旅游文化目的地。小镇有六大业态板块，每个板块都被赋予了不同历史时期的文化特质，各自演绎着不同的精彩。桐梓记忆深度挖掘老城的历史文化内涵，再结合当地的风土人情打造特色鲜明的场景体验，深受游客青睐。

（二）秉持全域旅游发展理念，实现文化旅游产业协调发展

在大众旅游的时代背景下，游客的出游需求更加多样化，从传统的观光旅游过渡到休闲度假、体验旅游、自助游等。以优质的旅游产品和服务满足游客需求已是大势所趋。贵州坚持全域旅游开发思路，将旅游项目规划作为一个整体，构建观光旅游与场景体验、休闲娱乐与商业活动相结合的全时空全链条常态文化旅游空间，通过全方位系统化优化提升区域经济社会资源，引领并推动产业深度融合协调发展。在规划布局中强调全域旅游，做到文化旅游产业全域优化和文化旅游市场区域营销并重，注重构建全域覆盖、全域互动和全社会共同参与的联动机制。截至2021年10月，贵州省已有7个地区被文化和旅游部认定为国家全域

---

① 《"桐梓记忆"——探访贵州首个场景化文化体验区》，"中新热点"百家号，2021年8月2日，https://baijiahao.baidu.com/s?id=17069648921573843366&wfr=spider&for=pc。

旅游示范区。例如，第一批跻身国家全域旅游示范区行列的贵阳花溪，地处省会城市贵阳近郊，根据自身在生态、文化和区位方面的优势，按照"景城一体、产城联动、融文化旅游为一体、休闲度假"的发展理念，通过完善旅游休闲设施、丰富旅游休闲功能、强化旅游休闲产业、提供旅游休闲个性化服务，不仅构建了"产业围绕旅游转，产品围绕旅游造，结构围绕旅游调，功能围绕旅游配，民生围绕旅游兴"的全域旅游发展新格局，也为全国中心城市打造旅游休闲功能区，打造国家全域旅游示范区奉献"花溪样本"。

（三）树立品牌化发展思路，实现文化旅游产业高质量发展

为推动文化旅游产业的高质量发展，贵州明确品牌化发展思路，打造本土化、特色化的知名文化旅游公共品牌，实施重点产业品牌培育工程，积极推进品牌引领战略，引导文化旅游产品开展品牌化经营。"多彩贵州"是贵州十余年倾力打造、国内较早实施市场规范化运作的省级文化品牌，具有强大的公信力、市场影响力和品牌知名度。近年来，贵州继续做强"多彩贵州"品牌，以精准定位扩大品牌优势，加强区域品牌与相关产业的融合发展，对与其核心价值关系紧密的演艺、商业地产、工艺品、网站、影视、酒、茶、教育、酒店等十余个行业进行了商标授权，推动形成以"多彩贵州"为主的品牌集群。同时，贵州通过实施品牌质量建设工程，开展六大质量提升专项行动，设立省长质量奖，以更高质量标准创建更优品牌。2019年，贵州以地理标志标准化培育区域品牌，被国家知识产权局作为强省建设试点经验与典型案例在全国推广。2021年，贵州"十四五"规划明确提出要进一步优化品牌形成机制，形成"党政主导、协会推动、企业主体、社会参与"的公共品牌推进创新模式与企业品牌模式相结合的格局。贵州借助正在打造的IP形象赋能品牌活动，积极搭建活动集聚发展平台，提升活动品牌创新力影响力。同时，实施多彩贵州非遗文创夜市项目，打造"流光溢彩夜贵州"品牌，培育新兴文化旅游消费热点，提升消费品质，满足广大群众文化生活需要。

（四）打造"双一流"目的地，实现文化旅游产业持续增长

贵州全境是由山岭和山间盆地构成的独特山地地貌，森林覆盖率近60%，年平均气温23℃。依托舒适宜人的气候、秀美的自然山水，贵州聚力打造一流的山地旅游目的地和国内一流的康养胜地。自全国唯一的国际山地旅游大会落户贵州以来，国际旅游组织、机构以及几十个国家和地区的相关人士每年齐聚贵州，探索山地旅游发展模式，推动中国乃至世界山地旅游发展。为使山地旅游资源得到科学规范和高效的开发利用，贵州制定并实施山地旅游发展规划和山地旅游系列标准，突出山地旅游重点工程，重点强化山地旅游基础设施建设，丰富山地旅游业态，现在的山地旅游几乎已经涵盖了整个贵州的旅游版图。与此同时，贵州倾力打造"医养健管游食"大健康产业链，并积极建设全国顶级度假康养目的地。贵州以中医药材、温泉、森林组织开展为优势资源，重点培育中药康养、森林康养、温泉康养、运动康养、田园康养等特色康养休闲新业态。贵州作为国家大数据综合试验区，深挖大数据发展潜力，积极抢占大数据发展制高点，数字经济增速连续6年位居全国第一，在国内率先构建省、市、县、乡四级远程医疗网络，打好智慧康养基础。贵州围绕建设"双一流"目的地战略定位，持续突出规划引领、狠抓品牌建设、丰富业态要素、加强产品供给、完善服务配套、提高承载水平，为贵州文化旅游产业持续发展提供动力源泉，促进文化旅游产业高质量发展。

三 贵州文化和旅游融合发展存在的问题

（一）融合深度不够，融合层次不高

经过多年的发展，贵州文化与旅游产业的融合体系尚未完全形成，资源融合效应还有待提升。在旅游产品的开发方面，以走马观花的景区观光或浅显体验的旅游产品项目为主，在收益上主要依赖景区或演出门票。民族文化

氛围不足，文化内涵挖掘不够，旅游功能不健全，盈利渠道单一，游客停留时间短以及消费水平低，旅游产品链和消费链未能有效形成，这种粗放型的文化旅游产业发展难以满足人们日益增长的多样化旅游需要。同时，未深入挖掘旅游相关的民俗风情、历史文化和自然资源等，导致省内各地旅游产品同质化严重。此外，旅游产业在发展过程中与农业、工业、科技和民族文化等融合程度不高，缺乏应有的产业联动，未在区域内形成应有的规模。因此，贵州依靠发展旅游实现产业集群的效果还未实现，整个地区的经济效益并未达到一个理想的阶段。且由于民族文化资源具有脆弱性和易逝性，亟须多层次、多视角地深度挖掘民族文化资源，加快文化与旅游融合的可持续发展道路建设。

（二）融合体制机制有待完善

贵州大力推动文化与旅游的深度融合，鼓励"旅游+多产业"，但是在融合体制机制上面临着诸多方面的局限性，集中体现为文化与旅游融合发展体制和机制的迟滞性和粗放性。一是文化与旅游产业融合不够紧密，贵州丰富的民族文化、红色文化和生态文化没有和景区、休闲度假及相关产品很好地融合，更多是浮于表面，很多民俗活动千篇一律、东拼西凑，没有深层次挖掘民俗文化内涵。二是文化旅游产业融合平台缺失，文化旅游产业与其他产业缺少联系和渗透，并未实现良好融合。三是区域间合作不足，竞争较为激烈，部分区域地缘相近，历史文化、民族文化与自然景观资源雷同，未形成错位发展态势，陷入同质化、恶性竞争局面。多头管理、职能交叉、管理体制不畅、条块分割等现象仍比较突出，旅游资源受到行政区划壁垒的制约，使文化和旅游的整合发展大打折扣。四是很多地方存在文化旅游产业链条不长、规划起点不高等问题，各行业之间联系不密切，还没有与相关行业形成互动和协调发展合力，需要强化宏观统筹协调机制。

（三）高层次复合型人才匮乏，发展内动力不足

随着大众旅游时代的到来，多样化的文化旅游融合产品对游客的吸

引力日益增强，文化和旅游融合发展处于重要的战略机遇期。面临新阶段文化和旅游产业发展需求，高层次复合型人才是推动文化与旅游高质量融合的关键动力和根本保障。高层次复合型人才既要懂管理，也要拥有深厚的民族文化知识背景。目前，贵州的高层次文化旅游人才主要通过高校或职业院校进行培养，然而学校培养手段单一，缺乏校企合作、产学研等协同机制，造成文化旅游人才队伍以理论或技能型人才为主，两者兼备且具有创意策划能力的高层次复合型人才短缺严重。同时，我国东西部地区经济差距导致人才外流，贵州文化旅游人才无论是数量还是结构都不能满足实际需求。文化与旅游产业的融合发展需要高层次复合型创意型人才、市场营销人才、产品流通及高级管理人才，而高层次复合型人才的缺乏及激励政策不完善，导致贵州文化与旅游产业融合发展的内生动力不足。

（四）融资渠道单一，资金投入不足

深层次的文化和旅游产业融合发展需要大量的资金支持，而文化和旅游产业投资回报周期长，消费者市场需求的不确定性及较高的市场风险使得文化旅游企业融资较为困难。目前，贵州文化旅游产业发展的主要资金来源为政府主导、社会资本部分投入，没有形成多元化的投资主体，政府投入资金远远不足以支撑文化旅游产业的快速发展，社会资本投融资体系不够完善，投融资渠道单一。贵州文化旅游企业主要是中小微旅游企业，自身资金有限，综合实力不强，缺乏有效的担保机构为其提供服务。而在贷款融资过程中，很多银行及金融公司要求这些企业支付的"风险溢价"高，进而提高了文化旅游企业的融资成本。此外，贵州信用配套制度不完善，市场信用体系中一系列制度和标准设计不合理、不规范、不健全，使得很多文化旅游企业面临着贷款融资难问题。由于文化旅游产业有形资本较少，其知名度及商誉等无形资产的市场价值评估存在很多不确定性，银行金融机构对文化旅游企业的融资贷款支持力度不够，制约了文化旅游产业的长远发展。

四 促进贵州省文化和旅游深度融合发展的对策

（一）抢抓历史机遇，助推文化旅游产业跨越发展

人们消费水平的不断提升和消费方式的日益多元使文化和旅游融合获得了新发展机遇，促进了旅游产业转型升级和高质量发展。贵州立足新发展阶段，贯彻新发展理念，融入新发展格局，推动文化和旅游全方位、多角度、全产业融合。一是深挖旅游产品文化内涵，延伸文化产品与服务的旅游功能，不断丰富文化旅游产品与服务的供给方式、供给渠道与供给类型。积极发展世界名酒文化旅游带、国际天文科普旅游带、千里乌江滨河度假旅游带、长征红色文化旅游带、民族文化旅游带等特色文化旅游带，建设"山地旅游+地方特色主体功能区"，促进春夏秋冬四个季节旅游平衡发展。二是高水平打造国家文化和旅游融合示范区、国家体育旅游示范区。贵州省可以通过系统化地优化和提升本地区各类资源，特别是旅游资源、生态环境、公共服务、体制机制、政策法规和文明素质，实现区域资源的有机整合、产业的融合发展和共建共享。三是进一步提高"山地公园省·多彩贵州风"的品牌影响力。奇特的喀斯特地貌和丰富的少数民族文化资源构成了贵州主题文化旅游竞争优势。贵州要持续变资源优势为经济发展优势，以品牌建设完善文化旅游产品质量标准体系，以品牌效应引领产业转型、延伸产业链、增加产业附加值。在人民群众向往美好生活需要的时代背景下，贵州要加快打造国际一流山地旅游目的地、全国一流度假康养目的地。

（二）完善融合体制机制，统筹文化旅游产业发展

完善文化旅游融合发展体制机制是一个复杂的系统工程，要进行系统全面的研究和构建，迫切需要就文化与旅游融合的行政管理体制、规划建设机制、项目投资融资机制、公共服务融合转化机制、人才培养激励机制等进行研究。首先，健全的合作平台对于实现跨界和跨域合作，构建产业融合机制至关重要。各合作方要以景区景点为桥梁、以各自优势产业为纽带、以相关

政策为引导、以合作平台为基础来整合资源、创新产品与服务。其次，要进一步落实文化与旅游产业融合发展理念，清除妨碍文化与旅游业发展管理弊端、消除体制障碍、突破固有利益壁垒。遵循文化与旅游融合发展规律，不断创新和完善相关法规政策，为融合发展创造良好的外部环境，合理编制创新性文化与旅游融合规划方案，精准制定文化与旅游融合的有关政策。再次，政府要积极引导金融机构创新融资政策，拓宽融资渠道，加大对文化与旅游相关产业融资的支持力度，鼓励社会及民间资本参与文化和旅游融合发展示范项目、重点文化旅游项目和基础设施建设，切实提高民间资本在文化旅游投资中的比重。最后，构建自由顺畅、规范有序的文化旅游融合市场秩序体系，推动人才、科技、资金和资源等要素的流通集聚，理顺文化旅游融合的体制机制，主动承担起新时代文化旅游融合的新使命。

（三）推动融合创新，增强文化旅游产业活力

文化旅游产业融合的创新体现为理念创新、制度创新和技术创新，理念创新是制度创新和技术创新的前提。贵州是经济发展相对滞后的区域，发展理念落后是制约当地发展的主要障碍。因此，应转变传统文化旅游产业发展方式，树立创新发展理念，调整宏观政策支持，规范市场行为，创新企业与高校、职业院校文化旅游人才联动培养机制，生产设计或再加工具有知识性、差异性、延伸性、参与性和补偿性的旅游新产品，满足游客对产品个性化、体验化、休闲化和情感化的需求，协同推进文化与旅游高质量发展。同时，通过互联网、大数据、物联网、人工智能、虚拟现实、增强现实等信息技术，强化文化旅游细分领域的自动化和智能性，创新旅游产品内容的表达方式和展示展览形式，重构文化与旅游中"人、场、物"三要素，打造置于情景、震撼心灵的沉浸式场景体验。此外，文化与旅游产业还应引入数字技术改进原有文化旅游产品的服务链条，并优化生产要素配置，打破文化与旅游产业的边界，例如，创建智慧文化旅游融合服务平台，提供智慧导览、交通、住宿和特色产品等交互式服务，将文化旅游中吃、住、行、游、购、娱等场景进行多业态整合，继而衍生出文化旅游的新业态，提升文化旅游产业活力。

（四）关注市场需求，提升文化旅游产业竞争力

在满足游客需求与体验的前提下，对客源地进行需求调查，以优质的服务、舒适的体验、丰富的文化内涵来增强贵州文化旅游产业竞争力。首先，打造文化旅游体验新场景，强化地域文化旅游新体验。根据游客特征细分市场，主动满足不同年龄、性别、消费水平、喜好或旅游方式游客的需求，创造不同的文化旅游产品。进一步释放旅游消费潜能，加强文化旅游与工、农、林、牧业和教育、体育、康养、中医药产业融合，推动"文化+旅游+新型生活方式"，包括"文化旅游+休闲度假""文化旅游+研学""文化旅游+养生""文化旅游+新型养老"等，大力培育文化旅游融合新产品、新业态。提高文化与旅游要素结合水平，构建集餐饮、住宿、交通、游玩、娱乐于一体的开放型文化旅游综合体。其次，科技赋能文化旅游产业，迎合消费新趋势。大数据、云计算、物联网、5G等新一代信息技术，为文化旅游产业转型升级提供了新契机、新模式和新思维，助推了文化旅游产业的相互渗透和创新融合发展。可通过科学技术的深度嵌入，不断完善文化旅游产业的商业模式，尤其是运用大数据技术对文化资源与旅游市场进行重构，促进文化旅游产业与数字经济融合创新，融合文化旅游产业各环节资源，提供精准服务，实施精细化管理，全方位满足旅游者个性化需求。

参考文献

徐翠蓉、赵玉宗、高洁：《国内外文旅融合研究进展与启示：一个文献综述》，《旅游学刊》2020年第8期。

陆明明、石培华：《文化和旅游的关系网络及其融合路径研究》，《资源开发与市场》2021年第3期。

刘安乐、杨承玥、明庆忠等：《中国文化产业与旅游产业协调态势及其驱动力》，《经济地理》2020年第6期。

G.9
新疆维吾尔自治区文化和旅游融合发展实践与经验

田登登　张位锋*

摘　要： 为推动文化和旅游深度融合，加快由旅游资源大区向旅游经济强区转变，新疆维吾尔自治区先后打造了吐鲁番"旅游+非遗"、伊犁"旅游+科技"、乌鲁木齐"旅游+演艺"、喀什"旅游+乡村振兴"、新疆生产建设兵团"旅游+红色军垦文化"等文旅融合发展典型。本报告认为，通过"旅游兴疆"战略、"文化润疆"工程的实施，新疆文旅行业不仅实现了经济效益、社会效益和文化效益，也巩固了脱贫攻坚成果，为实现乡村振兴和文旅融合奠定了良好的基础。

关键词： 旅游兴疆　文化润疆　文旅融合　新疆维吾尔自治区

新疆地域辽阔，旅游资源数量多且种类齐全，根据《中国旅游资源普查规范》的分类标准，新疆拥有六大旅游资源类型，在68种基本旅游资源类型中至少拥有56种，居全国首位。2007年3月，经全国旅游景区质量等级评定委员会首次评定，新疆只有3家景区通过5A级旅游景区试点验收。随着新疆旅游业的不断发展，截至2022年7月15日，新疆已经有17家5A级旅游景区，数量位居全国第三，仅次于江苏和浙江，具体包括

---

* 田登登，昌吉职业技术学院讲师，研究方向为旅游决策；张位锋，昌吉职业技术学院副教授，研究方向为旅游经济。

天山天池风景名胜区、葡萄沟风景区、喀纳斯景区、那拉提旅游风景区、可可托海景区、金湖杨国家森林公园、天山大峡谷景区、博斯腾湖景区、喀什噶尔老城景区、喀拉峻景区、巴音布鲁克景区、白沙湖景区、世界魔鬼城景区、帕米尔旅游区、赛里木湖景区、塔克拉玛干·三五九旅文化旅游区、江布拉克景区。旖旎的大美景色、诱人的特色美食、绚丽的民族风情，每年都吸引着来自世界各地的游客前来新疆打卡游览。

文化离不开旅游的承载，旅游离不开文化的赋能。旅游业作为一种服务性产业，既具有经济性，也具有文化性。新疆作为四大文明的汇聚地，历史文化和民族文化底蕴非常深厚，为加快文化和旅游融合发展，促进诗与远方更好地相拥，《新疆维吾尔自治区政府工作报告》《自治区文化和旅游系统2019年文旅融合实施方案》《2022年文化和旅游兵地融合工作要点》等都明确提出要大力发展新疆旅游业，实施"旅游兴疆"战略和文旅融合发展战略，将旅游业打造成新疆的支柱型产业。文化与旅游的融合，不是简单意义上的"文化+旅游"或者"旅游+文化"，也不是文化产业和旅游行业的简单合并，它是一种以传统旅游业为基础的新型"旅游+"产业模式。通过"旅游+"，最大限度地发挥旅游业的乘数效应，从而实现文化旅游主体与客体的互动建构，其本质是文化和旅游通过产品融合、业态生成、要素集聚，在共同市场中实现价值耦合。为落实"文化润疆"工程和"旅游兴疆"战略，促进文旅融合更好地发展，新疆在文化和旅游融合的发展过程中进行了积极的实践探索，也取得了一定的成效。

一 新疆维吾尔自治区文化和旅游融合发展实践

新疆地域辽阔，文化和旅游资源荟萃，为促进文化和旅游融合发展、增进社会民生福祉、把旅游业打造成新疆的支柱型产业，新疆各地进行了形式多样的探索，各地做法也不尽相同。为体现文化和旅游融合的代表性，本报告选取了吐鲁番、伊犁、乌鲁木齐、喀什、新疆生产建设兵团等地文旅融合

的典型案例,并对其做法进行归纳和总结,以期对其他地区文旅融合提供借鉴和参考。

(一)吐鲁番"旅游+非遗"传承与发展

非物质文化遗产源于人民群众的生产生活,新疆作为多民族聚居区,非物质文化遗产非常丰富。截至2022年7月,新疆拥有联合国教科文组织人类非物质文化遗产3项,国家级非物质文化遗产94项,自治区级非物质文化遗产315项①。

吐鲁番是古丝绸之路上的重镇,非物质文化遗产相当丰富,有8项非物质文化遗产被列入国家级名录,9项被列入自治区级名录,48项被列入市级名录。吐鲁番市国家级非物质文化遗产代表性项目有传统音乐、手工技艺、传统舞蹈以及传统技艺类(见表1)。

表1 新疆吐鲁番市国家级非物质文化遗产代表性项目

项目划分	项目名称
传统音乐	维吾尔木卡姆(吐鲁番木卡姆)
传统手工技艺	维吾尔族模制法土陶烧制技艺
	维吾尔族花毡技艺
	维吾尔族印花布织染技艺
	维吾尔族桑皮纸制作技艺
	维吾尔族枝条编织
传统舞蹈	纳孜库姆
传统技艺	坎儿井开凿技艺

资料来源:中国非物质文化遗产网。

吐鲁番市在推进"旅游兴疆"和"旅游兴市"战略的过程中,大力挖掘非遗文化,有力地促进了文旅融合和非遗的传承保护。游客通过沉浸式体验和零距离感受,不仅可以了解花毡、土陶烧制、印花布织染以及桑皮纸等

---

① 《新疆:非遗"活"起来?市场"火"起来》,《新疆日报》2019年6月14日。

非遗的制作工艺流程,而且可以感受到吐鲁番非遗文化的魅力。"旅游+非遗",不仅让非遗"活"了起来,而且带动了当地经济的发展。"非物质文化遗产日""新疆非物质文化遗产展示周"等活动既增进了民族团结,提升了文化认同,维护了社会稳定,也实现了"文化润疆",让"旅游+非遗"真正从历史文献资料中走进了游客的内心世界。

(二)伊犁"旅游+科技"线上线下融合发展

伊犁位于新疆的西北部,与哈萨克斯坦接壤,是我国向西开放的门户,有"塞外江南"的美誉。伊犁旅游资源众多,有那拉提草原、喀拉峻草原、唐布拉草原、巩乃斯草原、昭苏草原、果子沟、伊犁河、杏花沟、夏塔旅游区、喀赞其民俗村、库尔德宁景区、特克斯八卦城、霍城薰衣草、解忧公主薰衣草园、格登山记功碑、伊犁将军府、惠远钟鼓楼、林则徐纪念馆等。

为充分发挥"旅游+科技"的作用,伊犁深挖文旅资源、借助互联网平台,大力推广"文旅云"综合服务云平台,同时云剧场、云课堂、云旅游、云逛展、云非遗、云阅读等让游客真正体验到了线上"文旅云"服务带来的便捷,在此过程中游客的文化获得感显著提升。为推介当地的特色农产品和做强文旅产业,伊犁不少文旅干部主动请缨做"网红",借助网络新媒体平台和直播带货,为当地文旅代言,在贯通线上线下产销渠道的过程中提高了当地的知名度,既能帮助当地增收致富,又能带动文旅行业的快速发展,"旅游+科技"成为文化旅游转型升级的重要引擎。为促进文旅融合,伊犁深度挖掘当地多元一体的民族文化,将传统文化与时代精神相结合,并借助中国旅游日、节庆活动等,通过线上和线下举办群众喜闻乐见和可深度体验的文旅活动,促进了文旅市场的繁荣。

(三)乌鲁木齐"旅游+演艺"深度融合发展

"旅游+演艺"不仅能提供丰富的文化和旅游体验,还具有较高的商业附加值。作为文旅融合的重要载体,"旅游+演艺"有较强的代入感和良好的互动感,已成为展示"新疆是个好地方"的重要窗口。为加快文化演艺发展，促进文旅融合，打造本土精品演艺，新疆推出了形式多样的旅游演艺项目，如《丝绸之路·千年印象》《东归·印象》《千回西域》《吐鲁番盛典》《喀纳斯盛典》《守望那拉提》《欢乐大巴扎》《昆仑之约》等。

作为新疆维吾尔自治区的首府，乌鲁木齐在加快文旅融合，推进"文化润疆"工程和"旅游兴疆"战略的过程中，有着自身的优势。截至2022年4月，乌鲁木齐共有文化馆10个、公共图书馆9个、博物馆2个、市级文化产业示范基地132家、特色文化街区11条，全年开展文化惠民演出426场[①]。

乌鲁木齐在促进旅游和文化演艺协同发展的过程中，紧紧围绕新时代党的治疆方略和第三次中央新疆工作座谈会精神，着重凸显"文化润疆"的重要性，并将中华文化元素植入旅游演艺，充分发挥文化的精神引领作用。通过"旅游+演艺"的形式，让游客在游览大美新疆的过程中，充分体验新疆厚重的历史文化和多彩的民俗文化，让中华民族共同体意识根植心灵的最深处。乌鲁木齐将旅游演艺作为文旅融合发展的载体，通过旅游演艺内容创新，不断提升旅游演艺品质，让更多的文化资源、文化要素转化为旅游产品，大大提升了旅游的文化效益和经济效益。乌鲁木齐在推进"旅游+演艺"的过程中，还开展了特色旅游品牌的打造和文旅融合发展品牌的评选工作，共评选出乌鲁木齐市馕文化产业园、乌鲁木齐市红山公园"一会五展"、新疆古生态园、圣贤湖、猫窝客栈、新疆国际大巴扎、大巴扎步行街等7个文旅融合发展品牌。

（四）喀什"旅游+乡村振兴"融合发展

喀什位于新疆的西南部，为古丝绸之路中道、南道的交会处，是我国面向中亚的窗口，素有"五口通八国，一路连欧亚"的美誉。特殊的区位优势、厚重的文化遗存和独特的民族风情，赋予了喀什别样的色彩。俗话讲

---

① 《2021年乌鲁木齐市国民经济和社会发展统计公报》，乌鲁木齐人民政府网站，2022年6月15日，http://www.wlmq.gov.cn/fjbm/tjj/tjgb/509211.htm。

"不到喀什,就不算到新疆",在"旅游兴疆"战略的背景下,喀什旅游业近年来呈现"井喷式"增长态势。与此同时,喀什旅游业与其他产业的融合也在加快,从最开始的"旅游+"逐步走向"+旅游"。当前,旅游业已成为喀什地区产业融合过程中不可或缺的一部分,"旅游+"的综合带动效应日渐凸显。

"北疆看风景,南疆看人文。"喀什历史遗迹和民族民俗文化资源众多,各级各类旅游资源多达92处,如喀什老城、高台民居、莫尔佛寺、香妃墓、盘橐城、西山民俗风情园、疏附县民族乐器村、塔县民族文化艺术中心、英吉沙县木雕村景区、木卡姆民俗风情度假村等。喀什是南疆少数民族聚居区,基础设施落后,自然环境和气候恶劣,曾经是全国"三区三州"深度贫困地区,也曾是脱贫攻坚的主战场[1]。为落实"旅游兴疆"战略,实现脱贫攻坚与促进乡村振兴有效衔接,喀什充分发挥"旅游+"的综合带动效应。首先,为了让当地更多的人吃上"旅游饭",搭上"旅游+"的快车,"访惠聚"驻村工作队因地制宜、因人施策,通过"一村一方案""一户一对策"的方式进行旅游精准扶贫。通过发展民宿,当地村民世代居住的村落变成了"网红打卡地",闲置的土房子成了高端民宿;通过发展农家乐,日常吃的农家饭成为当地的特色美食,借助"旅游+",当地不少人开起了餐厅、农家乐和民宿,曾经建档立卡的贫困户实现了在家门口就业,家庭收入和生活水平得到了明显提高,获得感和满意度空前提升。其次,喀什充分利用当地特色资源开发手工艺产品和文化创意产品,并通过互联网和新媒体进行直播带货,在增收致富和改善民生的同时,为乡村振兴再装新引擎。最后,喀什依托其独特的自然风光、浓郁的民族风情、悠久的历史文化,并借助"丝路文化胡杨节",让游客"玩在古城、吃在古城、住在古城",真正体验到新疆是个好地方,在实现文旅融合的同时促进了喀什地区全域旅游的发展。

---

[1] 《关于印发〈新疆喀什地区旅游业发展总体规划(2018—2030)〉的通知》,喀什地区行政公署网站,2019年11月21日,http://www.kashi.gov.cn/ksdqxzgs/c106719/201911/d5feb92b40ae4fd9b5f9a3a2714e65ae.shtml。

（五）新疆生产建设兵团"旅游+红色军垦文化"协同发展

新疆生产建设兵团承担着屯垦戍边的重要任务。"生在井冈山，长在南泥湾，转战数万里，屯垦在天山"是兵团的真实写照。为传承红色基因，弘扬兵团文化，彰显地域特色，促进文旅融合，兵团实施了"旅游+红色军垦文化"融合发展策略。兵团文旅资源丰富，近年来随着红色旅游热度的持续升温，"旅游+红色军垦文化"大量"圈粉"，兵团旅游业得到了快速发展。据《兵团日报》统计，仅2021年上半年，兵团就累计接待游客1326.74万人次，实现旅游收入61.8亿元，按可比口径同比增长33.74%。

在兵团推出的17条特色旅游线路中，"爱国守边·青春无悔"、"屯垦戍边·红色兵团"两条红色旅游线路成功入选"建党百年红色旅游百条精品线路"。其中"爱国守边·青春无悔"红色旅游线路包括昭苏县灯塔知青馆、博州博物馆、博尔塔拉纪念园、小白杨哨所、塔城市红楼博物馆、克拉玛依一号井、吉木乃口岸、十师一八五团西北边境第一连；"屯垦戍边·红色兵团"旅游线路包括阿克苏博物馆、阿克苏人民英雄纪念碑、三五九旅屯垦纪念馆、石河子市军垦文化广场、新疆兵团军垦博物馆、军垦第一连、五家渠市军垦博物馆①。

为追寻红色记忆，推动"文化润疆"工程和"旅游兴疆"战略的实施，兵团首先深入挖掘红色文化的内涵，以小白杨哨所、西北边境第一连、三五九旅屯垦纪念馆为代表，游客在这里不仅可以感受兵团人屯垦戍边的峥嵘岁月，还可以深度体验军垦和军旅文化，在深度感受兵团精神的同时，接受爱国主义教育的洗礼。其次，兵团深入推进文旅融合，加强红色文艺作品创作，推出了一系列文艺作品和影视作品，如跨界舞台剧《当祖国需要我们的时候》、歌舞剧《燃情岁月》、红色主题灯光秀"永远跟党走"、影视作品《王恩茂传》、微电影《我是兵团人》、电影《我的青春岁月》、纪实文学

---

① 《走，一起重温红色历史》，新疆生产建设兵团网站，2021年7月12日，http://www.xjbt.gov.cn/c/2021-07-12/8037529.shtml。

《挺进南疆》、歌曲《走近你呀塔里木》等，通过影视和文学再现，吸引游客广泛参与，在进行爱国主义教育、传承红色文化基因、铸牢中华民族共同体意识的同时，也让兵团文物"活"了起来。最后，兵团在进行文旅融合的同时，深入推进"旅游+红色军垦文化"，并走出了一条"企业+基地+连队"的路子，将脱贫致富和乡村振兴有机结合起来，以打造军垦特色文化小镇和农家乐的形式，大力发展特色农业和水产养殖业等实体经济，结合不同的气候和自然条件进行草莓、蟠桃、葡萄、大枣、辣椒、葫芦瓜、西红柿、香料植物的种植以及南美白对虾、淡水澳龙虾等水产养殖，并以文旅融合为手段，带动了连队职工的增产增收，使得当地群众的幸福感和获得感显著提高，为实现"农业强、连队富、团场美"打下了良好的物质基础。

二 新疆维吾尔自治区文化和旅游融合发展经验总结

（一）深入开展"文化润疆"工程

为落实第三次中央新疆工作座谈会精神、新疆维吾尔自治区旅游发展大会精神和自治区"1+3+3+改革开放"工作部署，实现新疆社会稳定和长治久安总目标，深入推进文化和旅游业融合发展，把旅游业打造成新疆的支柱型产业，新疆启动了"文化润疆"工程。"文化润疆"工程的核心在于"润"，所谓"润"就是潜移默化地滋润和养护，"文化润疆"就是让中华优秀传统文化、红色革命文化、社会主义先进文化等通过潜移默化、润物无声的方式滋润新疆大地，让各族群众从内心深处增强对伟大祖国、中华民族、中华文化、中国共产党和中国特色社会主义的认同，从而达到以文化人、以文润心的效果。

文化是民族的血脉，是人民的精神家园，新疆在推进文旅融合的过程中，结合"民族团结一家亲"、国家通用语言文字的普及、"访惠聚"驻村工作、决战决胜脱贫攻坚和乡村振兴等，将人民群众喜闻乐见的中华优秀传统文化融入新疆旅游的发展过程，通过对经典文艺作品的打造，对文物保护

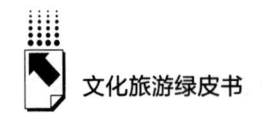

和考古的理论和应用研究，引导各族群众树立正确的国家观、历史观、民族观、文化观、宗教观，铸牢"三个离不开""四个自信""五个认同"的思想基础，增强做中国人的志气、骨气和底气。通过"文化润疆"，新疆各族群众中华民族共同体意识明显增强，这为文化和旅游的融合发展奠定了基础。

（二）加快"旅游兴疆"战略的实施

旅游是传播文明、交流文化、增进友谊的桥梁，也是人民群众物质生活得到满足之后的产物。新疆作为国内外重要的旅游目的地，旅游接待人次增速连续多年都稳居30%以上，远高于全国旅游业发展平均增速。为实现新疆社会稳定和长治久安的工作总目标，把旅游业打造成富民兴疆的支柱型产业，在2018年召开的旅游发展大会上，新疆首次提出了"旅游兴疆"的战略构想，在2019年和2020年自治区政府工作报告中，进一步明确了"旅游兴疆"的战略地位。

为加快新疆文旅融合，促进"旅游兴疆"，补齐新疆旅游业发展过程中存在的短板，实现新疆由旅游资源大区向旅游经济强区转变，新疆出台了一系列保障措施，从土地投融资、财政资金支付、人才队伍培养、公共基础设施建设等方面给予了旅游业大力支持。"旅游兴疆"战略的实施，极大地促进了当地经济社会的发展和人民群众生活的改善，使众多农村剩余劳动力人口赶上了旅游发展的快车，在一定程度上促进了脱贫攻坚的如期实现。旅游作为新疆各民族交流互鉴的媒介，在增进民族团结、促进民心相通、提升国家认同感和自豪感等方面发挥着重要作用，"旅游兴疆"不仅促进了文旅融合的快速发展，也扩大了"大美新疆""新疆是个好地方"旅游品牌影响力。

（三）充分彰显新疆特色

新疆作为边疆旅游资源的汇聚地，拥有众多文物古迹、特色村落、非遗、民俗、美食等，地域特色和民族特色鲜明，具有很大的发展潜力。新疆地大物博、民族众多、风土人情不尽相同，在推进文旅融合的过程中，新疆依托当地独具特色的自然资源和人文资源，结合当地的文化特色，将地域特色与旅游相融合，通过研学旅游、非遗旅游、红色旅游、民俗体验游等让游客感受到了大美新疆厚重的地域文化和浓郁的民族风情。

在对少数民族文化旅游资源进行开发的过程中，新疆深入挖掘文化内涵，打造特色旅游产品，有力地促进了非遗的传承和保护，实现了文化旅游繁荣发展。同时，将少数民族文化融入旅游的发展过程，极大地提高了游客的文化参与感和体验感。此外，新疆在彰显地方特色的同时，将乡村文化振兴和文化脱贫有机结合在一起，不仅促进了当地经济社会的发展，带动了当地村民就业，提高了文化自信，也满足了游客在旅行过程中对文化的需求，实现了经济价值和文化价值的双丰收。

（四）推动文旅与乡村振兴有效衔接

实现乡村振兴，离不开文化、产业和人才的支撑，巩固脱贫攻坚成果同乡村振兴的有效衔接，责任艰巨、意义重大，乡村旅游在实现脱贫不返贫和促进文旅融合等方面发挥着重要作用。

为促进乡村振兴，巩固脱贫成果，新疆"访惠聚"驻村工作队为村民放发了扶贫羊、扶贫鸡等，为实现扶贫、扶智、扶志的有机统一，驻村工作队鼓励和引导村民发展特色种植业，开办农家乐，实现了村民就地就业。正如当地一位村民所言："过去卖蔬菜瓜果，现在卖自然风光，未来卖乡村文化。"

随着乡村文旅走向深度融合，乡村的土特产和自然美景吸引了越来越多的城市游客，游客在这里不仅可以来一场"沉浸式"的乡村体验游，还可以感知未知世界，更好地拥抱诗和远方。对于当地村民而言，他们在实现乡村振兴的征途中，也获得了实实在在的收益。乡村旅游在发展的过程中推动乡村振兴的道路越走越宽。

（五）推进文旅跨界融合

旅游业是一个综合性产业，涉及吃、住、行、游、购、娱等多个环节。

新疆在推进文旅融合的过程中，非常重视发挥旅游的综合带动效应。为加快产业融合，新疆充分利用现有资源，全面推进"旅游+文化""旅游+农业""旅游+工业""旅游+体育""旅游+研学""旅游+非遗""旅游+科技"等，不断丰富旅游产品供给，并形成了完整的产品体系，通过文旅融合和"旅游+"，带动了关联产业的快速发展。

"旅游+"不仅促进了旅游业的结构调整和转型升级，也为文旅融合注入了新的生机和活力。新疆在推进"旅游+"的过程中，取得了丰硕的成果，改善了当地人民群众的生产生活状况，极大地丰富了人民群众的精神文化世界。旅游与其他产业的融合发展，让更多的人开始意识到旅游的潜在力量，为旅游富民、旅游兴疆以及全域旅游的发展创造了良好的条件。

三 新疆维吾尔自治区文化和旅游融合发展启示

（一）加强对中华优秀传统文化的深度挖掘和解读

文化是旅游的灵魂，是文旅融合发展的源泉和动力。为实现中华民族的伟大复兴，增强中华文化的感染力和中华民族的凝聚力，在文旅融合发展的过程中，新疆全面加强对中华优秀传统文化的深度挖掘和解读，大力弘扬中华优秀传统文化和社会主义先进文化，引领各族群众不断增强做中国人的志气、骨气、底气，不断提高各族群众的国家认同感，让各族群众深刻感受到无论时间如何变迁，中华文化始终是新疆各民族的情感依托、心灵归宿和精神家园，为实现"文化润疆""旅游兴疆"打下坚实基础。

（二）持续优化文旅产品供给结构

当前，各地区文旅产品普遍缺乏特色，单一化和同质化现象较多。为促进文旅融合，讲好新疆故事，新疆通过不断创新文旅产品结构，将更多的文化资源、文化要素、文化现象转化为深受旅游者喜爱的创意旅游产品，并借助互联网、云计算、数据挖掘等信息技术，为文旅产品注入高科技元素，极大地提升了文旅产品的附加值,也增强了旅游目的地的吸引力和体验值。为了让更多的游客走进大美新疆、感知大美新疆、传播大美新疆,新疆在丰富文旅产品供给的同时,还增加了一些可供游客沉浸式参与和体验的项目,延长了游客的逗留时间,并结合当地的地方特色和文化内涵打造了"跟着诗词去旅行""跟着音乐去旅行"等文旅线路产品。

(三)重视旅游目的地的口碑营销

在旅游目的地的宣传和营销过程中,新疆非常重视口碑营销,充分利用大数据、互联网、云计算、新媒体、虚拟技术等把传播大美新疆作为促进"旅游兴疆"的一项重要任务。为做好口碑营销,降低游客主观因素影响,减少游客投诉,针对吃、住、行、游、购、娱等环节中存在的游客投诉问题,新疆全面开通了各区域旅游热线电话,与此同时,新疆也在不断提升当地的旅游管理和服务水平,游客的满意度在不断提高,口碑营销的作用开始逐渐释放。

(四)加强旅游基础设施建设

"三难一不畅"等基础设施问题曾经是制约新疆旅游业发展的障碍,如今新疆非常重视旅游基础设施建设,通过打造旅游精品线路,诸如独库公路、伊昭公路、盘龙古道、塔莎古道、车师古道等,极大地提升了旅游基础设施的接待品质,环游天山南北的旅游线路为新疆旅游产品的吸引力和游客体验感增添了不少色彩,也为文旅融合的快速发展注入了不少动能。新疆除了对道路交通的建设非常重视外,对旅游供水、供电、供气、排污、排水、通信网络等基础设施建设也非常重视。随着对旅游基础设施建设投入力度的持续加大,新疆文旅融合也得到了快速的发展。

(五)打造高素质复合型文旅融合人才队伍

文旅融合的发展离不开人才队伍的支撑。为打造一支高素质的文旅人才队伍,源源不断地为"文化润疆"和"旅游兴疆"提供智力支持和人才保

障，新疆大力实施旅游人才引进工程和旅游人才培训工程。在坚持"引进来"的同时，新疆非常重视本土文旅人才的培养。目前，新疆各市州的大中专院校基本都开设了旅游管理、酒店管理、导游等专业。在进行文旅领域人力资源开发过程中，不难发现新疆文旅人才队伍中技能型的一线工作员工较多，而高素质复合型的文旅人才较少，而打造高素质复合型的文旅融合人才队伍，迫切需要解决文旅人才数量和质量两者之间的矛盾，实现文旅人才从量到质的转变。

参考文献

国务院新闻办公室：《新疆的若干历史问题（白皮书）》，人民出版社，2019。

冯健：《"文旅融合"该从何处着手》，《人民论坛》2018年第32期。

王秀伟：《从交互到共生：文旅融合的结构维度、演进逻辑和发展趋势》，《西南民族大学学报》（人文社会科学版）2021年第5期。

张朝枝、朱敏敏：《文化和旅游融合：多层次关系内涵、挑战与践行路径》，《旅游学刊》2020年第3期。

李任：《深度融合与协同发展：文旅融合的理论逻辑与实践路径》，《理论月刊》2022年第1期。

傅才武：《论文化和旅游融合的内在逻辑》，《武汉大学学报》（哲学社会科学版）2020年第2期。

张宇丹、李偲、关苏杭等：《新疆红色旅游资源空间分布及影响因素分析》，《西南大学学报》（自然科学版）2022年第2期。

黄先开：《新时代文化和旅游融合发展的动力、策略与路径》，《北京工商大学学报》（社会科学版）2021年第4期。

G.10 四川省民族地区文化和旅游融合发展实践与经验

——以北川、泸定和丹巴为例

汪世祥*

摘　要： 四川民族地区在文化旅游融合发展过程中，始终遵循"宜融则融、能融尽融、以文促旅、以旅彰文"的原则，积极创造文旅发展新优势，形成新的经济增长点。本报告以北川、泸定和丹巴三县为例，总结四川民族地区在文化旅游融合发展中的实践、经验和启示。为深入推进文化和旅游融合发展，四川民族地区结合本地区发展实际，在民族文化保护与开发、文化资源经济转化、文旅品质提升、文旅品牌塑造等方面采取了一系列振兴举措，成效明显。同时也积累了丰富的经验，如政府强有力的政策支持、重视非物质文化遗产保护、打造文化旅游精品项目、不断创新文旅发展模式、优化文旅融合发展环境等，为其他地区提供了借鉴和参考。

关键词： 民族地区　文旅融合　文旅IP　四川省

2022年6月，习近平总书记在四川考察时强调，要坚决贯彻党中央决策部署，全面贯彻新发展理念，主动服务和融入新发展格局，统筹疫情防控和经济社会发展，在全面建设社会主义现代化国家新征程上奋力谱写四川发

---

* 汪世祥，四川民族学院助教，研究方向为电子商务。

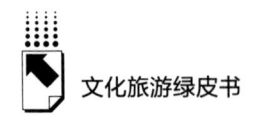

展新篇章①。

四川为多民族聚居地，除汉族外，还有藏族、彝族、蒙古族、回族等世代居住于此的少数民族。民族自治地方主要有甘孜州（辖17个县市）、阿坝州（辖13个县市）、凉山州（辖17个县市）以及马边县、峨边县和北川县等自治县。多民族聚居的四川作为文旅大省，在推进文化和旅游融合发展的过程中，不断增强精品引领意识，为民族地区的文化和旅游赋予新内涵和新方式，为民族地区经济发展增添新活力。

甘孜州全面贯彻落实习近平总书记来川视察重要指示精神和省、州第十二次党代会精神，着力打造全域旅游，谱写民族地区文化旅游融合新篇章，全面展示新时代甘孜文旅产业高质量发展。在全州范围内，围绕乡村经济振兴，唱好具有民族特色的农文旅融合大戏，农文旅融合背景下的乡村正以崭新的姿态迎接八方来客，由此带来的经济效应也日益显现；围绕生态旅游抓实产业发展，通过念活"生态经"、养好"致富鹿"、吃上"旅游饭"、打好"广告牌"，助推当地农牧民群众持续致富增收，构建一个个幸福美丽、民族团结、乡村振兴示范村②。

阿坝州自2016年被列为首批国家全域旅游示范区创建单位以来，始终坚持把发展文化旅游产业作为该州全面建成小康社会和实现乡村振兴的支柱产业，以国家全域旅游示范区创建为主线，全力推进"旅游+""+旅游"，着力培育旅游新业态、新体系、新品牌。以全域力量、全域交通、全域布局、全域品质、全域环境"五个全域"为抓手，扎实推进国家全域旅游示范区创建工作，文化旅游产业不断提档升级。发展全域旅游已然成为阿坝州贯彻新发展理念、践行"两山"理念、实现绿色崛起的"加速器"③。

---

① 《四川：在新征程上奋力谱写治蜀兴川新篇章》，"新华社"百家号，2022年8月2日，https://baijiahao.baidu.com/s?id=1739979555555492817&wfr=spider&for=pc。
② 《甘孜州文化和旅游发展大会侧记》，甘孜州人民政府网站，2022年7月1日，http://www.gzz.gov.cn/gzzrmzf/c100005/202207/bfdcae7a43454425bfaa06b5bba444d1.shtml。
③ 《阿坝州："五个全域"推动全域旅游高质量发展》，人民网，2022年8月10日，http://sc.people.com.cn/BIG5/n2/2022/0810/c345167-40075505.html。

一 四川省旅游产业发展情况

近年来,四川加快推进产业转型升级,在省委、省政府的带领下,大力发展文化旅游产业。四川旅游资源丰富,有世界自然遗产2处(九寨沟、黄龙)、国家重点名胜风景区6处(黄龙—九寨沟、贡嘎山、四姑娘山、邛海—螺髻山等)。截至2020年3月,四川省有A级及以上旅游景区679家,其中5A级旅游景区13家、4A级旅游景区269家、3A级旅游景区275家、2A级旅游景区119家、1A级旅游景区3家。

2015~2019年,四川旅游总收入稳步上升,占地区生产总值的比重也稳中有升,2019年四川旅游总收入为11594.3亿元,占地区生产总值的24.9%(见图1)。其中,国内旅游收入为11454.5亿元,同比增长14.4%,旅游外汇收入为20.2亿美元,同比增长33.8%[①]。2020年伊始,全国旅游行业受疫情影响,持续处于低迷状态,四川也不例外。2022年下半年开始趋于平缓,四川旅游业呈现平稳复苏态势(见图2)。

图1 2015~2019年四川旅游总收入及其占地区生产总值比重

---

① 《2019年四川旅游行业发展现状分析》,产业信息网,2020年7月29日,https://www.chyxx.com/industry/202007/885598.html。

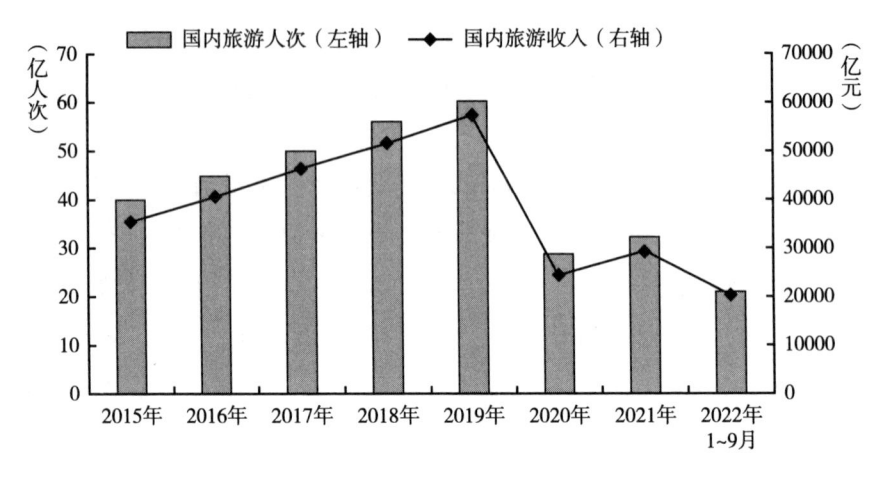

图 2　2015~2021 年及 2022 年前三季度国内旅游情况

二　四川民族地区文旅融合发展实践

（一）提炼传统文化特色，创新文旅融合模式

四川历史文化悠久，名山大川、古镇古寨、村落大院众多，有着独特的地理环境和深厚的历史文化底蕴，文旅融合特色鲜明。以北川巴拿恰商业街、羌文化旅游区、九皇山等景区为例，这些景区在文旅融合实践上皆具有一定的创新点。北川巴拿恰商业街总体布局风格采用传统羌族崇羊文化的核心特色，买卖交易体现出浓烈的传统气息，对游客旅游体验来说具有一定的新颖性和吸引力。除禹羌文化衍生商品之外，现代化商店也极为常见，可以满足不同游客多层次的需求，现代与传统的碰撞极具视觉张力和文化创新力。羌文化旅游区、九皇山等景区在实践上采用了"科技+旅游""农林+旅游""互联网+旅游"等发展模式，将科技融入旅游过程，游客既能感受本地传统民族文化的历史韵味，又能享受科技带来的便利性，提升了旅游体验感；将旅游同农业结合起来，发展现代农业观光和采摘旅游模式，这类模式非常适合家庭成员共同参与，让游客在旅游中既能体验家庭成员共同参与的

乐趣，又能了解北川特有农作物。值得一提的是，北川高山腊肉、苦荞茶、马槽酒等农业衍生品深受广大游客欢迎。此外，北川搭建了网上宣传平台，利用互联网的便利性对北川文化、旅游进行宣传，通过《爱在北川》《禹风羌韵》等文化旅游宣传视频，增大曝光度，吸引海内外游客①。

（二）迎合旅游消费心理，打造特色文旅产品

为积极应对疫情影响，培育新兴文旅业态，激发消费活力，四川各地政府实施"抓文旅、解难题、提信心、促消费"等各类特色文旅营销举措，激活假日消费市场，开展系列"主题+旅游"特色旅游路线，提振旅游消费。

北川抓住当前消费者旅游心理，精心打造21条精品旅游路线，依托人文和产业特色，将传统文化元素有机融入参与型和体验型旅游产品，如以"青片—桃龙—片口"为核心的禹羌文化旅游线，以"新县城—曲山—桂溪"为主线的感恩文化旅游线，以"禹里—马槽"为主线的特色红色文化旅游线等，在满足不同游客需求的同时，彰显北川地域特色。健全相关配套设施也极为重要，北川县政府牵头完善旅游基础设施及服务设施，农家乐、特色酒店等配套设施对留住游客起到至关重要的作用，游客接待中心、停车场等配套设施的建设也是产业高质量发展的体现，高山农产品、禹羌文化衍生商品与互联网电子商业的结合，为游客提供了极为方便的购物体验。在完善相关设施的基础上，北川打造极具创新力和前瞻性的"黑色旅游"项目——纪念"5·12"大地震旅游。"5·12"汶川特大地震纪念馆是全世界唯一一家综合型、专业化、多功能、体验型的博物馆，在全国乃至全球范围内都处于领先地位。此外，北川县基于羌族独特文化风貌建设的现代羌文化城，将整个县城打造成一个巨大的旅游景区，这种模式不仅具有唯一性、特色性、文化性，而且因规划性重建获得大量关注。北川县城在建设的时候就

---

① 《重磅！北川成功创建天府旅游名县》，四川新闻网，2020年9月25日，http://my.newssc.org/system/20200925/003007460.html。

特别注重城市形态和文化内涵的融合发展，相较于在原有基础上进行修缮的地区来说，北川整体规划性重建具有不可复制的独特性和影响力。建设过程中将大禹文化、羌文化融入县城的各个地方，同时不乏利用现代科技文化，传统与现代的碰撞与融合是北川文旅融合发展的又一大助力。

（三）整合资源汇聚力量，全面提升文旅品质

四川省各景区管理单位围绕"保就业、稳旅游"发展目标，广泛开展各类文旅合作探索，借助社会各界力量，整合各方资源，全面推进文旅深度融合高质量发展。泸定县拥有泸定桥、红岩顶、燕子沟风景线、大渡河、泸定桥文物纪念馆、海螺沟、磨西古镇等十余处著名景点，2018年泸定县退出贫困县行列，并且在海南"2011国际旅游营销博鳌峰会"上获得了"国家旅游名片"荣誉。近年来，泸定县积极利用沿海城市相关部门对口帮助和扶持契机，开发了金光旅游新村、海子村文化广场等旅游项目。与此同时，泸定县也加强与四川省能投文化旅游开发集团有限公司、四川省港航投资集团有限公司等企业的合作来获取资金支持，加快开发了岚安景区、牛背山景区、贡嘎东湖湿地公园等重点景区。基于"政府+企业"和"政府+高校"的合作模式，泸定桥红色景区建立起政府主导、社会力量有序参与的协同开发模式，在红色文化资源开发过程中，加强与学术机构和非政府组织交流，吸引它们参与保护和弘扬甘孜州红色文化工作，激发红色文化市场，扩大影响力。在旅游人才方面，为快速弥补人才的空缺，泸定县不拘一格吸引各方文化旅游人才加入，采取以培养地方人才为主、以引进外地人才为辅的方针，用感情、事业、薪资留人。

资源整合不仅体现在物质资源上，也体现在文化资源上，丹巴县巴底乡邛山村的雍忠彭措家庭博物馆和中路的罕额庄园就是其代表。巴底是东女文化主要分布区之一，也是美人谷的原乡，同时还是嘉绒邛山土司官寨遗址所在地，每年都有络绎不绝的游人前来探秘休闲。在中路藏寨，罕额庄园将嘉绒藏族非遗博物馆有机融入寨子的建筑，不仅完美保留了本地原生态和未被破坏的风土人情，而且推出了一系列可供深度体验的参与项

目。在这里，游客可以体验土陶制作、木版画制作、印制经幡、手工艺刺绣，观摩藏式酿酒技艺等。手工制作的产品可以品尝，也可以购买，文旅产品融合极大地提高了游客的获得感。将优秀的民族文化通过现代艺术进行重新演绎和打造并融入产品开发，是丹巴县发展文化旅游产业的一大亮点。疫情期间，在政府部门的大力支持下，丹巴手工艺人更是通过互联网将其艺术品销往全国各地。

（四）打造特色文旅IP，扩大品牌影响力

2020年，受疫情影响，国内旅游业断崖式下滑，几乎处在停滞的状态，国内旅游人数和旅游收入同比分别下降52.1%和61.1%。为应对旅游业的颓势，四川民族地区走出了一条"打造文旅IP"创新之路，有力地提升了旅游产品的附加值，极大促进了文旅深度融合以及各类旅游品牌建设，对于弘扬传承民族文化、满足人民群众与日俱增的文化生活需求、提高居民文化素养都起到了积极作用。民族地区的文旅IP具有民族性、文化性、独特性、传播性和商业性。根据马斯洛需求层次理论，人们的需求逐渐由底层物质需求向高层精神需求转变，文化旅游产品恰恰是满足精神需求较好的载体。

丹巴历史上被称为嘉莫·查瓦绒，简称"嘉绒"，习称"嘉绒娃"，是藏族文化的重要构成部分之一。在嘉绒十八土司管辖范围内，丹巴是嘉绒藏族文化的代表，也是嘉绒藏族文化的中心地带和发祥地之一。建筑文化方面，丹巴的嘉绒藏寨民居以甲居、布科、中路、梭坡、巴底、大桑等地最为集中，嘉绒藏寨民居使用古老的片石砌墙技术，多数藏家客厅内铺有藏式地毯，具有浓烈的民族文化氛围。民间文艺方面，丹巴锅庄独具特色，由于语言上存在的差别，丹巴锅庄主要分为小金、革什扎、二十四村、巴底等四大派别，当地居民在一些传统节庆日和具有重要意义的日子都会跳锅庄舞。丹巴县通过塑造美人谷形象，并以"古碉·藏寨·美人谷"作为区域旅游的鲜明品牌，打造出了一个文化属性独特、差异化经营、具有高附加值的文旅IP。藏寨、碉楼是丹巴县文化旅游开发过程中最为集中的实物资源，甲居藏寨旅游景区为成功开发的代表。甲居藏寨旅游资源极其丰富，不仅是国家

4A级旅游景区，更是嘉绒藏族特色民居旅游开发的主要代表，被誉为"康巴风情名片"和"藏区童话世界"。丹巴县坚持每年举办"嘉绒风情节"和选美活动，美人谷的影响力逐渐从高原民族地区向全国乃至全球扩展，成为丹巴旅游发展特别是文旅融合发展的一张亮丽的名片。

三 四川民族地区文旅融合发展经验

大多数民族地区具有独特的物质资源和文化资源，发展文化旅游具有先天优势。在民族地区，如何通过文旅发展带动地区经济增长一直是备受关注的问题。本报告以北川、泸定、丹巴为例，将四川民族地区文化旅游融合发展的经验总结如下。

（一）政府强有力的政策支持

政府在保护和传承优秀民族文化的过程中担当了保驾护航这一角色。民族自治县利用自治立法权，出台自治县文物保护暂行条例等相关法规，加强民族文化保护工作。此外，支持开展常态化文化表演，加强推广和宣传，选派非遗传承人外出学习和交流，对非遗文化生产性保护提供支持，同时加强知识产权保护以达到打造节庆品牌的目的。

（二）重视非物质文化遗产的保护

民族地区的非遗历史悠久，但是在漫长的历史发展过程中难免出现消失的情况，且非遗文化大多口口相传，文字资料记载极少且难以查证。针对这种情况，四川民族地区全面开展非遗普查工作，对非遗进行抢救性保护，发现的一系列文字、照片、录音资料以及非物质文化遗产传承人和知情人为非物质文化遗产抢救和保护工作提供了至关重要的帮助。

（三）打造精品文化旅游项目

在保护和传承已有优秀传统文化的基础上，四川民族地区重视优秀传文化的创造性转化和创新性发展,依托独特文化资源,打造精品文旅项目,培育文旅IP。通过建设有代表性的非遗研习场所、非遗文化标志性建筑等,构建文旅融合发展体系,如北川大禹纪念馆、大禹广场、大禹雕塑、羌历新年庆典、羌文化表演节目等,为文旅融合发展提供了重要载体。

(四)不断创新文旅发展模式

四川民族地区采取"政府牵头、民间协同"的方式将文化渗透旅游开发的每一个环节,并通过"村委会+合作社""合作社+农家乐""合作社+农户"等模式,吸纳社区居民参与文旅开发,在保护文化的同时助力乡村振兴,巩固脱贫攻坚成果。

(五)优化文旅融合发展环境

优质且受欢迎的旅游服务和高游客满意度是实现文旅深度融合发展的核心保障和基石。四川民族地区各级政府通过实施各种举措,不断推动旅游服务质量的提升。一是制定相关行业标准,实行标准化服务。二是完善旅游产业的执法改革,加强多部门联合执勤执法,积极探索旅游警员、旅游纠纷处理等新的服务保障模式和管理机制,强化涉旅产品质量和相关食品卫生安全监督管理,确保旅游产业市场的稳健有序发展。三是实施涉旅行业安全生产责任制度,建立健全旅游区域安全风险提示和警示规章制度,制定完备的涉旅应急处理预案和相关演练,落实涉旅区域的核心领域安全监管制度,建立健全人员密集场所中安全生产相关的联防联控机制,提高旅游区域内应急案件处理能力。四是加快推进周边旅游共建共享发展机制。

四 四川省民族地区文旅融合发展启示

(一)积极发挥政府主导和协调服务功能

地方政府在土地审批、资金政策等方面拥有较大话语权,加强各级政府

对民族地区文旅项目的引导性开发与建设至关重要。文化旅游产业的发展不仅能够带动地区经济增长、促进就业，更是推动乡村振兴、巩固脱贫攻坚成果的重要抓手。同时，文旅融合发展能使民族文化得到有效传承，提高地区知名度。因此，在文旅融合发展实践过程中，需要发挥政府主导和协调服务功能。

（二）构建多层次文旅产业发展体系

不同文化群体之间的碰撞与融合所带来的体验感对游客具有很强的吸引力。民族地区国家顶级旅游品牌数量与其资源富集度还不匹配，文旅资源优势还没有全面转化为经济优势和发展优势。因此，必须深入挖掘文化资源优势，以国家文化和旅游融合发展示范区创建为突破口，加快构建包括A级旅游景区、国家公园、国家文化公园、国家级旅游度假区、国家级文化产业示范园区在内的多层次文旅产业发展体系。

（三）建设复合型文旅人才队伍

在挖掘本民族传统文化传承人的同时，也要积极培养新一代传承者，向外输送人才、向内引进人才，达到文化交流、创新、融合发展的目的。文旅融合发展需要研究、规划、开发、管理、营销等方面的人才，特别是文化创意人才。注重培养文旅产业所需人才，向内挖潜"就地取才"，重点进行本土化培育，同时结合外部引进的方式，提升文旅从业者的整体综合素质。此外，加强对社区居民的旅游指导和培训，实现就地发现、就地培养、就地就业，增加旅游发展过程中的民俗文化含量，提升旅游服务质量。

（四）构建产业协同联动机制

文旅产业的综合性决定了其不能单打独斗，要依靠"文旅+""+文旅"双向融合举措，促进文化旅游与教育、体育、商贸、会展、科技等领域融合发展，拓展文旅融合发展空间，培育文旅新业态，打造文旅新产品，提升游客体验，持续放大文化旅游融合发展效应。

（五）实施文旅品牌支撑战略

文旅融合首先需要整合文化旅游资源。各地政府在推动文化创造性转化、创新性发展的过程中，要实施文旅品牌战略，打造文旅精品项目，持续扩大地区文旅品牌影响力。在打造文旅 IP 时，突出其资源的原生性、独特性、历史性、文化性与审美性，深入挖掘人文旅游资源的内涵，优化文旅产品结构，满足不同旅游消费者的个性化需求，拓展旅游市场。

参考文献

林明华、杨永忠、陈一君：《基于文化资源的创意产品开发机理与路径研究》，《商业研究》2014 年第 9 期。

孙永龙、王生鹏：《民族村落文化的旅游价值及开发利用》，《资源开发与市场》2015 年第 3 期。

林明华、杨永忠：《创意产品开发模式——以文化创意助推中国创造》，经济管理出版社，2014。

宋慧娟、曹兴华：《四川民族地区旅游文化产业融合发展研究》，《成都工业学院学报》2017 年第 1 期。

杨永忠：《创意管理学导论》，经济管理出版社，2018。

万果、王巳龙：《文旅融合发展中的文化意义探析——以丹巴县为例》，《西藏大学学报》（社会科学版）2019 年第 4 期。

陈红玲、陈彩雁：《西南民族地区传统文化与旅游产业融合发展的模式研究》，《广西经济》2022 年第 3 期。

G.11 甘肃省民族地区文化和旅游融合发展实践与经验

李巧华 虎雅男 才让尕吉*

摘　要： 推动文化产业与旅游业融合发展，是促进甘肃民族地区快速发展的重要途径。近年来，甘肃民族地区坚持顶层设计、强化高位推动，强化软硬件基础设施及项目建设支撑，积极开发系列文旅产品，多举措加强旅游推广，加强国内外多方交流合作，筑起"人才高地"推进文旅融合发展，取得了很大的成效。文化旅游业成为甘肃民族地区的首位产业，地区品牌影响力不断提升；同时，文旅产业助推乡村振兴，增收效应明显。总的来说，甘肃民族地区抓住战略机遇，整合全域资源，夯实战略支撑，加强创意营销，通过文旅融合提升了当地文旅产业发展的竞争力和知名度，促进了各民族交往交流交融。

关键词： 文旅融合　旅游业　文化产业　甘肃省

作为国民经济支柱性产业的文化产业，与作为战略性支柱产业的旅游业融合发展，既是充分挖掘地方文化、推动旅游产业转型升级、促进经济结构调整、撬动地方经济实现高质量发展的重要方向，也是满足人民群众日益增长的美好生活需要、提高人民生活水平的重要途径。

---

* 李巧华，博士，西北民族大学管理学院副教授，硕士生导师，研究方向为创意与创新管理；虎雅男，西北民族大学管理学院讲师，研究方向为国际营销；才让尕吉，西北民族大学管理学院副教授，研究方向为民族地区经济发展。

近年来,甘肃省坚定不移地实施旅游强省战略,推动全省旅游产业转型升级和跨越发展。据统计,"十三五"时期甘肃省共接待游客13.2亿人次,实现旅游收入8995亿元,分别是"十二五"时期的2.5倍和2.8倍[①]。甘肃是中华民族和华夏文明的重要发祥地之一,古丝绸之路东西贯穿境内1600多公里,历史文化底蕴深厚[②]。甘肃是自然景观丰富多样的省份,拥有除海洋和岛礁以外的所有地形地貌。同时,甘肃省也是一个多民族聚居的省份,甘肃民族地区既有与全国民族地区的共性,也有其自身的个性。本报告主要梳理近年来甘肃民族地区文化和旅游融合发展的主要推进措施,分析其实践经验及相关启示,为进一步深化甘肃民族地区文旅融合,打造独具魅力的甘肃文化旅游体验,激发更大产业价值,实现创新型省份、文化旅游强省、美丽甘肃建设等提供借鉴参考。为了便于统计,本报告采用《甘肃发展年鉴(2021)》统计口径,甘肃民族地区主要指甘肃民族自治地方的临夏回族自治州和甘南藏族自治州2个民族自治州,以及张家川回族自治县、天祝藏族自治县、肃南裕固族自治县、肃北蒙古族自治县和阿克赛哈萨克族自治县5个民族自治县。

一 甘肃民族地区文化和旅游融合发展的主要推进举措

(一)坚持顶层设计,强化高位推动

为实现地区旅游产业转型升级、跨越发展,坚定不移推动实施旅游强省战略,文化旅游产业成为推动甘肃省绿色崛起的重点生态产业和支柱产业。甘肃省不断加强文旅融合工作规划,相继出台了一系列决策部署、意见措施和实施方案,强化文化旅游融合高质量发展的高位推动和规划支撑,各州县

---

① 《辉煌十三五·展望新未来》,《兰州日报》百家号,2021年2月7日,https://baijiahao.baidu.com/s?id=1691000170544742992&wfr=spider&for=pc。
② 《打造文化旅游产业新高地》,"西部文明播报"百家号,2021年4月6日,https://baijiahao.baidu.com/s?id=1696294196223586235&wfr=spider&for=pc。

也不折不扣贯彻落实工作会议精神。

自2016年甘南州被国家旅游局确定为首批国家全域旅游示范区以来，甘南州委、州政府印发《甘南州创建全域旅游示范区实施方案》，对创建全域旅游示范区进行了系统设计，推动从小旅游格局向大旅游格局转变，编制了《甘南黄河流域生态保护和高质量发展规划》，以打造"五无甘南"新名片。2020年，临夏州和张家川县以顶层设计保障全域旅游快速发展，阿克赛县也坚持"旅游活县"的战略部署。2022年，临夏州突出发展文旅首位产业，做出文旅产业深度开发攻坚战部署要求[1]。肃北县全方位谋划全县旅游发展，并制定《肃北县文化体育旅游产业扶持办法》[2]。肃南县把文化旅游业定位为全县重要战略性支柱产业，天祝县也坚持以全域旅游规划为统领。

（二）加强基础设施与项目建设

软硬件基础设施建设是文化旅游产业发展的前提和基础，重大项目建设是助推文旅产业高质量发展的强力引擎。在软件基础设施建设方面，为更好地适应当前数字化消费需求，2019年临夏州等6个市州、22个县建成文旅大数据中心，"一部手机游甘肃"的公共服务平台功能也日趋完善。硬件方面，甘南州建成82座观景台和286座旅游厕所，加快创建星级饭店，为提升文旅收入奠定了基础。

甘肃借助重大项目建设持续放大文旅产业综合效应，切实促进了文化旅游业提质增效与高质量发展。一是紧紧抓住发展乡村旅游的机遇，并基于乡村旅游的发展扶持贫困村和贫困户，开办农家乐和建设客栈民宿，放大文旅效应，如甘南州建设17个旅游标杆村和103个全域旅游专业村。二

---

[1] 《临夏以文促旅 文旅融合打造高质量发展新引擎》，凤凰网，2022年10月12日，http://gs.ifeng.com/c/8K1YRisKVbr。

[2] 《肃北县高位谋划 主动出击 充分发挥敦煌文博会平台效应》，酒泉发展改革委网站，2022年7月21日，http://fgw.jiuquan.gov.cn/fgj/c107222/202207/dd66df41e39441b08f23718784 07fb0c.shtml。

是积极创建国家生态文明建设示范区或示范县，如甘南州掀起了"环境革命"，大胆探索创新农牧村发展新模式，建成1603个生态文明小康村，打造碌曲尕秀、临潭池沟、卓尼博峪和力赛等一大批样板村，使得甘南环境美名享誉全国①。三是举办节会，如"一带一路"美丽乡村论坛、甘南州承办的全国乡村旅游暨民宿大会、香巴拉美食文化节等。四是加强交通基础设施建设，如建设临夏机场和兰临合铁路，对深化与其他地区优势资源的交流融合起到了推动作用。

（三）积极开发系列文旅产品

甘肃着力在产业融合、脱贫攻坚、"一会一节"、"一廊一区一带"旅游大环线宣传推广和文艺展演等方面多点突破，推动全域文旅融合发展实践呈现诸多特色亮点。甘南州打造甘南—安多米拉日巴佛阁—当周草原—碌曲县尕海镇尕秀村的"高原明珠藏乡风情"，甘南—合作市俄合拉文化旅游标杆村—美仁草原—冶力关景区—临潭县八角镇庙花山村的"九色甘南草原牧歌"，甘南—夏河县曲奥乡香告村—桑科草原—甘加秘境的"秋游甘南多彩绚烂"，甘南—冶力关景区—冶力关镇池沟村、庙沟村（特色民宿体验）的"临潭知秋乡村丰收"等4条精品旅游线路②。临夏市围绕"打造魅力花都、建设公园城市"目标定位，突出发展"一心"（八坊十三巷4A级景区）、"一区"（乡村振兴示范区）、"两廊"（南龙凤凰山景区廊道、北山综合治理生态廊道）、"五园"（折桥镇休闲康养一二三产业融合发展园，枹罕镇牛羊文化产业园、牡丹文化产业园，城郊镇花卉产业园，南龙镇休闲静谧园林化的凤凰山主题游乐园）、"多点"（河州牡丹文化公园、临夏人民公园、人民红园、彩陶博物馆、地质公园、东公馆、枹罕山庄等）全域旅游③。

---

① 《2021年甘南州政府工作报告》，2021年2月1日。
② 《甘肃4条旅游线路入选2022甘肃乡村旅游乐享金秋精品线路》，《甘南日报》2022年8月27日。
③ 《临夏市：文旅融合促发展 全域旅游谱新篇》，"临夏市文旅之声"微信公众号，2022年10月12日。

（四）多举措加强旅游推广

加强对外宣传，多举措开展旅游推广是推动旅游产业发展的重要举措。甘南州通过与主流媒体和新媒体合作，"走出去"前往国内外客源地进行文旅宣传推介，同时"请进来"百强旅行社或知名媒体实地体验等进行营销[1]。阿克塞哈萨克族自治县整体打造民族风情旅游城，积极打造"激情阿克塞·好客哈萨克"民族文化风情品牌，并成功举办全国3个哈萨克族自治县阿肯阿依特斯盛会、"阿克塞之鹰"丝绸之路骑射国际大学生邀请赛等活动[2]。临夏州广泛应用抖音、快手、今日头条等新媒体，加大宣传力度[3]，积极推介文化旅游资源，不断提升地区旅游品牌的知名度和影响力。

（五）加强多方交流合作

加强多方交流合作是促进文旅融合发展的重要途径。甘南州与兰州大学、上海东方龙、东风汽车、蒙草生态等建立战略合作关系，赴上海、青海等地拓展合作，促进文旅产业发展。临夏州与济南市建立东西部协作，推介和建设文旅资源和重点项目建设[4]。阿克塞文旅发展有限公司与酒泉职业技术学院、广东研学汇、敦煌文旅等学校和企业多方合作，打造政校企合作示范平台，助力阿克塞文旅产业高质量发展[5]。

---

[1] 《我们这十年｜甘南文旅：把甘南带向世界》，"文旅中国"百家号，2022年9月28日，https://baijiahao.baidu.com/s?id=1745190837860556862&wfr=spider&for=pc。

[2] 《奏响民族团结进步最强音》，"中国甘肃网"百家号，https://baijiahao.baidu.com/s?id=1599344316219735756&wfr=spider&for=pc。

[3] 《临夏州大力发展全季全域旅游不断推进文旅产业高质量发展》，"大西北网"百家号，2020年11月28日，https://baijiahao.baidu.com/s?id=1684598236251089037&wfr=spider&for=pc。

[4] 《推动文旅协作走深走实》，"济南市文化和旅游局"百家号，2022年7月9日，https://baijiahao.baidu.com/s?id=1737858762169108161&wfr=spider&for=pc。

[5] 《甘肃阿克塞县"开门思维"增强文旅产业发展韧劲》，"阿克塞县文旅局"澎湃号，2022年11月8日，https://m.thepaper.cn/baijiahao_20653586。

（六）筑起文旅"人才高地"

人才是发展的第一资源。为构筑创新文旅人才高地，推动地区文旅融合发展，2021年，临夏州先后组织考察团赴旅游业发达地区学习先进理念和成功做法，并邀请知名专家开展专题讲座和业务培训，提升文旅人才专业水平[①]。肃南县邀请西北师范大学、兰州理工大学的专家开设培训班，提升文旅人才的综合能力素质。肃北县也通过"三化"推进文旅人才队伍建设[②]。

（七）探索"民族团结+文旅"融合新途径

甘肃省坚持以习近平总书记关于加强和改进民族工作的重要思想为指导，深入学习贯彻中央民族工作会议精神，积极开展探索"民族团结+文旅融合"创建发展新途径，大力开展民族团结进步"进景区"活动，着力打造创建工作的升级版，以有形有感有效铸牢中华民族共同体意识，夯实共同基础、彰显优势，助力各民族共同走向现代化[③]。

2022年，甘肃下达省级铸牢中华民族共同体意识专项资金400万元，支持13个市（州）20个景区开展"进景区"活动试点，通过优化游览线路、设置文化长廊、石刻雕塑等多种方式，自然转接嵌入中华文化符号和中华民族形象，把民族团结进步的理念实品化、形象化，使游客在凝视观望过程中获得深化中华民族视觉形象的印象共鸣，如推介"九色甘南"等精品线路，各族群众在游览过程中能深刻体会共同性。鼓励甘肃全省各地与民族自治州、县联合打造旅游产品和精品线路，如释放临夏的八坊十三巷

---

① 《临夏州大力推动文旅产业转型升级高质量发展》，临夏州人民政府网站，2021年4月8日，https://www.linxia.gov.cn/lxz/jrlx/jjfz/ggtpgj/gzjs/art/2022/art_0bdab0663842420eb2e55d007b80ed27.html。

② 《"三化"推进文化领域人才队伍建设》，"肃北宣传"百家号，2022年10月24日，https://baijiahao.baidu.com/s?id=1747579467493677433&wfr=spider&for=pc。

③ 《甘肃省积极探索"民族团结+文旅融合"新途径 有形有感有效铸牢中华民族共同体意识》，中国民族宗教网，2022年12月19日，http://www.mzb.com.cn/html/report/22121809-1.htm。

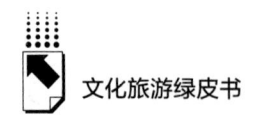

国家级夜间文旅消费集聚区效应，突出地域特色，增强民族地区旅游吸引力。甘南州年旅游综合收入突破100亿元，临夏州年旅游综合收入5年间增长1.8倍。

二 甘肃民族地区文化和旅游融合发展的主要成效

（一）文化旅游产业成为首位产业

2018年以来，文化旅游产业成为甘肃民族地区发展的首位产业。如2021年甘南州的旅游综合收入和旅游接待人数分别达100亿元和2000万人次，相比10年前增长六七倍。根据马蜂窝大数据，2021年上半年扎尕那景区热度居甘肃省第一位①。2017~2019年，临夏州的旅游接待人数和旅游综合收入分别由1586.05万人次增加到2700.5万人次，从70.34亿元增加到132.3亿元，连续多年呈现"井喷式"增长②。

（二）文旅产业特色初步形成

甘肃很多地区已形成特征比较鲜明的文旅产业体系，如甘南州立足生态，以生态文明建设示范区和全域旅游示范区创建为重点，把旅游业作为美丽产业、富民产业和龙头产业，逐步打造"国际范、甘肃味、甘南风情"的全域旅游目的地，形成高原净土好风光，以"生态大观园"冶力关、五彩卓尼大峪沟、玛曲天下黄河第一弯等为代表的自然风光逐渐被省内外游客熟知。临夏州的花儿艺术，辖区内八坊十三巷、六十里牡丹长廊等文化旅游景点，叫响了"花儿临夏·在河之州"旅游品牌。肃北县打造了"游敦煌莫高窟·住雪山蒙古包"的"旅游+"业态。

---

① 《特色文旅的蝶变发展之路——甘南州文旅交融发展综述》，"每日甘肃"百家号，2022年9月22日，https://baijiahao.baidu.com/s?id=1744661130817034023&wfr=spider&for=pc。
② 《"花儿临夏"唱响文旅欢歌》，"人民资讯"百家号，2022年6月15日，https://baijiahao.baidu.com/s?id=1735652908872623255&wfr=spider&for=pc。

（三）旅游知名度不断提升

2018年以来，甘南州聚焦打造全域无垃圾、无化肥、无塑料、无污染和无公害的"五无甘南"，创建全域有旗帜的时代家园、有法治的文明家园、有治理的和谐家园、有绿色的生态家园、有业态的富裕家园、有风情的旅游家园、有格局的创新家园、有文化的精神家园、有振兴的幸福家园和有使命的梦想家园，以及青藏高原绿色现代先行示范区，成为中国最佳民俗度假目的地，获得"中国最具民族特色旅游目的地和旅游胜地""2018年度中国人眼中的丝绸之路十佳特色旅游城市""2019年亚洲旅游红珊瑚奖——十大最受欢迎文旅目的地"等美誉，使得"九色甘南"享誉海内外。肃北县风情一日游、黑戈壁边贸探秘游等项目知名度也在不断提升。天祝县大力发展文旅产业，推进六大景区建设，其"青藏之眼·绿色天祝"的知名度和吸引力也得到全面提升。

（四）文旅产业助推乡村振兴

根据中国经济信息社与甘肃省文化和旅游厅共同编制的《中国·甘肃乡村旅游发展指数报告（2021）》数据，2021年甘肃乡村旅游游客接待量达1.31亿人次，实现乡村旅游收入390.33亿元，分别恢复至疫情前的103.2%和114.8%。甘南州借助特色旅游小镇、精品民宿、具有旅游功能的生态文明小康村等多种业态融合支撑的全域旅游，带动农牧民致富增收。临夏州通过乡村旅游示范村和特色品牌示范村建设，放大了旅游推动经济增长的综合效应。

（五）文旅融合促进各民族交往交流交融

文旅融合促进了各民族交往交流交融，是民族团结进步创建进景区的重要载体。近年来，肃北县以梦柯巴音敖包、党河峡谷民族文化风情园、马场村和石板墩少数民族特色村寨、紫亭湖千亩花海生态景区等民族文化旅游景点为基础①，加入民族服饰、民族舞蹈、民族音乐等多种元素，进一步展示各民族交往交流交融的历史和文化。这些项目以文旅融合为抓手，大力发展民族特色旅游文化产业，不仅推动了民族地区旅游业高质量发展，在带动旅游综合消费的同时提升文化产业的附加值，继而以文化和旅游的良性互动推动文旅产业高质量发展，也营造了民族团结进步的良好氛围，促使各族群众在推动各民族文化传承、保护、创新中不断增强对中华文化的认同。

三 甘肃民族地区文化和旅游融合发展经验总结

（一）抓住战略机遇、夯实战略支撑，助推高质量发展

在战略决策上坚持顶层设计和总体布局，坚持高位推动，为实践创新和发展提供了方向和保证。甘肃民族地区为实现地区旅游产业转型升级、跨越发展，坚定不移推动实施旅游发展战略，抢抓国家黄河流域生态治理和高质量发展、建设国家文化公园，以及共建"一带一路"等政策叠加机遇，认真制定出台了一系列决策部署、意见措施和实施方案，以强化文旅融合的高位推动和规划支撑，有力有序推动全省文旅产业高质量发展，呈现了亮点纷呈的良好态势。

（二）培育文旅新业态、打造精品路线，构筑文旅融合产业体系

坚持"宜融则融、能融尽融"的原则，找准文旅最大公约数和最佳连接点，重构以文化为主线的产业。甘肃民族地区以新业态项目为载体实施多产融合，并大力改善旅游景区景点水、电、路网和通信等基础条件，并整合全域文化旅游资源，根据不同季节、按照不同主题，相继推出临夏乡村旅游线路、甘南精品旅游线路、肃南红色旅游精品线路，以及肃北休闲、健康旅

---

① 《肃北县促进"文旅+民族团结进步"融合发展铸牢中华民族共同体意识》，"西部文明播报"百家号，2021年8月25日，https://baijiahao.baidu.com/s?id=1709033389283601733&wfr=spider&for=pc。

游线路等,形成了一大批烙刻着地方特色的文旅项目,不仅有效提升了区域旅游服务水平,也满足了不同时期、不同人群的旅游需求。

(三)创新节会、丰富活动内容,提升地区品牌国际和国内知名度

以节会为文旅融合创新发展赋能增效。甘南通过承办"一会一节"开幕式、连续举办香浪节等一系列节庆赛事活动,主动适应流量时代,争取网红直播孵化基地落户①,进一步激发了甘南活力,提升了甘南形象品牌的美誉度和影响力。肃北县举办"雪域之缘·相约紫亭"首届骆驼文化艺术节,开展赛马、搏克、射箭等活动,不断提高肃北影响力和知名度②。

(四)雕琢文化、塑造品牌,放大文旅叠加效应

以文化为根本,深挖文化资源和提炼文化元素,在此基础上开发文旅产品,借助文化旅游深度融合,进一步完善"文旅+"大融合发展产业体系,促进"吃、住、行、游、购、娱"等六大基础要素向"商、养、学、福、情、奇、文、体、农"等九大要素延伸,实现全要素发展,产业链不断延伸,使旅游业逐渐成为绿色崛起的支撑产业和幸福产业。甘肃省联合中国旅行社协会共同举办的"丰收了·游甘肃"活动,以十大主题产品、八大优惠政策、若干场次主题文化和旅游活动为主要内容,打出"10+8+N"文旅惠民行动"组合拳",在更大范围、更宽领域、更深层次搭建商业模式合作平台③。甘南州精心打造的《香巴拉之约》《达玛花开》等剧目、"文化甘南"系列丛书,用艺术和文学盛宴深度阐释和宣传了文化,有力推动了文化和旅游的融合发展。

---

① 《全景甘南 全域美丽——甘南州高质量推进文旅产业融合发展纪实》,"甘南州文旅局"百家号,2022年7月7日,https://baijiahao.baidu.com/s?id=1737659782915430160&wfr=spider&for=pc。
② 《肃北县高位谋划 主动出击 充分发挥敦煌文博会平台效应》,酒泉市发展改革委网站,2022年7月21日,http://fgw.jiuquan.gov.cn/fgj/c107222/202207/dd66df41e39441b08f2371878407fb0c.shtml。
③ 《甘肃旅游品牌影响力整体提升》,"潇湘晨报"百家号,2020年12月29日,https://baijiahao.baidu.com/s?id=1687384206047877214&wfr=spider&for=pc。

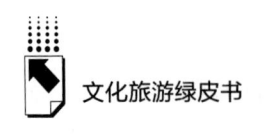

（五）创意营销，推动市场热度不断升温

除了多举措开展旅游推广，加强对外宣传，甘肃多地还举行旅游商品创意设计大赛，借以推动旅游市场不断升温。在2020年天水市旅游商品创意设计大赛中，张家川创作的鸟形文防烫杯、墩形壶、釜形壶等[①]，设计理念新颖，不仅具有张家川特色文化内涵，又结合实际增强了实用性，促进了旅游商品的生产和销售，也提升了文旅产业的综合效益。

四 甘肃民族地区文旅融合发展启示

（一）统筹全域空间优化，科学布局有效投资

投资对文旅产业经济增长和优化供给结构具有关键作用。在推动文旅产业经济增长和优化供给结构过程中，不仅要发挥各级政府财政资金的杠杆作用，也要激发企业投入潜能，撬动金融资本、民间资本和社会资本来支持文旅深度融合和创新发展[②]。同时，要加强生态"文旅+"产业项目的储备和动态调整，并用好绿色生态产业发展基金，引进科技企业合作，以提升生态产业科技含量，并打造生态产业品牌，以增强生态产业的全国示范性和影响力。突出重大文化产业项目建设，促进规模化、集约化发展，发挥带动作用，如培育申报国家级、省级文化产业示范园区，加大对优秀原创产品的扶持力度；补齐各市州、县乡发展短板，加大对基础设施、市政工程、农业农村、公共安全、生态环保和公共卫生等文旅相关领域投资力度，从而扩大新兴文旅产业投资，实现文旅产业转型升级，推动甘肃绿色崛起。

---

① 《张家川文化创意产品在天水市旅游商品创意设计大赛获奖》，"张家川文旅"澎湃号，2020年9月28日，https://m.thepaper.cn/baijiahao_9393634。

② 《擘画"十四五"｜我省科技工作目标：建成西部地区创新驱动发展新高地》，"奔流新闻"百家号，2021年2月5日，https://baijiahao.baidu.com/s?id=1690821105671476412&wfr=spider&for=pc。

（二）着眼提质增效，扩大优质文旅产品供给

坚持生态优先、绿色发展，以增量提质为目标，有序发展生态观光旅游，推动生态保护与旅游发展相得益彰。在深度开发旅游资源的同时，通过创新旅游业态，统筹线下线上旅游，推出高端多元文旅业态和产品。如推动文化旅游与康养、美丽乡村、体育、金融等产业的融合发展，并支持各类文化企业打造旅游驻场演出项目，以有效提升旅游品质。打造世界级精品景区、精品线路和国家级休闲城市，提高旅游吸引力。发展全域旅游，大力发展假日经济和冬日经济，加快发展健身休闲和体育竞赛表演产业。着力发展养老服务业，培育养老专业化队伍，支持发展家庭社区智能服务，推动传统商圈向体验式智慧化转型，开启发展商旅文体联动的新模式，提高生活性文旅服务业品质。

（三）加强文旅企业管理运营人才培养

人才是发展第一资源。文旅产业融合涉及面广，多元融合创新实施难度大，需要多学科交叉培养，需要新兴业态激发文旅产业发展新动能。文旅融合领军人才是文旅产业发展风向标，加强新型文旅人才培养，是推动大文旅产业发展的重要抓手。要培养具备商业模式创新、业态创新、金融创新、科技创新及资本运作能力的文旅专业人才，前期可引进国内知名、具有实战经验和实操能力的规划团队，在实操中因地制宜、量身定制。同时，大力推动文旅融合双师型教师队伍和实习基地建设，可以依托各商协会搭建校企合作平台，加强文旅融合管理、文创开发管理等新时代文旅领域校企合作。对企业而言，项目建设要与人才引进和培训同步进行，职前培训和职后教育应当成为基本制度，校企结合和实习实训应当成为固定内容。通过校企合作、行业协会协调资源，培养与培训一大批高素质、文旅融合复合型领军人才，推动文旅产业深度融合发展。

（四）加快乡村旅游发展，助力乡村振兴

2021年以来，甘肃很多地区坚持农旅融合发展思路，积极开展旅游基

地创建工作，探索了"产业+休闲旅游"的发展模式，打造出集农事体验、采摘、观光休闲、科普教育等于一体的现代休闲农业示范园①，并取得了可喜的成绩。甘肃着眼农村美，打造西部知名乡村旅游目的地，创建一批全域旅游示范县、乡村旅游重点村，力争乡村旅游在解决就业、增加农民收入等方面走在全国前列，让甘肃民族地区广大乡村成为全国游客疫后旅游首选目的地，让乡村旅游发展成为助力甘肃乡村振兴的主要推手。

参考文献

孙永龙、王春慧、陈娓：《乡村振兴背景下甘肃民族地区乡村旅游发展效应研究》，《西北民族大学学报》（哲学社会科学版）2021年第5期。

把多勋：《河西走廊：中国新型文化空间的构建》，《甘肃社会科学》2021年第1期。

牛乐、刘阳、王锐、王京鑫：《文旅融合视野下民族手工艺的转型与变迁——以临夏回族自治州为例》，《西北民族大学学报》（哲学社会科学版）2020年第6期。

金蓉：《2022甘肃文旅发展报告》，《新西部》2022年第7期。

孟兆辉：《甘肃文旅助力乡村振兴的路径探索》，《发展》2022年第2期。

马婷婷、蒲利利：《河西走廊文旅产业融合发展的路径研究》，《兰州文理学院学报》（社会科学版）2022年第1期。

王生鹏、王玉桃：《乡村振兴背景下甘肃民族特色建筑文化旅游开发研究》，《甘肃农业》2021年第11期。

杨晓敏：《甘肃省文旅产业融合发展的现状、困境及路径选择——以甘肃省张掖市为例》，《甘肃理论学刊》2021年第3期。

柳红波：《文化旅游强省战略下甘肃省文旅融合人才培养模式创新研究》，《文化创新比较研究》2021年第10期。

王力、高子梦：《甘肃：旅游资源大省如何成为文旅产业大省》，《发展》2019年第1期。

---

① 《精心打造乡村旅游，助力乡村振兴发展》，"西部文明播报"百家号，2021年6月9日，https：//baijiahao.baidu.com/s?id=1702094157420743013&wfr=spider&for=pc。

专题篇
Special Topics

G.12 西北地区"影视+旅游"产业融合发展现状及对策研究

李士艳[*]

摘　要： 自文化和旅游部组建以来，文旅融合发展成为热门话题，影视行业的快速发展推动了"影视+"产业的拓展，"影视+旅游"的跨界融合将文化和旅游的结合提升到更高层次。西北地区因独特的自然资源、文化资源，影视旅游发展潜力较大，面临技术融合加快数字化传播、媒介融合满足多样化需求、资源融合增进多重感知等诸多机遇。目前，西北地区"影视+旅游"融合发展取得了一定的成效，但还存在一些问题，如产品创新能力不足、文化内涵挖掘不够、媒介融合深度不够、景区服务能力欠缺、影视IP时效性较短等。整体而言，要实现"影视+旅游"高质量融合发展，一方面要充分利用西北地区独特的自然景观和丰富的文化资源，加大影视作品的创作力度；另一方面，打造影视文化IP，

---

[*] 李士艳，西北民族大学新闻传播学院实验师，研究方向为新媒体与传播。

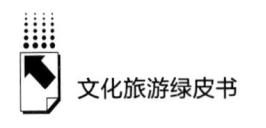

赋能文旅产业发展。

关键词： 影视作品　旅游业　西北地区

西北地区在行政区划上包括新疆、甘肃、青海、宁夏、陕西五省区，该地区有黄土高原、戈壁沙滩、荒漠草原、雪山冰川等独特的自然景观，古丝绸之路贯穿西部，唐蕃古道贯通黄土高原和青藏高原，贸易与人员的交流促进了文化的传播，在悠久的历史长河中形成了西北地区独特的文化样态。非物质文化遗产在这片土地上熠熠生辉，流传千年的《格萨尔王传》依旧在藏族民间传唱，珍贵的文学遗产《玛纳斯》诉说着柯尔克孜人丰富的传统生活，也孕育了该区域多样的旅游资源。

一　西北地区"影视+旅游"产业融合发展现状

旅游从本质上而言是一种经济活动，有巨大的经济效益。认识旅游的本质和内涵，不能脱离市场的需求，更不能忽视旅游的目的。西北地区自然旅游资源丰富、文化特色突出，优质的资源禀赋为发展旅游业提供了得天独厚的条件。在文旅融合发展的大背景下，西北地区结合自身发展特点，对文旅资源进行影视艺术化包装，打造出一系列优秀的影视作品，并大力发展"影视+旅游"。

（一）"影视+旅游"产业规模不断扩大

2019年同程艺龙与马蜂窝旅游网共同发布的《新旅游消费趋势报告2019》显示，半数以上游客有旅游经历的分享行为，同时，短视频的分享热度也不断攀升，有95%的游客会在出行前浏览旅游内容，短视频、图文等碎片化内容逐渐成为人们分享与获取内容的"新宠"。2022年8月发布的《中国国内旅游市场景气报告2022/下》数据表明，旅游热度长期居高的西北地区在本次调研中再度实现景气指数的有力提升，其作为到访目的地的景气指数位列全国第二，仅次于华南地区。2022年8月，中国互联网络信息中心（CNNIC）发布的第50次《中国互联网络发展状况统计报告》显示，截至2022年6月，我国网民规模为10.51亿人，短视频用户达9.62亿人。短视频应用层出不穷，从满足用户娱乐需要逐渐拓展至旅游、消费诸多领域，景区与短视频平台合作，对当地文化风情进行创新性转化包装，有助于旅游目的地的推介与宣传。

（二）"影视+旅游"产品体系日益完善

宁夏回族自治区处在黄河中上游地区及沙漠与黄土高原的交接地带，地貌类型多样，旅游资源丰富，拥有4家5A级景区，分别是沙湖、沙坡头、水洞沟、镇北堡西部影城。地处贺兰山东麓的镇北堡西部影城于1993年由作家张贤亮创办，其团队充分挖掘镇北堡的地域文化内涵，将镇北堡的历史和地域文化价值保留下来并呈现给广大游客。随着旅游IP的不断培育和发展，该影城融合古堡文化、名人效应、地域文化，利用景区IP资源，形成独特的IP体系，从原始荒凉的残垣断壁发展成为当今中国十大影视基地之一，并被打造成国家5A级景区。2021年是中国共产党成立100周年，一部讲述宁夏回族自治区银川市永宁县闽宁镇脱贫故事的影视剧《山海情》火遍全国。该剧在忆苦思甜中展现闽宁镇脱贫变化，让观众亲眼见证了闽宁镇艰辛的脱贫道路，吸引了很多游客前往目的地打卡，有效带动了当地旅游产业的发展。

陕西省是中华文明的核心区域，有着深厚的历史文化底蕴和珍贵的人文遗产资源，旅游业具有得天独厚的发展条件，如以秦巴山地、陕北黄土高原自然风光为吸引力的绿色生态旅游，以延安红色革命圣地为标志的红色旅游，以关中历史为特征的历史遗迹旅游，以陕北浓郁人文风情、特色民俗生活为指引的人文生活旅游等。当地众多优秀剧目如《路遥》《主角》《我们是秦俑》等，也助力了特色文化旅游资源的建设。

青海作为一个具有丰富自然景观的多民族聚居地区，还有别具一格的文

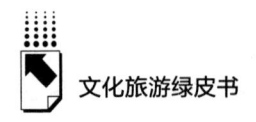

化旅游资源，旅游产业融合发展催生的旅游新业态层出不穷。文艺精品创作发展繁荣，如《彩虹部落》《天域天堂》《情满玉树》《可可西里》等影视作品的精彩演绎，原创舞剧《大河之源》、平弦花儿剧《绣河湟》、现代京剧《七个月零四天》、民族舞剧《永远的长征》等充分挖掘并展现了自然与人文之美。截至2021年，青海省已建成3个国家级文化生态保护（实验）区、3个省级文化生态保护区。

新疆被学者称为"露天电影院"，这里地域辽阔、历史悠久、文化绚烂、风光独特，且异域风情浓郁。截至2022年，新疆诞生了很多经典影视剧，《冰山上的来客》《买买提外传》《滚烫的青春》《阿凡提》《吐鲁番情歌》《九州缥缈录》《美丽家园》等，每一部在新疆拍摄的影视作品，都或多或少用震撼的视觉影像展现了新疆的地域风貌。

甘肃汇聚大漠戈壁、森林草原、砂林丹霞、峡谷溶洞等多种类型的自然奇观，集黄河文化、敦煌文化、伏羲文化、丝路文化、红色文化于一体，借助"一带一路"倡议致力于发展文化生态旅游。甘肃演艺集团歌舞剧院编排的舞剧《丝路花雨》《箜篌引》《悠悠雪羽河》《天马萧萧》《彩虹之路》、乐舞剧《敦煌古乐》《敦煌乐舞》等一大批有影响力的精品剧目，甘肃省陇剧院编排的《大禹治水》，定西市大众秦剧团自主编创的大型新编秦腔历史剧《徐铁堂》，基于裕固族游牧文化的民族史诗《西至哈至》等，都吸引了众多游客前来观看旅游。

（三）"影视+旅游"业态融合发展

2020年11月，文化和旅游部出台了《关于推动数字文化产业高质量发展的意见》，明确提出要实施文化产业数字化战略。2021年3月十三届全国人大四次会议通过《中华人民共和国国民经济和社会发展第十四个五年规划和2035年远景目标纲要》，强调推动文化和旅游融合发展，"深入发展大众旅游、智慧旅游，创新旅游产品体系，改善旅游消费体验"。2022年8月，中共中央办公厅、国务院办公厅印发《"十四五"文化发展规划》提出"推动文化产业高质量发展。实施数字化战略，推进产业基础高级化、产业链现代化，促进文化产业持续健康发展"。一系列文件为数字文化产业的发展指明了方向，同时也激活了数字文化资源的新活力。疫情期间旅游业发展面临巨大的挑战，旅游景点大多处于非常冷清的状态，对此各旅游景点纷纷探索新的业态融合发展模式，尝试推出线上旅游活动，线上演播、微旅游、行业跨界、云旅游等旅游形态层出不穷，加速了旅游业数字化进程。如敦煌研究院上线"云游敦煌"，结合数字科技，融合线上线下，通过云上壁画、配音动画、线上互动等多层次、全方位展示莫高窟，集多媒体、网络化、数字化手段演绎敦煌文化内涵，突破时空界限，给游客带来全新的体验；文化和旅游部特别推出在线公共文化和旅游服务，游客可以在线观看全国博物馆线上展览；抖音短视频平台发起的"跟着抖音游敦煌"话题，截至2022年11月，播放次数11.5亿次，可见其热度，该话题利用快节奏时代的短视频平台，无缝衔接了大众碎片化时间，带火了大批网红城市，如被抖音带火的西安永兴坊"摔碗酒"，在网络空间蹿红，吸引八方游客前来"打卡"。此外，媒介技术的发展将会深刻改变旅游产业的业态结构，加速旅游业转型升级的步伐，未来随着元宇宙、大数据、云计算、虚拟仿真技术、人工智能等技术的发展，线上虚拟旅游形态将会更逼近现实体验，尤其是随着元宇宙技术的发展，对元宇宙里虚拟世界的重新打造，能够满足游客脱离现实、具身体验的需求，大大提升游客的体验度。

二 西北地区"影视+旅游"产业融合发展面临的机遇和挑战

优秀的影视作品往往能够带火影视取景地，其辐射效应能够起到推动文化旅游发展的作用。同时，影视旅游作为一种融入影视元素的主题文化旅游活动，如何保持持久生命力，提升游客体验感，如何依托鲜活的影视资源提升区域经济效益，是当下"影视+旅游"产业深度融合发展亟待关注和解决的问题。

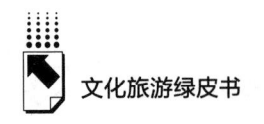

(一)西北地区"影视+旅游"产业融合发展面临的机遇

1.技术融合加快数字化传播

综观人类社会发展史,每一次重大技术革命都是产业融合的重要推动力,随着信息技术的发展,文化和旅游产业的边界将逐渐消除,实现更广范围、更高水平、更深层次的深度融合。技术的发展必然会推动文旅产业发展模式的变革和新业态的发展,VR、AR、MR、5G等技术的加持催生诸如虚拟现实景区、数字博物馆等新的文旅体验场景,技术的革新促使人类进入一个崭新的"视像文化时代",通过声、光、影、色等元素的组合再现生活画面,改变了人们的认知方式,各类传统的文化资源借助数字技术得以"活起来"。居伊·德波在其著作《景观社会》一书中提出:"在现代生产条件无所不在的社会,生活本身展现为景观的庞大堆聚。"[1] 当前,随着移动通信技术的快速发展,人们早已习惯通过移动通信设备获取信息。如敦煌莫高窟充分利用新媒体平台让更多文物走出石窟,改变以往静态呈现展品的形式,应用VR、AR等技术全方位、沉浸式地展现窟内文物,增强趣味性和体验感。又如基于裕固族游牧文化的大型民族史诗《西至哈至》,全方位展示肃南裕固族民族风情的文化产品,让游客在游览中体验裕固族游牧文化的精髓,领略非物质文化遗产的魅力。

此外,西北地区加快推进数字生活新图景,加速数字"蝶变",创新利用数字化的新技术、新手段,推动数字化共享,提升游客满意度。技术的发展倒逼旅游业的转型升级,把文化资源转化为数字化产品是当务之急。旅游资源信息化是当前旅游发展的显著特征之一,西北地区在旅游资源整合、项目开发、设施建设等领域广泛应用信息技术,加强旅游业的产业融合,提高旅游业的技术含量,为旅游业注入活力。

2.媒介融合满足多样化需求

媒介是信息传递的载体或工具,技术的革新使得媒介的边界越来越模

---

[1] 居伊·德波:《景观社会》,王昭风译,南京大学出版社,2007。

糊，媒介技术的快速迭代实现了影视作品的即时传播和反复播放。一方面，"影视+旅游"有赖于官方主流媒体的推介，如依靠地方政府网站、权威媒体、电视台、报纸等平台进行文化传播。另一方面，利用新媒体平台推介旅游服务产品，借助旅游出行平台，采用图文、视频等可视化形式对旅游景点进行推介，激发游客多感官体验，能够起到很好的营销作用。如近年来被抖音等短视频平台带火的景点青海湖、莫高窟、茶卡盐湖、七彩丹霞等，这些曾经被称为"西北秘境"的地方，如今变成大众追逐的热门旅游打卡点。此外，尤其值得关注的是近年来影视作品在文旅融合发展中起到的延伸作用，网络剧、热播影视作品等将影视作品取景地转化为有黏性的旅游目的地。总体而言，不同媒介形式各有其传播特点，主流媒体有其权威性和公信力，侧重于从宏观上塑造正面的传播形象；社交媒体及自媒体平台等则侧重于旅游文化、政策信息、旅游心得等的分享，从微观层面展示景点信息。总之，媒介融合视域下，"影视+旅游"产业融合发展能够更有效地关注用户体验和多样化需求，实现旅游平台与媒体平台的联动宣传，使得旅游文化传播的途径和方向更加全面、内容生产的整体构架布局更加合理，有助于打造更具实用性的旅游文化传播内容。

3. 资源融合增进多重感知

影视作品具有延展性，影视作品中所呈现的独特的视觉符号和画面空间，拉动观众从银幕之中的虚拟世界走向银幕之外的现实世界，前往相关目的地体验，实现从影视文化产品消费向文化旅游消费的转变。西北地区传统文化资源丰富，民族演艺、非物质文化遗产、节庆会展、民俗文化等各具特色，但它们需要提质增效，焕发新的活力。西北地区旅游资源丰富多样，独具特色的风景名胜、文物古迹、历史文化、自然风光、宗教文化、民族风情、草原文化等，可以让游客领略不同的魅力。西北地区做强文化旅游品牌，将文化旅游资源和自然旅游资源融合在一起，满足游客集知识性、体验性、享受性于一体的多重感知需要。挖掘地方资源，如西北地区独具特色的民居、民俗、游牧、边塞文化及雅丹地貌、峡谷、沙漠、胡杨林、湖泊、湿地、河流等自然景观带，盘活闲置资源，可有效提升文化竞争力和影响力。

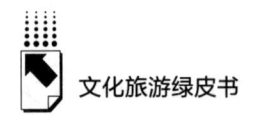

近年来，西北五省区涌现出了一些特色文旅品牌，"交响丝路、如意甘肃""新疆是个好地方""文化陕西""大美青海"等文化旅游品牌的影响力和知名度进一步提升。如陕西省打造的特色民居院落和陕北窑洞等，不断延伸旅游产业链，持续激活周边相关产业。

（二）西北地区"影视+旅游"产业融合发展面临的挑战

有研究者指出影视旅游是影视和旅游产业融合和合作性的互补。总体而言，影视与旅游的跨界融合并非简单的"1+1=2"，而是寻求更广泛意义上二者的深度资源整合，往深里走、往深里做，实现"1+1>2"的效果。影视发展规模的不断扩大和大众旅游需求层次的逐步提升，使得"影视+旅游"开发质量的提升和转型成为必然。当然，任何事物都是双刃剑，在看到"影视+旅游"融合发展良好机遇的同时，更要关注未来影视和旅游融合发展面临的诸多挑战。影视作品虚构的表象世界是对旅游地景观有形化的显现，移动互联网背景下，以"影视+目的地"为双主线，调动区域地方文化内涵价值，加大营销宣传力度，是推动影视旅游深度融合发展的不二法门。近年来，国内影视文旅项目整体盈利效果不理想，出现这种局面的原因主要有文化内涵挖掘深度不够，创意开发能力不足，产业结合方式生硬，市场定位不明等。未来影视旅游除了呈现影视效能，让原本鲜为人知的地方成为风景名胜地，还要延展影视价值，挖掘延伸价值，让鲜活的影视作品落地生根，将内容、文化、艺术、科技融合创造，探索文旅融合发展的新维度。

三 西北地区"影视+旅游"产业融合发展存在的问题

整体而言，近年来西北地区加快了影视与旅游产业融合发展步伐，取得了较为显著的成效，但也存在一些亟待解决的问题。

（一）产品创新能力不足

西北地区地大物博，各省区有独特的自然旅游资源、厚重的民族文化资源,但由于地理空间相隔较远,各省区旅游业分割发展,缺乏一体化协同机制。现阶段五省区旅游业处于粗放发展阶段,现有的"影视+旅游"大多只限于影视作品在景区的取景或实景演出,在文化内涵和衍生品开发上不够深入,未能有效培育独具地域特色的节日活动,也没有形成以景区观光为基础、以影视体验为主导的旅游产品体系。相较于中东部地区,西北地区旅游产业整体上较为落后,多以自然风光为主,产品形式较为单一,未能形成点线面相结合的系统的文旅产品结构,旅游基础配套设施薄弱,文旅产业消费管理过于粗放,大多数文化旅游缺乏品牌意识,同质化现象严重,特色不鲜明,缺乏生命力。文化产业与旅游产业的发展与创新密不可分,"影视+旅游"融合发展的过程离不开创新,只有通过文化创新让其增值,才能保持核心竞争力。

（二）文化内涵挖掘不够

文化是"影视+旅游"产业融合发展的灵魂,在影视资源的开发中,文化是决定影视旅游产品定位和生命力的重要元素,是附着在影视作品中的深层意义。西北地区对于地方文化的挖掘还有待持续深化,需结合当地实际,提升西北地区旅游资源的影响力。影视作品的故事化呈现,能够使旅游资源的文化内涵内化到旅游者心中。而注重"文旅体验+符号表征"的文化旅游新模式,有文化、有内涵、有品质的旅游产品才是游客追求的热点。消费文化的时代语境里,需要拓展文本符号,衍生出相应的价值内涵。白鹿原民俗文化村在经历短暂爆火后游客锐减,最终于2020年被拆除,其之所以会走向衰弱,主要原因在于没有形成持续的核心竞争力,走上与其他小镇同质化的发展道路,致使消费者审美疲劳。因此,要将视听语言、文化要素与旅游产业融合,注重影视旅游产品开发中的文化内涵,形成集科技、演艺、游览、观光于一体的影视旅游产品形式。

（三）媒介融合深度不够

传统媒介生态下,媒介作为文化旅游产业发展的推广渠道,媒介与文化旅游项目的界限泾渭分明，媒介的功能在于吸引游客注意力并促成游客到达目的地。数字媒介生态下，媒介的功能从显性推广平台转变为隐性信息交流平台，游客的消费需求和习惯发生转变，当代各种类型的移动媒体平台为游客了解和选择旅游目的地提供了重要的信息获取渠道，互联网逐渐消解真实与虚拟的边界，文化、社会、地理空间的界限越来越模糊，游客通过短视频、线上直播等旅游文本，在即时分享和互动中获得媒介化旅行体验，实现对旅游目的地的建构与想象。当前，西北地区媒介融合还处于较为表层化的融合阶段，多为将文旅和数字技术的简单相加，缺乏深度融合，出现重炫技、轻内容建设的现象，对于满足游客的深度体验需求还存在不足。"影视+旅游"的跨界融合，需要能够熟练运用互联网技术、具备互联网思维的跨界融合型人才。

（四）景区服务能力欠缺

旅游业是服务经济的重要组成部分，景区服务能力是影响游客行为意向的关键因素。西北地区受经济、社会发展等因素限制，景区的服务能力还有待提高，景区软硬件及配套设施需进一步完善。一方面，旅游业是人对人的服务，服务质量是其生命线，旅游服务不仅涉及交通、能源等基础设施服务，更包含餐饮、住宿、休闲等服务。另一方面，游客之所以选取某个旅游地，是基于该地的吸引力，当地旅游景点的可达性、旅游设施的便利性会影响游客对该地的印象。西北地区还需要有效加大景区的宣传力度，完善游客服务智能化设施。此外，西北地区旅游景区还面临高峰期游客过多、分流不力，超过景区实际接待能力的情况，从而影响了游客体验，降低了景点服务能力。总体而言，西北地区景区服务层次与顾客期望间存在结构性的矛盾，需要进一步平衡协调。

（五）影视 IP 时效性较短

影视剧热播带火景区的案例比比皆是。飞猪年度报告数据显示，2019年7~9月，网剧《长安十二时辰》的热播使西安地区的旅游热度同比上涨超20%[①]。影视作品取景地成为网红打卡地,但是景区热度往往与影视作品的播出时间挂钩,而网红目的地是否具有可持续的生命力,仍需考量当地旅游资源与实力的实际匹配度、景区基础设施建设和服务水平与游客数量的匹配等问题。总体而言,影视IP的时效性决定了影视IP的文化内核亟待提升,影视为旅游加码,旅游为影视赋能,不断延伸产业链。

四 提升西北地区"影视+旅游"产业融合发展质量的对策

(一)全力打造西北旅游IP

影视作品在"旅游者"和"目的地"之间起着桥梁和纽带的作用,影视剧拍摄需要借助客观场景作为影视剧故事展演的载体,如张艺谋《三枪拍案惊奇》曾在张掖丹霞取景,借力影片的播放对丹霞地貌进行了宣传。影视作品的制作过程是一种活态的旅游体验,依托虚拟化、非现实的银幕再现,实现对客观、真实的旅游地形象的影视化传播。西北地区有丰富的自然景观和文化资源,如四大文明古都之一西安,以莫高窟闻名天下的敦煌,素有"塞上明珠"美誉的银川,"人间仙境,神的花园"的喀纳斯,中国最大咸水湖青海湖等。西北地区应整体规划人文历史、特色产业,培育和释放当地旅游产业发展潜力,实现跨区域合作,提升旅游产品的文化价值,打造具有浓郁西北特色的旅游文化品牌,提升品牌价值,做好后续IP开发,拓展衍生服务。如深度开发西部航天文化、敦煌文化、丝路文化、古都文化等,打造有西部地域特色的文旅产品。

(二)提升文旅产品内涵

整合独具特色的地域文化资源。地域文化资源是一个丰富的素材库,地方主流媒体要展现地域文化形象,提升技术与创意水平。基于景区发展影视

---

① 《经典影视场景和网红打卡地,那些存在于城市中的沉浸式线下体验》,"华谊兄弟"搜狐号,2021年9月1日,https://www.sohu.com/a/487121896_555689。

文化旅游的模式并非简单地将影视与文旅结合起来，而是需要深入挖掘影视中的文化，实现文化上的共融，借助影视文化作品打造景区文化名片。要优化影视文化旅游发展模式，合理开发影视文化资源并丰富其内涵，加强西北地区影视旅游品牌建设，多维度促进文化和旅游的深度融合，提升影视旅游产品的附加价值。影视媒介拥有独特的图像感知方式，经过电影语言等艺术手段加工，赋予旅游吸引物新的文化内涵和价值。影视作品以符号为载体表现旅游目的地，通过视觉冲击，激发游客的想象和感知，将游客从银幕空间拉向现实世界，切实感受影视剧中的画面，探寻影视作品中展现的场景。西北地区独特的地理风貌是导演最喜爱的影视取景地之一，如镇北堡西部影城在中国众多的影视城中以古朴、原始、粗犷、民间化为特色，大量优秀的影视作品在此拍摄，该影城有"中国电影从这里走向世界"的美誉。

（三）强化媒介技术赋能

媒介在现代旅游业中发挥了重要作用，尤其是新媒体社交平台实现了信息的实时交互，铺天盖地的旅游广告、游记及攻略，朋友圈里的分享点赞等使人们的旅行体验更加便捷、丰富，抖音、快手等短视频平台上展示城市特色地标建筑、特色饮食文化、特色商业区域的作品也吸引了大量的游客。随着"万物皆媒"时代的到来，万物皆可作为信息传播的载体，VR、AR等技术手段为游客带来多维的感官体验，使游客获得身临其境的情境体验。西北地区可借助虚拟现实技术发布景区实况，不断推出参与式、互动式旅游项目，更新文旅产业新业态，融合推进读书体验游、绘本故事游等，与景区景点对接，从图书馆、博物馆走出去，让静态的书籍、作品活起来。随着媒介融合程度的进一步加深，包含各种媒介的旅游文本叙事策略与阐释语境相结合，形成多维互动的文化传播，实现新媒体技术驱动下的多种媒介样态融合，提升游客体验感，拓展现有文化旅游场景的内涵和外延。

（四）延伸影视IP价值

影视作品被视为一种即时性的消费产品，随着播放热度的降低，其对大众的影响力也会随之减少。为此，景区与影视创作共享资源，使得旅游不再是一次性消耗品，优质 IP 和实景空间相互助力，再生产出具有观赏性、内涵性、参与性、艺术性的文旅产品，注重游客追求时尚化、个性化、定制化的需求，延伸景区文化内涵和价值。推动文旅产业的发展，要做好宣传工作，要会讲故事，能够激发游客兴趣，也就是说不仅要让游客有良好的体验，而且要增强体验过程中的知识性。宣传部门要充分利用现代传媒技术，创新宣传手段，利用报、网、微、端等平台，讲好西北故事，合力推出西北旅游小视频、优秀影视作品、书籍、画册、地图等宣传品，为西北旅游持续加温，推动旅游目的地的社会传播。

结　语

随着大众旅游需求层次的提升，影视旅游的发展呈现多元化的趋势。影视文化作为大众精神生活的重要组成部分，其传播、消费影响着大众的价值观和精神生活。西北地区深厚的文化底蕴是旅游产业发展的宝贵资源，而旅游是触摸、感知、汲取文化的重要载体与途径。新媒体视域下，影视旅游融合发展要充分激活媒体可视化传播优势，推动视听传播技术的创新，加强"线上+线下"营销的协同，持续推动"影视+旅游"融合发展成为文化交流的有效载体，传播西北独特的自然和文化景观，激发影视传播活力，构建区域范围内的旅游产业体系，促进资源的合理配置，完善影视产业链条，满足游客的文化体验需求，推动当地的经济发展。总之，致力于推动对西北地区影视资源和旅游资源的融合，构建当地特色旅游品牌，促进旅游和影视文化产业共同发展。

参考文献

高鑫、戎岩：《乡村振兴战略视阈下陕西特色小镇高质量发展对策研究》，《农村经济与科技》2020 年第 5 期。

韩磊、王安琦、谢双玉等：《荧幕旅游：基于媒介仪式的本体论视角》，《旅游学刊》2020年第7期。

李亚：《什么样的目的地微电影更容易被分享？——基于情绪和信息来源地的研究》，《旅游导刊》2019年第2期。

张旭娟、李翠林：《青海文旅融合高质量发展路径研究》，《黑龙江生态工程职业学院学报》2022年第3期。

周建新、朱政：《中国文化产业研究2021年度学术报告》，《深圳大学学报》（人文社会科学版）2022年第1期。

G.13
旅游演艺：推进民族地区
非物质文化遗产的保护与传承

唐仲娟[*]

摘　要： 旅游演艺是民族文化再生产的重要载体，可有效推动非物质文化遗产保护与传承。本报告以旅游演艺为研究对象，探讨旅游演艺助推非遗文化保护和传承的作用，分析民族地区旅游演艺发展存在的问题，提出相应对策建议。旅游演艺是旅游产业和演出产业融合发展的产物，能够促进民族文化的创造性转化与创新性发展，但其发展过程中也存在一些问题，如商业化运作水平较低、企业市场竞争能力较弱、产品品牌培育不足、市场消费活力不足等。文旅融合为民族地区旅游演艺提供了发展契机，有利于赓续民族文化的生命力，提升人们保护和传承非物质文化遗产的自觉意识。

关键词： 旅游演艺　非物质文化遗产　民族文化

党的二十大报告提出，以社会主义核心价值观为引领，传承好中华优秀传统文化。因此，要抓好重大题材创作，突出民族复兴的主旋律，抒写团结奋斗的新史诗，构筑新时代民族地区文化艺术高峰。准确把握二十大对文化旅游工作的新部署、新要求，需要进一步发挥文旅优势，以文旅高质量融合促进地方经济社会高质量跨越式发展，推进民族地区文化遗产的保护与传承。旅游演艺作为文化和旅游融合发展的重要载体，在满足人民群众日益增

---

[*] 唐仲娟，西北民族大学新闻传播学院副教授，研究方向为民间艺术传播。

长的美好生活需要方面具有积极意义，同时对旅游目的地社会、文化以及非物质文化遗产的保护和传承产生重大影响。

一 旅游演艺是旅游产业和演出产业融合发展的产物

旅游演艺是深度融合旅游产业与演出产业，以旅游者为主要观众，以地域文化为主要表现内容，在旅游景区内推出的一种大型表演活动。旅游产业与演出产业相互依托、相互促进。没有旅游产业和旅游者，也就没有旅游演艺的存在。

（一）旅游演艺是演艺的旅游产业化结果

在市场经济的大背景下，文化艺术是人们进行生产的另一种形式，参与市场经济活动，维护买卖双方的关系，同样受生产的普遍规律影响。旅游演艺属于精神产品的生产，是一种商品。一场旅游演艺表演是具有一定文化信息量的产品，旅游演艺公司为生产这个商品所投入的设计、运营、维护等成本是可以量化的。以文化产品为商品是可以计算其价值量的，即旅游演艺的商品化命题是成立的。旅游演艺的产业化遵循商品化的原则，通过市场配置社会资源，遵循市场经济规律。旅游演艺产品以营利为目的，作为文化商品，它的价值是可以估量的。

（二）旅游演艺是表演艺术与商品性的融合

旅游演艺中的艺术性与商品性相互融合，又独立存在。旅游活动中的文化表演是配合旅游市场打造的、以表现地域文化或民俗风情为主要内容的演艺产品，其本身就是旅游产品的一种。

谢克纳在《表演研究》中指出，凡是音乐、舞蹈、戏剧、电影、仪式等人们日常习惯上称之为艺术行为的活动，属于艺术行为[①]。世界旅游组织

---

① 孙惠柱主编《人类表演学系列：谢克纳专辑》，文化艺术出版社，2010。

指出，21世纪，文化旅游的增长势头越来越猛，而原来市场份额较大的自然观光旅游则呈现下降的趋势。旅游文化表演，是旅游发展过程中产生的一种文化现象。旅游演艺是文化旅游不断发展的产物，是旅游目的地为了丰富旅游产业、吸引更多的游客而依托地方文化进行开发和生产的旅游产品。

（三）旅游演艺是地域文化的再生产和文化认同

旅游演艺作品大多取材于当地的非物质文化遗产，并对其进行再生产。我国第一个旅游演艺作品《仿唐乐舞》是由西安推出的。2004年，我国旅游演艺项目掀起热潮，《印象·刘三姐》《长恨歌》《丽水金沙》《宋城千古情》《印象·西湖》《张家界·魅力湘西》等多部剧目先后推出，都是当地特色与景区文化紧密结合生产出的旅游演艺产品。旅游演艺对于地域文化的再生产有利于民族的文化认同感和集体意识的重塑。文化认同感体现了共同成员的统一价值观念和利益诉求，是历史记忆和集体记忆的表现、文化共同体的展现。

二 旅游演艺助力民族地区非物质文化遗产保护与传承

非物质文化遗产是中国传统文化的重要标志，也是人类共同的文化财富。在全面提升中国文化软实力的语境中，非物质文化遗产旅游迎来了重要的发展机遇和前景，同时对文旅产业提出了更高的要求。2010年，文化部和国家旅游局发布的《国家文化旅游重点项目名录——旅游演出类》，包括《印象·刘三姐》《宋城千古情》等旅游演艺节目，这说明旅游演艺产业成为文化旅游的重要构成部分。文化和旅游部发布的《关于促进旅游演艺发展的指导意见》是推进旅游演艺发展的纲领性文件，明确提出支持革命老区、边疆地区、民族地区等特殊区域因地制宜，打造具有地域特色的旅游演艺节目。近年来，全国旅游演出剧目数量逐年增长，旅游演艺产业保持较高增速。

（一）旅游演艺发展使非物质文化遗产得到了更好的保护与关注

旅游业的发展为非物质文化遗产的保护和传承奠定了一定的经济基础，并使非遗得到更好的保护与关注。人们对精神文化的需要不断增长，对民族地区的一些风土人情充满向往，也对农家乐、民宿、民间艺术等具有浓厚的兴趣。同时，人们在欣赏非物质文化遗产的过程中，认识到中国优秀传统文化的可贵之处，自觉对非物质文化遗产给予更多的关注与爱护。

（二）旅游演艺拓展了非物质文化遗产创新发展空间

旅游演艺促进了对非物质文化遗产的挖掘，并且拯救了一些即将消失和已经消失的传统文化，给非物质文化遗产注入新的生命力。在现代化旅游产业的带动下，一些非物质文化遗产寻找到适合在现代社会发展的生存环境。例如，通过旅游开发，将传统戏曲艺术和民族歌舞重新搬上舞台，拾起当地人的文化记忆，获得游客的青睐。这些传统戏曲艺术和民族歌舞在现代旅游开发过程中获得了新的生存空间和受众。

非物质文化遗产的有效保护和传承，有利于挖掘非物质文化遗产的文化内涵，实现非物质文化遗产的历史价值、文化艺术价值、美学价值和社会教育价值。开发出适合旅游者需求的旅游演艺产品，有利于促进地方旅游业和经济的发展。

（三）旅游演艺夯实了非物质文化遗产传承的群众基础

民族地区优秀的非物质文化遗产大多通过旅游开发获得重新发掘和整理，也让更多的人认识和了解多样的民族传统文化，并得到了传承。民族地区的传统舞蹈、传统音乐、曲艺、传统戏剧、传统体育等，都是在旅游开发的推动下实现了复兴和传承，从而满足不同阶段和层次游客的需求。比如，在甘青民族地区演出的传统歌舞，融合了赛马会、马术表演、土族轮子秋、鼓舞等，在旅游开发过程中获得繁荣发展。在这个过程中，非遗传承人增强了对传统文化的认同，旅游演艺开发让这些传承人获得经济利益和社会认同，为非物质文化遗产的传承奠定了群众基础。

非物质文化遗产对民族地区旅游业的发展有着不可替代的促进作用，同时，合理的开发也能促进非物质文化遗产得到更好的传承。深度挖掘非物质文化遗产的文化底蕴及民族地域特色，合理开发旅游演艺作品，能够深化民族地区文化和旅游融合发展，为民族地区的旅游业发展提供重要支撑。

三 民族地区旅游演艺发展存在的问题

近年来，民族地区旅游演艺的发展取得了一定的成就，但仍然存在商业化运作水平较低、市场竞争能力较弱、品牌培育不足、市场消费活力不足等问题。

（一）旅游演艺商业化运作水平较低

民族地区大型的演艺团体主要为政府及一些大型活动提供演出，售票模式主要为赠送，并不在市场销售，商业演出的市场前景不理想。商业演出数量是衡量一座城市演艺市场活跃度的重要标志，由于民族地区演艺市场起步较晚、发展不成熟，民营性质的小型演艺团体竭尽所能创造了一些优质的旅游演艺作品，但是整体商演情况不佳。受疫情影响，个别演艺团体处于濒临解散的状态。

（二）旅游演艺企业市场竞争能力较弱

民营演艺团体和事业单位改制的演艺企业，是民族地区文化演艺产业的市场主体。民营演艺团体规模小，租用演出排练场馆时面临困难。此外，大多数民营演艺团体无法获得政府的资助和帮扶，面临生存与发展的双重困难。文化事业单位改制的演艺团体正在摸索企业的盈利方式。文化演艺企业没有足够丰富的管理经验，市场营销能力比较弱，难以适应市场需求。

（三）旅游演艺品牌培育不足

文化事业单位并没有完成全面改制，原事业单位体制内部分演员的创新能力不够、新剧目产出慢，艺术创作发展遇到了瓶颈。目前民族地区演出作品整体数量少，能够站得住脚的高质量高水平的演出作品少之又少。商演市场情况不佳，多数民族地区商业化演出市场可以说处于空白状态。优秀的演艺人才待遇低、演出机会少，造成了商演市场创新能动性不足，演艺品牌培育不足。

（四）旅游演艺市场消费活力不足

民族地区缺乏支撑演艺产品的市场和观众群体，造成民族题材的歌剧、舞剧发展前景不好，很多舞剧面临虎头蛇尾、惨淡收场的结局。消费者未形成购票进剧场看民族题材歌舞剧的消费习惯，大型民族题材演出多为配合政府活动，没有官方对外售票渠道。

四 推动民族地区旅游演艺高质量发展的建议

文旅融合使旅游业发展面临新的机遇与挑战。非物质文化遗产作为中国文化重要组成部分，如何实现其与旅游融合并焕发新活力是文旅融合发展中的重要课题。民族地区的文化内涵深厚、特色鲜明，要将优秀民族文化与旅游融合，推出具有竞争力的旅游演艺作品，推动旅游产业转型升级，实现以文促旅、以旅彰文，带动当地经济发展，推动民族地区文旅融合发展。

（一）以科技加持旅游演艺表现形式，满足多样化观演需求

声、光、电等技术的进步，智能装备、5G+8K等网络技术的发展，为生产创作、观演形式、艺术传播、运营管理、产业布局、IP打造等旅游演艺多领域提供了技术支撑。演出场景更加酷炫，内容的呈现方式更加多样，

VR/MR/AR、5D全息投影与演艺的结合，为演艺赢得了更多的受众群体和更广阔的展示空间。《归来三峡》是全球罕有的大型内河水上演艺项目，运用高新技术首创水上浮台观演模式，带给了观众全新的观演体验；《橘洲·江天暮雪》运用多项原创多媒体数字艺术"黑科技"，以3D Mapping技术将橘子洲现有的楼、池、林、台、亭、桥、阁都变成了动画舞台，赋予每一个空间新的生命，展现长沙不同时期、不同视角的场景美学，让观众在光影交织中感受诗画空间，犹如身临其境。大量新技术的运用和创新，提高了旅游演艺的观赏性和沉浸体验，华丽的立体场景、绚丽的灯光色彩、引人入胜的情节，震撼游客心灵，同时观演关系的不时互动变化，使游客置身演艺情境之中，增强了游客场景体验感。

除此之外，还可借鉴动漫和影视产品的开发思路，开发演艺产品的衍生品。影视衍生品包含影视剧的角色、道具和标识衍生的声像影像制品、纪念品、玩具、服饰、海报、主题公园等。优质的演出IP具有很强的衍生能力，收取IP的开发费用可以为民族地区旅游演艺企业创造利润。

（二）整合民族地区非遗资源，打造旅游演艺品牌

民族地区具有丰富的文化资源和鲜明的地域特色，这是其发展旅游演艺产业的突出优势，可以打造品牌演艺项目，展现民族地区深厚的民族文化底蕴和魅力。民族地区的演艺市场可以借鉴成功演艺品牌的创作模式，根据各地区不同的历史文化特色和商业基础条件选择与之相对应的演出模式，打造高水平标志性的演艺产品。在演出内容和形式上加入新创意和新科技，不断改良演出内容和形式来保持演出的活力，满足消费者不断提高的审美需求。注重民族地区旅游演艺品牌的打造，必须加大宣传推广力度，确立品牌价值。甘肃旅游演艺市场依托其地域历史文化资源，陆续推出以丝路文化、西域文化、商贸文化为主题的系列旅游演艺项目——《敦煌盛典》《又见敦煌》《回道张掖》《天下雄关》，这些演艺作品带游客穿越历史，领略大西北的雄浑、沙漠与戈壁的浪漫，重现经贸繁荣、文化交融、民族共生的盛景，极大地满足了游客对西域历史文明的想象，成为游客旅游必选的网红打卡

地。聚焦对当地文化资源的挖掘、文化 IP 的打造，通过旅游演艺产品推动所在景区实现由观光游向文化体验游的转型升级。

（三）建立民族地区旅游演艺人才培养机制

文化产业与旅游产业的融合发展是一个长期的系统性的过程，不仅需要政府做好统筹规划、资源调配、市场监管及公共服务，还需要在人才方面进行保障，培育一批既掌握文化产业知识，又熟悉旅游产业运作，并且了解新型科技手段的复合型高技能人才。要加强对现有从业人员的培养，民族地区文旅部门应制订文化旅游人才培养计划，根据人才市场缺口和现有人才队伍结构，结合市场需求，定期对各级文化旅游从业人员的技能和业务水平进行培训与考核，与文化旅游基地达成实践协议。加强复合型和专业型人才的引进与培养，特别是在产业规划布局、文化创意设计、市场营销宣传、技术创新开发等领域，需要加快高素质和专业化人才的到岗就位。通过"走出去、请进来"等方式，加强各类文化旅游人才培训。还可以对接企业、高校和科研机构，构建人才联合培养机制，为民族地区旅游演艺产业的发展提供稳定的人才后备力量。

参考文献

毕剑：《基于空间视角的中国旅游演艺发展研究》，中国经济出版社，2017。

刘好强：《旅游演艺产品质量测量量表开发的实证研究》，《旅游科学》2014 年第 1 期。

G.14 民族地区节庆文化与旅游融合发展实践与创新路径

邹品佳*

摘　要： 民族地区具有丰厚的文化沃土，节庆作为其文化的重要组成部分不仅是当地居民的精神食粮，也是吸引旅游者和展示目的地形象的重要元素。近年来，民族地区积极推动节庆文化和旅游融合发展，不管是文化的挖掘、外在的展示，还是活动的体验，都在不断创新实践的道路上。本报告梳理了民族地区节庆文化的特点和类型，总结了节庆文化和旅游融合发展实践经验，从市场定位、创意表现、品牌打造和运营管理等方面分析了存在的问题，最后提出促进民族地区节庆文化与旅游融合发展的创新路径："传统—现代"转型迸发生机活力，"体验—参与"产品突出共创价值，"故事—手段"打造节庆品牌，"认同—差异"突出特色本真。

关键词： 民族地区　节庆文化　文旅融合

节庆不仅是一种文化的表达方式、一种形象的展示，也是一种带动当地经济发展的旅游吸引物。2022年7月16日，新疆昭苏县喀尔坎特大草原上举办了第30届中国新疆伊犁天马国际旅游节，"万马奔腾""天马浴河"的直播实况引起了广泛关注，两个微博话题很快登上热搜，截至7月18日，

---

* 邹品佳，博士，西北民族大学管理学院旅游管理教研室主任、讲师，研究方向为旅游消费者行为、创意旅游。

话题累计阅读次数达1.5亿。近几年各地区逐步意识到节庆活动的社会和经济价值，并开始将节庆活动作为专项旅游产品来开发、培育，甚至与地区形象的塑造融为一体。

节庆是"节日庆典"的简称，包含节日庆祝典礼，是围绕各类节日而形成的文化习俗及开展的相关纪念、庆祝等活动的总称。在国外的研究中常常把节庆和特殊事件合并在一起进行探讨，中文翻译为"节日和特殊事件"（Festival & Special Events，FSE），简称"节事"。各种节日界定为狭义的节庆，各种节事界定为广义的节庆，本报告重点讨论狭义的节庆。节庆的分类较多，按时代特征可以划分为传统节庆和现代节庆，按节庆主题可以分为祭祀节庆、纪念节庆、庆贺节庆、商贸节庆、旅游节庆、农事节庆、民俗节庆等。

我国是一个多民族国家，节庆活动丰富多样，通常这些节庆与自然界季节更迭、祈求丰收、崇敬英雄、谈情说爱、传统习俗、宗教信仰等有着密切关系。民族地区作为节庆活动开展的沃土，不管是历史的传承性，还是文化的多样性，都为节庆活动的发展提供了良好的基础。作为文化活动的节庆，是当地居民日常生活的变奏，也是特定群体寄托情感与自我表达的载体。尽管各民族的节日在日期、内容、意义、庆祝方式等方面千差万别，但都是各民族历史的活化石，是生活方式的集中体现，也是传统文化的生动展示。

近年来，节庆活动的经济功能逐步凸显并得到重视。丰富的节庆文化不仅是当地居民的精神食粮，也是吸引旅游者和展示目的地形象的重要元素。节庆文化与旅游产业具有先天的亲近性，以传统文化或地方文化为内核，通过对文化内容底蕴的挖掘，策划组织节庆"大事件"，以一系列围绕节庆主题的文化创意活动打造具有影响力的文旅节庆品牌，从而形成以节庆旅游品牌为引擎的文化旅游经济产业链。

节庆文化与旅游融合发展为民族地区旅游业转型升级注入了新的活力。借助丰富的民俗文化内涵，深挖其节庆价值，以文塑旅、以旅彰文，能够释放节庆文化与旅游融合发展的"乘数效应"。基于此，本报告从民族地区节庆文化的特点和类型入手，总结民族地区节庆文化与旅游融合发展的实践经验，分析其发展过程中存在的问题，提出民族地区节庆文化与旅游发展的创新路径。

一 民族地区节庆文化的特点和类型

（一）民族地区节庆文化的特点

节庆文化是在长期的历史发展过程中形成并慢慢沿袭下来的，具有稳定的传承性、不断的变异性、广泛的包容性、强大的内聚力。

1. 稳定的传承性

民族节庆承载着民族特有的文化内涵、文化符号和集体记忆，是民族生活路径的活态呈现。它是展示民族特色、寄托民族情感、传承民族文化的重要窗口和载体，是各民族文明发展过程中最具魅力和特色的文化符号。民族地区节庆文化丰富多彩，形式千姿百态，涉及宗教祭祀、生产劳动、闲暇娱乐、社会生活等各个领域，具有广泛的群众基础，由当地民众创造、延续并传承。

2. 不断的变异性

随着时代的进步、生产方式的发展与变化以及科学技术的进步，一些外在环境因素的变化使某些节庆风俗发生了改变。一般来说，节庆活动中和美向善的内在属性依然占据优势地位，而守旧的陈规陋习逐渐被历史淘汰，时代精神不断地丰富着民族节庆文化的内涵。

3. 广泛的包容性

我国各民族节庆风俗在历史发展过程中互相渗透、影响、吸收和融合，许多地区的节庆活动有跨地区、跨民族、跨行业的共同特征。例如，汉族的清明、端午、中秋等传统节庆在各少数民族中也普遍流行。与此同时，节庆活动的融合不仅是各民族的风俗融合，也是各地区随着经济文化交流而融合的过程。这种融合发展的过程使得民族节庆具有广泛的包容性。

4. 强大的内聚力

民族节庆蕴藏在广大人民的日常生活中，是人民凝聚共同情感的文化基

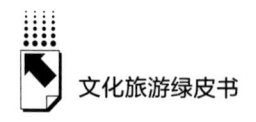

因。民族节庆活动可以把分散的社会个体聚集起来,形成共同的社会文化氛围,从而形成一种民族认同和文化认同。节庆活动的强大内聚力正是中国传统文化内聚力和亲和力的一种表现,可以使社会成员中的个体获得文化归属感。

(二)民族地区节庆活动的类型

本报告对民族地区知名节庆进行梳理,将节庆活动大致分为三类。

1. 祭祀与纪念活动

祭天、祭祖是许多民族普遍的文化现象,一般来说是特定民族在一定生存环境中最为盛大的节庆活动,如傈僳族和侗族的"祭天节"、纳西族的"春祭"和"秋祭"。另外,也有个别本土形成的纪念节日,即因纪念历史事件、人物而约定俗成的节庆活动,如傈僳族的"刀杆节"。

2. 庆祝与娱乐活动

民族地区的很多节庆与庆祝的主题关系密切,庆祝的过程中往往伴随着各类文体娱乐活动,如彝族的"火把节"、蒙古族的"那达慕"等。

3. 农事与民俗活动

农耕文明是中华民族传统文化的底色,生活在这边土地上的各民族继承和守护着农耕文明的精髓。民族地区的农耕节庆比较多见,如为了庆贺丰收的畲族和高山族的"丰收节"、苗族的"吃新节"等。

表1 民族地区部分节庆活动

节庆	民族	节庆特色
查干萨仁(旧历新年)	蒙古族	人们互相拜年、敬酒,聚餐,赛马
厚南节	布朗族	人们相互泼水意在迎接太阳
花炮节	侗族	健儿抢花炮,全族吹芦笙
查白歌节	布依族	赛歌、吃汤锅、祭山
纳吾鲁孜节(哈萨克族新年)	哈萨克族	吃纳吾鲁孜饭,唱纳吾鲁孜歌
肉孜节(开斋节)	维吾尔族	众人齐做礼拜,聚餐,跳萨玛舞
日羌节(羌历新年)	羌族	屋外挂杉枝,屋内剪纸花,祭祀"木比塔"喝砸酒、唱酒歌

续表

节庆	民族	节庆特色
泼水节	傣族	先到佛寺浴佛,然后互相泼水,除疾消灾
添仓节	满族	秫秸秆编小马插高粱饭盆,寓意马往家驮粮食,丰衣足食
骡马会(三月会)	纳西族	白天唱歌逛亲友、摔跤斗牛齐欢乐,晚上举火绕山路
藏历新年	藏族	拜佛、骑马、聚餐
盘王节	瑶族	打扫房屋、换上盛装、载歌载舞、尽欢而散
苗年	苗族	杀猪宰牛备米酒,互赠糍粑来聚餐,斗鸡斗牛爬竹竿
火把节	白族	点火把、斗牛、赛马、摔跤、歌舞
火把节	彝族	穿盛装、宰牲畜、祭灵牌、唱歌摔跤、烧篝火
赶年节	土家族	玩龙灯、荡秋千、踩高跷,给果树、牛栏、猪圈、鸡舍喂饭,给农具贴压岁钱
上巳节(三月三)	壮族	抢花炮、抛绣球、吃五色糯米饭、对歌谈情、打铜鼓
苦扎扎节	哈尼族	杀牛祭秋房、荡秋千、摔跤、狩猎、唱山歌
古尔邦节	回族	请阿訇念经、做礼拜

二 民族地区节庆文化与旅游融合发展实践

近年来,民族地区形成了一批具有竞争力、创新性和影响力的代表性节庆活动,各地区因地制宜,探索出了多样的节庆文化与旅游融合发展模式,业态产品不断创新。

(一)"节庆+民俗"旅游体验

独具特色的节庆活动背后往往是生动的历史传说、民间故事,节庆中所表现的民俗文化是民族文化传承的重要组成部分。随着民族地区节庆日益受到人们关注,越来越多具有特色的节庆民俗活动吸引旅游者参与,给旅游市场带来了新变化。不少旅游者会专门挑选端午节、泼水节、那达慕等传统节日前往当地旅游、体验节庆氛围，一些民俗活动如祭祀仪式、民俗节庆饮食、雕刻绘画、织布扎染等也变身为供游客参与体验的文化旅游项目。2021年，海南黎族苗族传统节日"三月三"安排黎祖祭祀、开幕式暨主题文艺晚会、民族篝火联欢夜、王下乡·黎花里旅游体验、民族地区经济社会发展成就展、黎锦苗绣技艺展示及比赛、海南"三月三"黎族苗族原生态民歌对唱等系列活动。

（二）"节庆+非遗"旅游研习

民族地区非物质文化遗产资源丰富，各地充分挖掘其文化元素，在用好民族元素和挖掘地域特色的过程中，充分激发其活力，通过活态传承的方式，将民族元素同现代元素有机耦合，记录下悠悠岁月。非遗与节庆的结合拓展了优秀传统文化传承和展示的空间，利用节庆活动和场景进行非遗活动的体验和推广不仅为非遗的传承与发展提供了新土壤，而且给当地节庆活动注入了丰富的文化内涵。四川省凉山彝族自治州推进以"火把节"为代表的非物质文化遗产传承和保护工作，目前拥有18项国家级非物质文化遗产、112项省级非物质文化遗产、264项州级非物质文化遗产，涉及民俗、民间文学、传统音乐、传统舞蹈、传统技艺等多种类别。地方政府和社会各界全面深入挖掘、整理、宣传和弘扬"火把节"等具有标志性的节日文化符号，不仅能促进非物质文化遗产适应新的社会形势，而且有助于打造民族节庆活动品牌。如今，彝族"火把节"逐步实现城市与乡村广泛互动、文化与旅游深度融合，节日形态更加丰富多样，成为展示地方文化资源的窗口、拉动地方经济增长的强力引擎、撬动文化旅游产业的支点，每年吸引大量游客前来游玩体验，给凉山州带来了丰厚的旅游收入，带动了大批群众就业增收。

（三）"节庆+体育"旅游运动

民族传统体育一般具有文化、体育健身、休闲娱乐的特点，其娱乐性、参与性和体验性深受很多旅游者的喜爱。旅游者通过观赏和参与民族地区的体育活动，不仅可以获得健康，而且可以在参与的过程中体验民族地区的特色文化与风俗。民族地区节庆活动中，传统体育项目是不可或缺的内容，节庆及其场景也为宣传民族传统体育项目提供了良好的空间和内容。黔东南地区居住着苗族、侗族、水族、土家族等多个民族，各民族传统节庆资源丰富，当地政府与旅游相关部门利用民族村寨、节庆和旅游景点融合民族体育，从而提升了该地区的旅游形象和吸引力，推动了地方经济发展。例如，凯里"甘囊香"国际芦笙节创意开发了节庆体育项目芦笙舞、赛马、斗牛、赛龙舟等。

（四）"节庆+线上"旅游展播

近年来，各民族地区都开始注重通过节庆来提高当地的关注度，尝试采用多渠道、全方位的营销方式提升节庆活动的影响力。借助政府官网、微信公众号、微博、抖音等多媒体平台推出民族地区丰富多彩的节庆活动项目，同时广泛制造话题，内容涵盖民族文化、自然风光、特色美食、非遗传承等，分享当地有趣的故事。2021年，海南黎族苗族传统节日"三月三"节庆活动采取线上、线下相结合模式，线上活动安排了"云游""云播""云聚""云唱""云赛""云秀""云展"等，以及特刊、专题、专栏、微博话题、形象广告等内容，这种新形式打破了时空限制，随时随地让人们欣赏活动的精彩瞬间，引起了很大关注，积累了较高人气，为疫情后旅游市场的回暖复苏蓄能助力。

三 民族地区节庆文化与旅游融合发展中存在的问题

各地区在节庆文化与旅游融合发展过程中不断探索，实践初有成效，但依然存在不少问题，值得相关部门思考并逐步解决。

（一）市场定位不清晰，产品开发层次较低

目前，部分民族传统节庆文化开发市场化水平较低，仅仅停留在简单雷同的民族歌舞表演、游艺、群众文体活动等内容，没能真正走向旅游消费市场，当地政府也未清晰地了解节庆旅游的目标受众或者需要去影响的

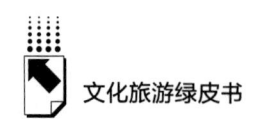

目标群体，以及这些群体的特征和需求。从旅游者的角度看，很多民族旅游节庆产品层次较低，以风光旅游、观看演出、休闲娱乐为主，体验感与参与度不高。旅游者不理解节庆的意义，也很难像节庆活动的"主人"那样认同节庆的价值，节庆愉悦感和获得感低。例如，来自国内北方及国外的旅游者可能很难感受到广西壮族"三月三"与其他民族踏青歌节的区别。另外，有些地区过度的商业化和不当的开发导致其节庆本身的原真性遭到破坏，部分传统民俗、节庆活动的内容、形式为了迎合游客需求进行了调整，造成文化原真性的丧失，导致一些文化深层内涵正逐渐消失。

（二）文旅融合深度不够，创意赋能不足

首先，不少地方在文化旅游开发或打造地方文化名片的过程中，已经意识到需要将节庆文化与旅游融合发展，但是缺乏对市场的深度洞察和专业策划，文化创意人才的储备不足，导致民族节庆文化活动内容同质化现象普遍，这种缺乏创新性的节庆文化活动如同昙花一现，没有长久生命力。从客观上分析，当地居民在面对旅游者群体时容易处于经济弱势、文化弱势和心理弱势，在巨大经济利益的诱惑下，对民族文化旅游产品进行过度包装以迎合旅游者需求，这也是节庆文化旅游资源难以创新、吸引力难以提升的原因之一。其次，旅游特色饮食和纪念品开发不够深入，原生态文化没有得到深入挖掘，没有形成富有文化特色且吸引旅游者眼球的节庆活动纪念品，当地节庆文化很难转化为文化记忆延伸至旅游活动结束后，丧失了民族文化的承载传递功能。因此，民族地区开发纪念品既要立足当地文化传统，更要推陈出新，将民族传统文化符号与现代元素有机融合，既要表达当地人民的传统集体记忆，又要融入现代流行文化元素，借助现代技术手段重新包装民族文化，推动新时代传统文化的创新发展。

（三）节庆活动知名度低，品牌影响力不高

面对激烈的市场竞争和旅游者的多元化需求，一个成功的节庆品牌能够在自身特点与潜在旅游者感知之间架起一座桥梁，优质的节庆品牌对潜在旅

游者而言有突出的核心价值。虽然少数知名度高的民族节庆活动，如西双版纳傣族泼水节、凉山彝族"火把节"等明显有一定的影响力，但是很多地区的节庆活动参与者仅限于当地或者周边的人群。一些地区也在通过各种形式的活动来传递其品牌文化价值，但其品牌内涵、故事叙事、技术支持还有待提升。另外，一些"速成"的节日忽略了节庆活动的内涵、灵魂与存在缘由，只是将重点放在招商引资，而一些传统的节庆活动本身就是当地人长期以来习惯所形成的，地方政府在活动设计上主要考虑当地人的需求，很少从旅游者的视角进行服务设计，没有科学精准的计划、高效合理的组织、细节到位的实施，这对民族地区节庆活动与旅游创新融合发展提出了挑战。

（四）节庆运作模式单一，管理思维落后

目前，不少地区节庆文化活动的运作模式基本上有三种：政府主导型模式、政府引导社会民间参与型模式和社会民间主导型模式。节庆文化大多源于民间民俗活动，更多地表现为自发性，如果单纯由社会民间主导，参与群体范围较窄，无法很好地带动消费。一般来说，将民族节庆升级为节庆旅游的初期多由政府主导，政府出于发展当地经济、提高当地知名度的目的主导办节办会。而政府办节办会会极大增加政府负担，同时在民族节庆文化、旅游品牌的打造上缺乏人才储备和专业性。在一些经济相对落后的民族地区，举办节庆文化活动往往属于"临时抱佛脚"，没有将民族节庆文化与当地旅游产业结合起来进行科学和长远规划，造成节庆综合效益较低。因为节庆活动对地方经济具有促进作用，近年来各地雨后春笋般兴起各式节庆活动，但如果没有成熟科学的计划、组织、实施和控制，节庆活动质量和效果也很难满足并超出旅游者的期待。

四 民族地区节庆文化与旅游融合发展的创新路径

（一）"传统—现代"转型迸发生机活力

"传统—现代"转型是在充分尊重民族节庆传统的基础上进行创新，

在传统节庆中注入新的活力。"传统—现代"转型过程具有明显的渐进性，从"传统—被动—静止"的状态发展为"现代—自主—能动"的状态，其自身可以能动地产生新的功能与结构。"传统—现代"转型可以体现在以下三个方面。

1. 关注"Z世代"市场需求和行为

数据显示，我国"Z世代"的人口数量有2.6亿人，已经成为消费的主力军。这个群体的生活方式深受互联网技术和媒介环境的影响，成为各类商业模式和各大电商平台所关注的对象。他们喜欢玩转"新奇特"，注重独特体验和消费乐趣，通常会在人设消费与圈层消费中满足社交需求，其消费决策会受"颜值""创意""质量"的影响。小红书、抖音、快手、微博、哔哩哔哩等图文视频类新媒体平台成为"Z世代"获得旅游目的地信息的主要来源。基于"Z世代"的消费偏好和特点，民族地区节庆文化与旅游的融合发展可以打造内容IP、主题联合、共情理念烘托文化氛围，构建主题消费、场景消费、内容消费等优质体验。

2. 吸引现代产业集聚

在文旅融合发展的背景下，民族传统节庆作为一种结构遗产，可以自主、能动地参与现代产业的发展，吸引现代产业的集聚，形成一种民族传统节日特有的竞争优势，推动现代产业的资源配置，形成与其相配套并以其为核心的现代化产业集群。同时，民族传统节日作为文化资本与旅游资本的聚合体，它的转型与发展也带动和促进了文化资本、文化资源及现代旅游业的融合发展，并可以形成一条能被其他类型历史文化遗产借鉴的民族传统节日"传统—现代"转型与文旅融合发展的新路子。

3. 传统文化融入现代精神

民族地区的传统文化往往是该地节庆活动的内核所在，它所要传递的内容是经过时间沉淀后的精华。旅游者参与节庆活动是希望去体验和感受其传统文化的精华所在，因此，要用现代的创新理念、现代的服务设计、现代的运营模式去实现最佳的融合发展，通过有趣、有料并精心设计的方式让旅游者了解传统文化并留下深刻记忆。

云南各民族的传统文化丰富，尤其是民族传统节庆承载着各民族的特色文化和精神。2019 年，云南巍山国际火把节由华侨城集团、云南省彝学学会主办，将"创想"理念融入传统民族节庆，一场"云上巍山——多维舞台秀"集民族文化与时尚科技、传统艺术与现代创意于一体的大型展示从各地老牌火把节中脱颖而出。同时，"火热巍山——盛夏狂欢夜""舌尖巍山——巍山小吃展""炫彩巍山——焰火晚会""彝韵巍山——彝家欢歌夜""古乐巍山——南诏奉圣乐""多彩巍山——古城文艺汇""魅力巍山——南诏文化展"七场主题活动运用创新创意的手段将民族文化与科技产品相结合、古城特色与互联网相结合、节庆产品与民俗文化相结合，完美呈现民族传统节庆的活化创新。

（二）"体验—参与"产品突出共创价值

民族地区节庆文化与旅游融合发展需要考虑到旅游本质属性，即体验。旅游者前往民族地区感受当地的节庆文化，唤起积极的情绪情感，从而产生愉悦的体验感受并留下难忘的记忆。因此，民族地区的节庆活动需要更多去考虑能为旅游者提供什么样的体验。

1. 建立旅游者人群画像确定细分市场

建立旅游者人群画像是生产产品的前提条件，也是实现价值共创的基础。从目标群体身上找到共同特征，如年龄、收入、受教育程度、生活环境、态度偏好等。不同的人群对于民族地区节庆旅游的需求存在差异。传统意义上的用户画像依据地理位置、人口统计要素、心理因素、行为因素等对旅游市场进行划分，然后确定每个细分市场的特点，而数字时代用户画像构建更多依托用户的行为数据。敏锐把握和精准绘制旅游者人群画像可以为民族地区节庆文化与旅游融合发展提供深层次的视角。

2. 营造空间与场景激发价值共创

旅游者在旅游过程中能与政府、市场主体实现深度互动与价值共创。节庆旅游能帮助旅游者个人成长、自我实现并获得主观幸福感，进而促进当地创建高品质的旅游目的地与健康的旅游生态系统。空间的创造和场景的营造

可以为价值共创提供条件。场景需要人的参与，只有激发主体的参与意识才能让空间活起来，旅游者身处特定节庆活动空间，沉浸于以人为主体的场景中往往最容易被打动。

（三）"故事—手段"打造节庆品牌

民族节庆承载着一个民族的集体历史记忆，构建了民族的社会叙事体系。讲好中国故事是时代赋予中国人的重大历史使命，要以民族节庆活动为载体，充分挖掘、弘扬、传播民族文化，阐释中国思想，树立民族平等、包容、和谐、友好的形象。要想故事具有娱乐性和说服力，需要重视感知现实主义、叙事表达、情感投入和角色认同，它们通常与观众的注意力、参与度和对故事的积极反应联系在一起。对于目的地社区来说，需要考虑民族地区居民如何在融入旅游的故事中呈现，以及它们在这些故事中扮演的角色。特别是需要考虑如何鼓励社区居民与旅游者共同创作故事，为当地居民和其他利益相关者提供创造性的机会。另外，打造全方位、立体化的传播矩阵。在传统媒介的基础上，充分发挥互联网、移动传媒的作用。节庆的影响力不在于现场聚集了多少观众，而是在于其传播渠道、效果和受众。要关注微信、微博、抖音、快手、小红书等社交平台，坚持内容和产品为王，深化与美团、携程等OTA（Online Travel Agency）平台合作，推动场景营销，开展旅游推荐官招募、短视频大赛，还可邀请旅游博主入驻并开展系列直播。

（四）"认同—差异"突出特色本真

各民族的差异性是长期存在的，需要尊重和包容差异性，但共同性是主导，是方向和根本。保护和利用民族节庆文化，是促进民族文化认同的需要。首先，要有效利用现有的文化成果，挖掘整合民族地区生态文化资料。植根于民族本原文化土壤的节日开发才会有强劲的生命力和强大的感染力。文化和旅游部门应全面调查留存的民俗文化资源、形态和现状，掌握各民族地区节庆的内容、分布、形态、种类的不同情况，从其节庆、语言、民居、民俗、艺术、饮食等物质文化、精神文化和制度文化中，提炼出其历史渊源、现实表征和文化精神以及生态价值。其次，打造生态文化圈层，形成动静结合、声色并举的文化盛景。建立少数民族节庆研究机构，邀请精通少数民族节庆文化的专业优秀人才和研究学者进行研讨和创新，从节庆文化旅游的角度深度挖掘有价值的民间文化。增加对当地民族文化演艺团队、艺术团的投入，鼓励民族歌舞艺术创作，开发新的民俗纪念品等。最后，为民族传统文化节庆注入社会主义核心价值体系。节庆旅游在实践中需要以体验理论为指导，提升游客的体验，同时要注重保护节庆的本真性，警惕过度商业化对传统文化的破坏。在设计节庆旅游产品时，各地要以更加合理的方式对原有节庆活动进行"旅游化"升级，既要满足游客的需求，又要尽量减少对原有节庆内容的影响与改变。除此之外，各地应开发更具体验感与回忆价值的节庆商品，这也是增加节庆对游客吸引力与提高经济收益的重要方式，值得在节庆旅游发展中被重点关注。

参考文献

戴光全、保继刚：《西方事件及事件旅游研究的概念、内容、方法与启发（上）》，《旅游学刊》2003 年第 5 期。

贾一诺：《文旅融合背景下的节庆旅游发展》，《学术前沿》2019 年第 18 期。

张继焦、侯达：《民族传统节日：结构遗产的"传统—现代"转型与文旅融合发展》，《贵州民族研究》2020 年第 12 期。

徐玉特：《嵌入与共生：民族传统节庆文化创造性转化的内生逻辑——基于广西 DX 县陇峒节的考察》，《中南民族大学学报》（人文社会科学版）2021 年第 12 期。

杨绿洲、王汝平：《民族节庆的变迁机制与再生产路径》，《社会科学家》2021 年第 5 期。

王钧、张文鹏：《少数民族节庆体育文化的空间生产与认同研究——以屏边苗族花山节为例》，《广西民族大学学报》（哲学社会科学版）2020 年第 6 期。

李智丽：《论广西"壮族三月三"文化认同与民族节庆旅游开发》，《歌海》2019 年第 2 期。

G.15 临夏回族自治州乡村文化旅游发展现状及对策研究[*]

李彤 党峻鸿 赵荷花[**]

摘　要： 乡村旅游是旅游业的重要组成部分，在乡村振兴的背景下，国内乡村文化旅游市场迅速发展，游客对乡村文化旅游的需求呈现多样化趋势。临夏州乡村文化旅游起步较晚，发展相对落后，旅游产品开发不足、文化和旅游有效融合不够、内容同质化严重、竞争激烈等一系列问题较为突出，对外地游客的吸引力较小。本报告以甘肃临夏州为研究对象，在对其乡村旅游发展条件、现状和典型案例等进行全方位分析的基础上，总结乡村文化旅游发展过程中存在的一些突出问题，提出促进乡村文化旅游高质量发展的对策建议，以期为乡村文化旅游的市场化、品牌化提供决策依据，为临夏州乡村文化旅游资源的开发和保护提供新的发展思路。

关键词： 乡村文化　文旅融合　临夏回族自治州

一　临夏州乡村文化旅游的发展条件及现状

临夏回族自治州有回族、汉族、东乡族、保安族、撒拉族等42个民族，

---

[*] 本报告系甘肃省高等学校创新基金项目"乡村振兴视角下甘肃省文旅融合发展路径与策略"（项目编号：2021B-156）的阶段性成果。
[**] 李彤，兰州财经大学副教授，研究方向为文化旅游和乡村振兴；党峻鸿，兰州财经大学本科生，研究方向为乡村旅游；赵荷花，兰州财经大学本科生，研究方向为乡村旅游。

东乡族和保安族是以临夏为主要聚居区的甘肃特有的少数民族。近年来，临夏州认真学习贯彻习近平总书记对甘肃工作的重要讲话和指示精神，抢抓国家支持"三区三州"、实施乡村振兴战略、推动西部大开发等重大政策机遇，围绕建设旅游强州和打造旅游"百亿元"产业目标，着力完善规划体系、强化设施建设、夯实产业基础、培育多元产品、推动文旅融合、延长产业链条、强化品牌营销、优化发展环境，大力推进文化旅游产业全要素、全方位、全季节发展，全州文化旅游业呈现持续快速发展的良好态势。

（一）临夏州乡村文化旅游发展条件

1. 地理区位条件

临夏州地处黄土高原、青藏高原之间，区位条件独特、地形地貌复杂、文化多元融合。近年来，临夏交通基础设施极大改善，对外交通更加便利，一小时即可直达兰州，三小时即可抵达甘肃、青海、宁夏和四川大部分地区，覆盖人口可达3000多万人。

2. 社会经济条件

据甘肃省社会科学院和临夏州联合发布的《2022~2023年度临夏回族自治州经济社会发展形势分析与预测》，2022年临夏州预计全年实现生产总值408亿元，同比增长6%；固定资产投资增长30%；农村居民人均可支配收入9727元，增长8%；城镇居民人均可支配收入26645元，增长7%；社会消费品零售总额113.4亿元；一般公共预算收入21.2亿元。2022年1~11月，全州固定资产投资同比增长25.8%，居全省第一位。招商引资到位资金179.4亿元，同比增长44.9%，经济社会发展稳步前进。

3. 文化旅游资源条件

临夏是中华文明的重要起源地之一，历史悠久、文化灿烂，五千多年前就有先民居住，是我国新石器文化最集中、考古发掘最多的地区之一。"马家窑文化""半山文化""齐家文化"等文化遗产星汉灿烂、浩如烟海。文化资源禀赋独特，黄河文化、大禹文化、彩陶文化、民俗文化等众多璀璨的文化争相绽放。临夏在秦汉时期被设置为枹罕县，首次成为秦朝的行政区

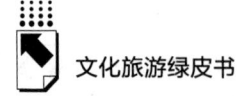

域，又称河州，是一片古老而富有朝气的热土。这里古丝绸之路、炳灵寺石窟、西部旱码头、河湟雄镇文脉源远流长、历史悠久，纵然岁月跨越千年，更显历史厚重；以民歌花儿为代表的文化资源被誉为活着的《诗经》。临夏见证了华夏大地的沧桑巨变和中华民族的繁衍生息，并孕育了属于自己的独特的历史记忆。

临夏州四季分明、山水秀丽、气候温和，全州旅游景区和景点总计109处，其中国家A级旅游景区28家，大墩峡、草长沟、松鸣岩等避暑胜地自然风光秀丽，令人流连忘返；八坊十三巷、半山文化、炳灵寺石窟等历史文化多姿多彩，一次次令世人惊叹；东乡手抓、大盘鸡、河州酿皮、广河甜醅、油炸馃馃等民族特色美食，代表着浓浓的临夏味道，也不断吸引外地游客慕名而来；和政古动物化石博物馆收藏出土的古动物化石资源丰富，占据六项世界之最，具有极高的收藏、科研和展览价值。

4. 生态环境条件

当前，临夏州全域蓝天、碧水、净土保卫战全面打赢，污染防治阶段性目标顺利完成，空气环境大幅改善，水资源质量有效提升，净土保卫战成效显著。全域无垃圾行动和农村人居环境整治效果明显，生态环境改善，城乡面貌焕然一新，美丽乡村建设逐步完成。

5. 和谐稳定条件

作为一个多民族聚居、多民族融合的区域，临夏稳步推进民族团结进步事业，积极培育和实践社会主义核心价值观，持续铸牢中华民族共同体意识。民生保障和改善工作逐步深化，脱贫攻坚成果持续巩固，宗教事务依法管理不断强化，社会治理不断完善，全州各族群众团结一心、守望相助，呈现民族团结进步、繁荣发展的良好局面。

6. 商贸流通条件

临夏是古丝绸之路南道要冲、唐蕃古道重镇、茶马互市中心，是文成公主进藏的途经之地，素有"西部旱码头""东有温州、西有河州"的美誉。临夏州商贸流通不断发展，细分行业不断增加，现代商贸流通体系初具雏形，大大促进了与周边省份人员流动、文化交流和经济往来。

（二）临夏州乡村文化旅游的发展现状

临夏州文化旅游业走过了从无到有、从小到大、从形式单一到内容独特丰富的发展历程。目前，旅游业已成为临夏州重点打造的三个"百亿元"产业之一，依靠得天独厚的自然资源优势，把文化旅游作为发展的首位产业，通过顶层设计不断优化旅游发展环境，打造"旅游+"发展模式，取得了显著的成效。目前，全州拥有国家A级旅游景区17家，全省大景区2家，国家级自然保护区2处，中国特色小镇1个，乡村旅游示范村3个，省级乡村旅游示范村10个，旅游专业村14个，发展农家乐790多家。临夏州被评定为"亚洲金旅奖·大中华区十大民族（民俗）特色旅游目的地"，黄河三峡荣获"2018最具影响力景区"，永靖县荣获"2019中国黄河旅游文化旅游奖·县域之星奖"，临夏市折桥镇折桥村被列为首批全国乡村旅游重点村。

二 临夏州乡村文化旅游发展的典型案例

截至2020年，临夏州拥有全国乡村旅游重点村3个，分别是临夏市南龙镇马家庄村、北塬镇钱家村、折桥镇折桥村。这3个村发展起步早，取得的成效明显，本报告重点对马家庄村和钱家村进行分析研究。

（一）南龙镇马家庄村

临夏市南龙镇马家庄村位于临夏市大夏河南岸，距市中心2公里，全村占地总面积1平方公里，有3个自然村，643户2867人。马家庄村利用自身区位优势和资源优势，扎实推进乡村振兴战略，全力发展乡村旅游产业。2018年，临夏将马家庄村纳入乡村旅游重点发展村行列。2019年，马家庄村荣获"甘肃省优秀乡村旅游示范村"称号。2020年，该村进一步被确立为"甘肃省十个美丽乡村建设样板村"。其主要的成功经验有以下6个方面。

1. 以主导产业为基础

马家庄村建设以农耕文化为魂、以田园风光为韵、以村落民宅为形、以生态农业为基，凸显农村的"土气"，利用乡村的"老气"，焕发农民的"生气"，融入时代的"朝气"，在有效缩小城乡之间发展差距的同时，富裕了乡民、提升了乡貌、留住了乡愁、文明了乡风。打造了集农旅示范基地、生态休闲基地、主题文化基地、扶贫示范基地、研学旅游基地、婚庆服务基地于一体的乡村特色旅游新品牌。

2. 以民族文化为精髓

全村的编绳工艺、石匠工艺、木雕工艺、砖雕工艺、酿酒工艺历史悠久，近年来又不断突出马术、马具文化，专业开展马鞍制作，培养马鞍制作传承人，马鞍制作已成为村级支柱产业之一，产品主要销往藏区，并多次在"一带一路"商品展销会及推介会进行展出。马鞍制作工艺已成为州级非物质文化遗产，全面展现了西部游牧民族独特的文化精髓，逐步形成了集非遗保护、探索发展、市场供应于一体的产业结构。

3. 以节会活动为平台

近年来，当地农业合作社对马家庄马术游乐城进行了升级改造，打造成以休闲娱乐、研学拓展、趣味比赛等项目为主的马家庄冰雪欢乐谷。成功创办了"马家庄乡村文化旅游节"，用时3个多月，着重以"乡村振兴"为主线，举办了一戏、一宴、一舞、一街、一雪、一灯会等"九个一"活动和民间传统竞技、冬春季旅游推介会、农民丰收迎春艺术展、青少年研学游、"闹元宵"舞动临夏等28项主题活动，打造了一场集旅游、体育、娱乐、购物、饮食于一体的冰雪盛会，节会期间累计接待游客37.2万人次。

4. 以旅游产品开发为突破

为让游客全方位体验乡村旅游，马家庄村乡村旅游产业发展聚焦旅游产品打造，以自身特色和独特魅力为突破口，提升乡村旅游吸引力。引导村民配套钢架大棚种植四季玫瑰上万株，每年5月万株玫瑰竞相开放、香气扑鼻，群众在田间地头采摘，呈现一番忙碌景象。为进一步提高农产品附加值，马家庄村为游客提供了亲子采摘玫瑰花体验旅游，马家庄村委会动员群众制作玫瑰茶、腌制玫瑰糖，面向广大游客销售，有效提升了群众收入。

5. 强化基础设施和公共服务建设

近年来，马家庄村结合脱贫攻坚项目实施，把牢发展机遇，积极推进基础设施改造项目，村社道路实现全面硬化，路灯安装率达100%。村内水电路气网均实现了100%全覆盖。完成景点0.6公里大理石板面路网、6座旅游公厕、污水管网建设，电力设施入地、天然气入户，村庄美化亮化，打造马元素景观、墙面浮雕造型等。建成酒吧巷、美食巷200间基础用房，招商农家乐12家，小吃特色产品销售店铺19家，是临夏市唯一实现雨污分离、强弱电入地、天然气管网全覆盖的美丽旅游村庄。

6. 以新型经营主体为依托

马家庄村积极创新经营模式，将资源变资产、资金变股金、农民变股东，以旅促农，振兴乡村旅游，相继成立了众兴观光农业、玫瑰种植、阳光智家3个农民专业合作社。其中，众兴观光农业合作社深入实施"扶贫+富民"工程，鼓励农民群众以入股的方式自愿参加合作社，大力引进国内知名马术表演团队，积极打造集马术表演、旅游观光、餐饮住宿、休闲娱乐于一体的马家庄马术游乐城，灵活解决就业岗位500余个，搭建创业平台200余个。

（二）北塬镇钱家村

钱家村隶属于临夏县北塬镇，位于北塬镇东北部，距离市中心仅10分钟车程。钱家村从2018年开始加快乡村旅游发展进程，休闲娱乐发展完善，开发建设古榆山庄、北塬人家等几十家特色农家乐；招商引资力度不断加大，丝路明珠旅游休闲文化展示馆吸引游客参观超过3万人，收益240余万元；手工布鞋加工业进一步做大做强，全村共有50余户农户从事布鞋加工，月产8000余双，销售额可达数十万元；果蔬种植业蓬勃发展，涉及40多家农户，年销售额50多万元。其主要成功经验有以下6个方面。

1. 以传承和保护为基础

钱家村依托本村特色文化，进行针对性开发，注重文化的保护和传承，在此基础上合理利用，避免同质化发展。建成"情怀时代：手工技艺体验小院"，其主体包括手工布鞋陈列展示馆，这些手工布鞋不仅是钱家村的历史记忆，更是此地独特旅游商品。展示售卖手工布鞋成为本村乡村旅游重要收入之一。此外，钱家村还有"乡土记忆探索馆""河州味道品茗茶舍"等系列品牌体验消费业态。

2. 将传统与现代融为一体

钱家村旅游开发因地制宜，在传统建筑形式的基础上，有机融入现代乡村规划元素，并结合本村人文历史因素和村民的生活特征，这样既保留了传统文化的厚重，又符合了现代化的生活条件，满足了人们的生活需求。如以社会主义核心价值观为主题的文化墙、临夏砖雕与木雕等非遗技艺有机融入的建筑群等。钱家村定期开展具有地方特色的群众花儿比赛、青少年风筝比赛以及乡村厨艺比赛等群众文化活动，通过丰富多彩的群众文化活动增加村落共同体的文化生活底蕴。

3. 以多元产业为引力

钱家村充分利用北塬地势平坦、灌溉便利、气候宜人、光照充足、土壤肥沃等有利条件，采用公园式经营管理模式，依托农村广阔的土地，坚持低碳、循环、可持续发展理念，结合农产品种植和农耕文化传承，大力发展多种农业观光旅游项目，将北塬打造成集休闲、度假、游憩、学习于一体的智慧化、规模化的乡村旅游田园综合体。钱家村现有的乡村旅游业态主要包括田园休闲度假游、现代农业观光游、乡土美食品尝游、民俗文化品鉴游、节庆活动体验游等。当前，钱家村重点推介的代表性乡村旅游产品有"果蔬别院：现代农业观光体验园""晴耕雨读：乡土民俗文化体验",以及面向乡村研学旅行的"星河基地:夏夜星空帐篷营地"等。

4. 文化与民宿相结合

钱家村基于当地的历史文脉,深入挖掘地方性文化内涵。运用"塬上文化",综合民族特色的饭桌文化、茶点文化、待客文化等,建构兼具地方性与民族性的民宿旅游特色,从而吸引并留住旅游者。民宿旅游业态的经营主体是本村村民,他们将自己的空闲房间打造成特色民宿,通过"线上+线下"的模式进行运营。

5. 以体制机制为保障

近年来,钱家村党组织积极引领乡村旅游的发展,发挥党员的示范带头作用,有效激发了乡村旅游业持续健康发展活力。为提升服务水平,促乡村旅游专业化,钱家村开展"党员持证上岗"活动,在各景区景点、民宿饭店、"农家乐"等旅游服务第一线建立党员服务岗,公开党员联系电话,促进党员主动为游客服务,深入开展"三链"建设(支部建于产业链、党员聚于产业链、群众富于产业链),大力推广"党支部+农业合作社""党支部+扶贫创业工场""党支部+社区工厂/扶贫车间"等模式,引导鼓励村党支部和党员带头创新创业。

6. 以共建共享为联结

钱家村在乡村旅游发展中的利益联结模式较多,有传统的"公司+合作社+农户""租金+股份分红",也有新兴的共建、共创、共享农民利益联结模式,村民积极参与其中,良好的利益联结模式让钱家村258人实现脱贫,800多人实现就业,2019年人均纯收入达到10523元,成为北塬镇基础设施最优村和经济快速发展模范村。同时,钱家村深知本村的乡村旅游产业发展离不开整个北塬镇的"大北塬"发展理念,因此,在自身品牌培育方面,该村选择了多个品牌互惠互补的发展路径,依托"古河州""临夏八坊"等既有知名品牌,果断打出"品味临夏入八坊,一览河州在北塬""登北塬而晓河州"等宣传口号,进而实现"钱家村—北塬—临夏八坊"这一品牌价值链的符号文本建构。

三 临夏州乡村文化旅游发展中存在的问题

（一）文化旅游产品结构单一

临夏州当前在购物街、小吃街、文化广场等方面的产业布局迅速，在饮食、住宿和娱乐等方面的公共服务设施开发比较完善，有了一定的规模基础，独具民族特色，但以农业生态示范园、农业观光体验项目、传统工艺馆等为代表的民俗文化旅游开发时间较短、游客体验感不足、技术比较落后等问题较为突出，呈现给游客的旅游纪念品虽做工精美，但基本都是流水线产品，这类产品随处可见却体现不出民族特色。综观全国各地乡村旅游市场，此种现象比比皆是。同样，特色美食也如纪念品一样，雷同现象严重，除了手抓羊肉、大盘鸡、油香等知名美食，符合当地特色、口味多样的产品仍然很少。

（二）产业支撑能力薄弱

临夏州开发的主要旅游项目大多以当地民族文化旅游景点为依托，真正能为游客量身定制的旅游项目很少，从根本上导致了旅游产品对游客的吸引力不强，阻碍了客源市场的拓展。没有产业的相互支撑，就难以建设一条完整的产业链，从而在一定程度上限制了临夏州文旅产业的盈利模式，更限制了乡村旅游业同文化创意产业的融合。

（三）文化与旅游融合性不强

临夏州区位优势明显，自然资源丰富，物产富饶，而旅游景区各自发展，产业间相互协调、配合不够，没有成为一个统一整体，独特的资源优势难以得到有效发挥。部分特色旅游项目开发不够完善，未能达到全季旅游的标准，发展受到了季节性的限制，如水果采摘、农耕体验、观光花园、观光牧场等项目，季节因素导致客流量不稳定。另外，旅游淡季持续时间较长，收入不足，也增加了旅游项目维护和运营的成本。文化决定旅游产品竞争力，临夏州虽然有马家窑文化、齐家文化等，但实际上很多游客并不能真正感受到临夏特有的历史文化，文化和旅游融合度不高，导致文化旅游的多样性无法较好地表现出来。

（四）管理水平有待提高

临夏州乡村旅游的接待、餐饮、住宿等服务和各种商超，基本是村民各自经营管理。他们文化程度不高，且多是中老年人，不具备景区管理专业知识和技能，对村内旅游管理规范不够重视，导致景区服务水平参差不齐。村内有专门管理部门，但也形同虚设，只要不涉及自身利益就不会主动发挥作用。

（五）宣传力度相对较小

大部分村干部和村民对文化旅游的宣传工作不够重视，对文化宣传的重要性缺乏深刻理解，认识不到乡村旅游业的发展能给整个村落经济带来巨大的收益。村民文化素质不高、文化品位较低，需要专业人员的帮助和引导。村落的文化宣传大多依靠当地政府平台进行，村落自身缺少宣传平台。此外，文化人才比较匮乏，引进文化人才的力度不够，缺乏有号召力和组织能力的文化宣传人才，缺乏会使用互联网、新媒体、视频剪辑等技能的文化创作、科技人才和文化科技专家等。

（六）文化内涵挖掘不够

很多地区悠久的历史文化并不为人所知，旅游景区开发规划不够科学，旅游特色定位不够准确，旅游产品同质化严重，有些地方忽略了文化内涵作为旅游的灵魂和核心竞争力的重要性，许多优秀传统文化未能得到创造性转化和创新性发展，部分优秀文化逐渐消失。注重"颜值"，不重视文化内涵，对乡村文化建设急功近利、照抄作业，导致资源浪费和旅游潜力的流失。

四 促进临夏州乡村文化旅游高质量发展的对策

乡村振兴战略为临夏州经济发展注入了新活力，不断推动乡村旅游产业升级。旅游产品必须根据不同层次游客的具体需求进行设计、改造，以适应旅游市场多样化发展的新趋势，形成合作、共赢的乡村旅游产业链，建立全方位、多元化、差异化的民族文化产品综合体系，从而拓展乡村文化旅游市场。

（一）树立全域旅游观

着重考虑游客的体验感和产品质量，使旅游的中心延伸到更广阔的地域，不能只考虑某个县、乡，要树立全域旅游观，把当地民族特色、文化特质、饮食风俗、产业资源转化为游客真正需要的旅游资源。目前旅游业发展呈多样化趋势，旅游产品不断迭代进化，逐渐从观光型转化为休闲型。游客需求也不断升级，游客希望看到更多的具有民族性、独特性、创新性的文旅产品和内容。如临夏州南华镇马家庄村的马具文化，马具制作历史悠久、底蕴深厚，在传承传统手工艺的基础上，既可以致富增收，又可以让游客体验马具制作工艺，深切感受马具文化的独特魅力。

（二）加强乡村文化与旅游的融合

乡村是基础，也是民族地区最具生命力的风景。旅游的本质就是一种特殊的文化活动，文化和旅游相伴而生。首先，要以农村为基，充分发掘乡村文化内涵。几十年来，我国农村经济发展迅速，社会面貌变革巨大，蕴含着丰富的历史文化和传统，开发利用潜力较大，这就需要各地开展深入调查研究，查阅历史文献并收集相关资料，加强文化资源的开发利用，充分释放乡村旅游文化潜力，促进乡村旅游本土化、特色化发展。其次，要大力宣传乡村文化特色。充分发挥乡村文化的核心优势，提升旅游景区、景点的知名度和吸引力，通过网络、新媒体等形式进行宣传和推介，打造具有强大吸引力的地区知名文化品牌，提升旅游产业效益和竞争力。最后，要保护乡村传统文化。在文化开发利用过程中，更要注重传统文化的保护和传承，保证其拥有永续的活力和生命力，实现乡村旅游可持续发展。

（三）加快旅游全产业链建设

推动农业农村、文化、旅游的融合发展，延长产业链，拓展发展空间，创新文创产品和旅游模式，形成新的产业格局。努力寻找乡村文化和旅游产业链各环节的纽带，发挥各自优势，创造"1+1>2"的协同效应，成为乡村文旅产业升级的增长点。依托本地文旅资源，超前谋划，形成不同梯次的文旅市场。要以当地文化特色和自然资源为内容驱动，积极打通经营发展渠道，精准对应发展需求，做好项目开发建设、运营及文旅服务业务和相关产品的纵向横向延伸，打造完整的乡村文旅产业链。

（四）积极引导市场主体参与

进一步培育壮大集农业、文化、旅游于一体的优势企业，增强市场竞争力。鼓励农民合作社和文旅企业、文化机构深入合作，形成一批竞争力较强、以多元融合发展为特色的龙头企业。吸纳引进国内外优质企业和投资者，通过兼并收购、持股、特许经营和租赁承包等多种方式参与乡村文化旅游的开发，壮大农村发展资本，提高乡村文化旅游发展竞争力和活力。

（五）加强基础设施建设

加快公共服务基础设施建设，完善旅游公共服务体系，交通网络决定乡村旅游景区的通达性，重点做好高速、国道以及通往大型景区道路的配套基础设施建设，实现县域旅游乃至全域旅游的内外畅通。在公共服务设施建设中，积极融入本地文化内涵、凸显民族特色。充分利用美术馆、纪念馆、大剧院等公共文化机构，并紧跟时代步伐，加强景区服务信息化建设，推进智慧旅游建设，为游客提供咨询、预约、导航、讲解和投诉等便捷性服务，提升旅游体验。

（六）创新乡村文旅产品

加强文化传承和创新，鼓励旅游和文学、游戏动漫、美术、音乐、直播带货、VR体验等元素相结合，增加旅游项目的科技含量，推动文创产品与旅游融合，使文创产品能够代表景区特色。推进文旅产品与人工智能、互联网、大数据、5G的结合，满足游客的体验和需求，加快文旅融合的发展步伐，不断提升旅游质量和服务品质，加速文旅产业转型升级。

（七）加大宣传推广力度

充分发挥文化的力量，以构建地域民族特色为目标，提升文旅品牌的影响力、辐射力，把民族特色融入旅游消费的"吃住行游购娱"产业链。在景区与旅游目的地要加强文化植入与提升，通过文化、文创、文艺、文博等手段，实现文化旅游发展项目的开发、传统文化的产业化和活化，以文旅融合为切入点和增长点，进一步提升旅游品位，加大文旅产业宣传力度，做大旅游规模。从"旅游引进来"到"文化传播出去"，增强文化自信，提升文旅产业知名度和吸引力，做到以文促旅、以旅彰文。

（八）建立健全管理机制

加强制度体系建设，确保县乡文化、旅游和农业有关部门有机衔接，努力构建服务型管理机制，营造统一有序、供给有效、富有活力的市场环境。对民族地区的文化旅游资源进一步整合，推动全域文旅资源有效开发。不断增加财政金融支持，组织实施重点示范项目。加强乡村旅游人才队伍建设和培养，组织专题培训，创新培训方式，完善管理制度，创新服务方式，为乡村文化和旅游业发展提供强有力的人才支撑。

参考文献

安传艳：《基于无景点乡村旅游发展模式探析》，《中国农业资源与区划》2016年第

5 期。

　　李巧玲：《基于自然景观背景的乡村旅游发展模式、问题及对策探析》，《中国农业资源与区划》2016 年第 9 期。

　　张红：《新型城镇化背景下乡村旅游发展问题探讨》，《经济论坛》2016 年第 2 期。

　　孟铁鑫：《旅游业与农业的融合模式与发展对策研究》，《商业经济》2018 年第 5 期。

G.16 基于文旅融合语境的广西传统工艺文创产品开发现状及策略研究

郑超 林海*

摘 要： 在文旅融合的语境下，本文分析了广西传统工艺文创产品的文化内涵与属性，从广西传统工艺发展面临的机遇和挑战、传统工艺文创产品开发现状和存在问题以及开发策略等三个层面来论述传统工艺文创产品在当下发展的意义。同时以传统工艺振兴的内生动能为研究的切入点，从强化文旅政策引领、凸显地域文化特色、加强设计人才培育、创新融合发展模式多个维度进行了思考，提出运用当代新技术、新观念，将传统工艺和美学进行融合，找到传统与创新的结合点，既有利于传承工艺，又有利于对抗全球化带来的文化趋同性，让传统工艺文创产品回归民族文化的核心价值，从而找到一条传统工艺文创产品的发展路径。

关键词： 传统工艺 文创产品 文旅融合 广西壮族自治区

2015年，"振兴传统工艺"被写入国家"十三五"规划。2017年，"实施传统工艺振兴计划"纳入《关于实施中华优秀传统文化传承发展工程的意见》；同年，《中国传统工艺振兴计划》正式出台。2021年，"深入实施中华优秀传统文化传承发展工程，强化重要文化和自然遗产、非物质文化遗产系

---

* 郑超，广西艺术学院职业技术学院公共艺术设计系主任、讲师，研究方向为工艺美术；林海，广西艺术学院建筑艺术学院院长、教授，研究方向为风景园林。

统性保护，推动中华优秀传统文化创造性转化、创新性发展"和"健全非物质文化遗产保护传承体系，加强各民族优秀传统手工艺保护和传承"写入"十四五"规划。2022年，文化和旅游部、国家民委、国家发展改革委印发《关于实施旅游促进各民族交往交流交融计划的意见》（以下简称《意见》），决定实施旅游促进各民族交往交流交融计划，以旅游业高质量发展推动各民族在空间、文化、经济、社会、心理等方面全方位嵌入、铸牢中华民族共同体意识，加强中华民族共同体建设。传统工艺依托旅游业提升行业的可持续性发展正在书写新的篇章，《意见》的出台为传统工艺注入新的内涵，推动传统工艺形成新的业态，赋能乡村振兴，巩固脱贫攻坚成果。因此，传统工艺振兴的内生动力由政策的引领、文化的积淀、生活的应用共同构成。

一 传统工艺文创产品的概念及类型

（一）传统工艺文创产品的概念

传统工艺是指有百年以上历史和完整工艺流程，具有历史存续和民族文化特征以及地方特色，同时与生活息息相关的手工技艺。它们既反映了审美及其变化，也反映了技艺、生产力尤其是生产工具和材料技术的发展；既反映了当时的生产生活情况，也反映了生活需求以及地区、国际贸易需求的变化。根据国务院国有资产监督管理委员会商业技能鉴定中心、全国促进传统文化发展工程开展的"传统工艺师"国家职业技能认证工作相关规定，传统工艺共包含以下14大类：①工具器械制作工艺；②传统饮食加工工艺；③传统建筑营造工艺；④雕塑工艺；⑤织染工艺；⑥编织扎制工艺；⑦陶瓷制作工艺；⑧金属冶煅加工工艺；⑨髹漆工艺；⑩家具制作工艺；⑪文房用品制作工艺；⑫印刷术；⑬刻绘工艺；⑭特种工艺及其他。

文创产品即文化创意产品的简称，文创产品是文化产业发展的必然产物，它是基于文化产生的创意产品。创意是文化发展到一定阶段的产物。霍

金斯认为创意是个人性、独创性和意义的结合，特别强调必须以一种有意义的方式展现创意①。比尔顿认为，创意必须根植于一定的文化背景，并提出了两个标准："创意要求我们做或者想新的东西，对现有元素进行重新组合。"② 所以，传统工艺文创产品是传统工艺文脉和现代创意产品设计相结合的具体体现，是传统工艺的有效转化，是具有经济价值和创造性的商品，两者互为关联、相互联系。

（二）传统工艺文创产品的类型

关于创意产品的分类，李碧珍把创意产品分成两大类：一是由物质形态和文化符号构成的，如艺术品、电影、音乐等，为社会提供的消费品和享受资料；二是提供服务的，如创意设计、教育培训等。胥悦红把创意产品分为虚拟化产品和实物化产品两种形式。前者满足精神需求，包括电影电视、文化艺术、网络游戏、网络平台等数字产品；后者满足物质需要，包括建筑艺术、设计服务、艺术品交易等服务形式的创意产品。联合国贸易与发展会议从国际贸易角度把创意产品分成两大类：一类是"创意商品"，另一类是"创意服务"和"版税和许可费"。第一类包括设计产品、工艺产品、视觉艺术产品、出版物、音乐、新媒体和电影等视听产品。第二类包括广告、建筑工程、研发服务、个人文化和娱乐服务、版税和许可费。就我国而言，国家层面尚没有直接列出创意产品类型。由此可见，创意产品尚处在探索和发展阶段。而文化产品与创意产品在含义和界定上有许多重叠之处，由此有了"文化创意产品"这一名词的出现。

关于传统工艺文创产品的分类有很多，本报告认为基本可分为两大类：一是具有传统文化属性的创意服务，涵盖了经济活动中的思想消耗，包含各类设计服务、民族节庆表演艺术服务、传统工艺产品交易、艺术创作活动等；二是基于传统工艺和文化衍生的脑力劳动所体现出的创意消费

---

① 约翰·霍金斯：《创意经济：如何点石成金》，洪庆福、孙薇薇、刘茂玲译，上海三联书店，2006。
② 克里斯·比尔顿：《创意与管理：从创意产业到创意管理》，向勇译，新世界出版社，2010。

品，包括传统工艺设计作品、网络游戏、电影电视作品、多媒体内容、音乐作品、出版物等。

二 广西传统工艺概况和基本特征

1997年，我国颁布的《传统工艺美术保护条例》第二条对"传统工艺美术"做出如下界定：百年以上，历史悠久，技艺精湛，世代相传，有完整的工艺流程，采用天然原材料制作，具有鲜明的民族风格和地方特色，在国内外享有盛誉的手工艺品种和技艺。

根据《广西壮族自治区传统工艺美术保护办法》，广西壮族自治区先后公布了两批广西传统工艺美术品种和技艺，相继将12类38个品种纳入传统工艺保护范围。

（一）广西传统工艺概况

广西壮族自治区有壮、苗、瑶、侗、仫佬、毛南、回、京、汉、彝、水、亿佬等12个世居民族，另有其他民族成分等44个。据考古发掘，广西最早出现的手工艺是百色旧石器遗址出土的百色手斧，距今约80.3万年。约在5万年前，今广西境内古人类进入旧石器时代晚期。距今1万~6000年前，境内古人类逐步走出岩洞与河谷，向平原和滨海地区发展，出现原始农业、畜牧业和制陶业。由此可见，广西先民早期制作工具用于生存可以追溯到原始社会。

广西矿产资源丰富，各类贵重金属在历史上都有举足轻重的地位。如武鸣出土的青铜器，把青铜冶炼技术追溯到汉代；各地出土的铜鼓，表明铜鼓制作技术从汉代延绵至今仍然在生产。唐宋的金银工艺，宋代的瓷器，元明清的壮锦成为贡品，以及环北部湾沿海的珍珠、海盐等，可以看到传统工艺在广西的发展历史悠久，一直沿袭，并根植于广大民众生活的方方面面以及民俗活动中，是活态的传承，也是独特的民族精神载体。

目前，广西传统工艺区域可分为桂东、桂北、桂西以及环北部湾区域，

这些地方传统工艺持续时间久，有很好的群众基础，被大众广泛接受。例如梧州六堡茶、贺州瑶绣、桂林漆器、柳州三江侗族木构、南丹白裤瑶粘膏画、环江毛南族花竹帽和铜鼓、龙州和宾阳壮锦、靖西绣球、玉林竹藤芒编、钦州坭兴陶、北海贝雕和角雕、南宁邕州红陶等。广西的传统工艺分布广、种类丰富，其漫长的发展历史沉淀了众多独特的传统文化和工艺，可谓百花齐放、异彩纷呈，文化多样性十分突出，既体现了广西各民族的造物精神、审美追求和生存智慧，也是中华优秀传统文化的重要组成部分和珍贵的文化遗产。

（二）广西传统工艺的基本特征

1. 材料天然性

广西地处中国地势第二阶梯中云贵高原的东南边缘，两广丘陵西部，大陆海岸线全长1628.6千米，属于亚热带季风气候区。自然资源丰富，自古以来传统工艺加工制作的材料都源于大自然，就地取材，如竹藤芒、珍珠砗磲、金属、玉石宝石、蚕丝棉花、各类植物染料等，在工艺加工中保持原料的天然性。传统工艺在广西实现良好的发展得益于自然资源的丰富。

2. 工艺传承性

广西传统工艺得以较好地延续至今主要有两个方面原因：一是师徒传授，二是家族的宗亲相承。两广自古家族宗亲观念较重，通常技艺都是由家族掌握，代代相传，因此得以传承有序、延绵数代。

3. 技艺完整性

技艺因不断的传承而拥有上百年的发展历程，所以制作工艺的流程从选材到制作成品，每个的关键技术都会通过传承者追溯到工艺的细节。

4. 民族性

广西少数民族文化丰富多彩，生产资料富足，传统技艺大多与生活、生产息息相关，因此带有民族特色，造型优美、色彩斑斓，蕴含着丰富的民族文化内涵，反映了人民群众的审美趣味和思想观念。

三 广西传统工艺发展面临的机遇、挑战和创新途径

（一）广西传统工艺发展面临的机遇

1. 文创产业兴起带来的新机遇

近年来，文创产业的发展给广西传统工艺带来了前所未有的历史机遇。文创产品成为时下最受年轻人欢迎的产品之一，广西传统工艺紧紧把握市场脉搏，针对不同的市场需求推出种类繁多的文创产品，比如广西民族博物馆的手工壮锦包、黑衣壮围巾、壮锦挂绳、白裤瑶娃娃等，传统工艺通过文化创意的加持形成新的价值增长点，突破了技艺本身的局限，使得传统工艺迎来了新的成长。

2. 数字电商助力传统工艺产业发展

随着互联网技术的迅猛发展，广西紧跟时代步伐，相继建立了多个数字电商基地，同时以南宁为中心辐射东盟市场，培育打造了中国—东盟跨境电商基地、广西数字电商直播产业园等数字电商集群。通过平台的搭建，广西传统工艺产品行销国内外。例如，广西博白凰图工艺品厂的藤编产品，通过跨境电商的渠道一次性就承接了国外1200万元的订单。因此，数字电商给传统工艺开辟了新的销售渠道，打造了一条扶农助农的共富路。

（二）广西传统工艺发展面临的挑战

1. 机器代替手工生产

在农耕时期，广西传统工艺以天然原料和手工为主，生产力的落后使工艺产品在造型、色彩、图案、品种等方面都受到局限，基本没有脱离天然和原生态的束缚。然而，随着社会的发展、县域经济的崛起，现代工业品的大量进入打破了原有的生态平衡，不少地区的传统工艺从原料到加工生产都发生巨大的变化。例如，三江地区的侗族刺绣、百色隆林等地的苗族织绣由原

来的手工完成被能大批量生产的机器替代，服饰制作技艺逐渐由手工向机械化生产转化，产品成本的降低直接影响市场的消费导向。

2. 传统文化的衰退

传统工艺的产生和发展与人们的日常生活息息相关，尤其是与民族传统文化紧密相连。方便、廉价的工业产品的出现和网络经济的进入挤占了原有的传统工艺产品市场，传统工艺自然受到影响并且有被替代的风险。在传统社会向现代社会过渡的过程中，人们的生活方式受到丰富的商品的影响，消费观念发生了转变。因此，传统工艺赖以生存的物质基础和文化基础受到了较大冲击，如壮族聚居地区普遍改穿现代服装，侗族木构建筑改为砖混结构的平房，邕州红陶技艺被更实用美观的产品取代等。

3. 工艺类别发展不均

目前受影响较大、变化较快的是手工技艺类，这类技艺往往掌握在个别社群或个人手中。受传统观念的影响，手工技艺对传承人的条件有严苛的要求，造成传承范围受限。年轻人普遍进城务工和外出读书，能够学习传统技艺的人才数量明显不足。同时，随着现代工业规模的不断扩大，手工技艺类自然而然成为被替代最快的门类，例如染织绣工艺、制瓷制陶工艺、古法造纸工艺等。新机器新技术的更新迭代，加速了这些技艺的消失，绝大部分从业人员改变了以往的生产方式，甚至是放弃了传统的工艺，从而严重影响到传统工艺的传承与发展。深加工技艺类和编织工艺则由于社会人群的需要，保存较为完好，并且随着数字媒体的出现，其传承和传播更为广泛，消费呈现上升势头，如梧州六堡茶制茶技艺、钦州坭兴陶制作技艺、玉林竹藤芒编技艺等，满足了人们的生活品质需求，市场反响较好。

广西民间传统工艺品行业规模较大的企业占比较低，由于国家对传统工艺的重视和扶持，具备一定体量的手工作坊、艺术工作室如雨后春笋般出现，中小企业数量占据了行业中的绝大部分。

（三）广西传统工艺发展的创新途径

1. 广西传统工艺的设计创新

传统工艺的振兴不仅具备经济价值，它所包含的艺术、历史、文化等价值正在被充分挖掘出来。随着文化强国战略的实施，艺术行业各领域承担了更为重要的责任。广西传统工艺的创新则需要在这样的历史条件下与现代设计对话、与文化产业对接，振兴广西独特的手工技艺，让传统工艺焕发新的生机，助力乡村振兴，促进文旅融合，紧跟时代的步伐来满足人民群众对美好生活的向往。桂林漆器技艺的传承与创新就是一个鲜活的例子，该技艺将传统大漆与柚子皮相结合，赋予产品现代的审美情趣，开发的系列旅游产品深受消费者好评，同时扩大了社会影响力。2020年，桂林漆器省级非遗传承人王伯杨开办的桂林柚罐非遗扶贫就业工坊开进了桂林灵川县灵川镇唯一的贫困村双潭村，经过技术培训，贫困户利用农闲时间就近就业，既能增加收入防返贫，也使得广西天然胎漆器这一古老的非遗文化在活态传承中得到了保护。这枚小巧精致、物美价廉的茶席雅物，已成为很多游客到广西旅游的必带手信，这是成功实现传统工艺再生发展、文旅融合的优秀案例。

2. 广西传统工艺的生产模式创新

柳州市三江县同乐乡侗族刺绣非遗传承人覃桂珍于2018年在三江县同乐乡成立了清花绣坊，并获得"三江县就业扶贫车间""自治区非物质文化遗产代表性项目——侗族刺绣生产性保护示范户"称号。清花绣坊是一个集刺绣产品自主设计、研发、制作、销售于一体的工作坊，固定班底人员中有2人是省级传承人、1人是市级民间艺人、4人是县级传承人。自成立以来，清花绣坊培养了一批包括工艺美术师在内的精于刺绣研究的专业技术人员和具有高超技艺的绣工队伍，带动当地363名绣娘就业，其中贫困户妇女49人，有23人脱贫。与三江县清花锦绣文化传承有限公司签订就业协议的员工中有54人曾经是建档立卡贫困户。清花绣坊通过打造"指尖经济"引导侗族绣娘发展染织绣技艺，让绣娘在家门口创造经济效益，其制作生产的产品供不应求，既实现了非遗技艺的传承，又摘掉了贫困的帽子，使侗寨的传统技艺走向了规模化经营、规范化管理、专业化生产的路子，从真正意义上开创了一条多维度全方位的特色脱贫路。

由此可见，传统工艺并不是"曲高和寡"，只要在资源开发、设计创新、生产组织方式、市场销售方面寻求突破和创新就能够探索出属于时下的生存模式，不但可以开发出适合当下潮流的产品，也能够成为高档的工艺品。因此，要实现传统工艺在当代的转化，就要顺应时代的需求，坚持不断创新。

四 广西传统工艺文创产品开发现状及问题

（一）广西传统工艺文创产品开发现状

广西长期以来致力于推动和发展文化产业，"十四五"期间相继出台了一系列支持文化产业发展的政策性文件，印发《广西"十四五"文化和旅游发展规划》，以及《广西文化旅游产业重大项目管理工作暂行办法》《广西壮族自治区文化产业示范园区及示范基地创建管理工作办法》《广西壮族自治区文化"双创"示范企业及孵化示范基地遴选管理办法（试行）》等政策文件，助推全区文化产业的高质量发展，努力将文化资源转化为文化资本为产业赋能。传统工艺文创产品的市场振兴与之紧密相关，文旅融合的趋势必然会扩大文创产品的市场空间。另外，一些拥有传统工艺的村落在大力发展传统工艺文化产业的同时，开拓文创空间，提升服务水平，其文创产品日趋多元化，与工艺的传承和保护形成良性循环。广西通过持续培育创建文化产业示范基地，现有国家级文化产业示范园区创建单位1家、国家级文化产业示范基地8家、国家级文化和科技融合示范基地1家；省级文化产业示范园区15家、省级文化产业示范基地139家。文化创意等领域迅速发展，基本形成"骨干型、新锐型、领军型"多层次文化市场主体梯度培育体系。

为宣传广西文化旅游品牌，通过品牌引领文化旅游行业效应，进一步推动广西文化旅游高质量发展，自治区政府通过多种途径推动文创产业的发展。一是组织各类赛事促进大众参与，2017年以来，由广西壮族自治区政府举办的"广西有礼"广西特色旅游商品创意设计大赛已经举办了三届，共计510余件作品获奖，上千家企业、院校参与，其中推出了不少精品，有的作品甚至获得历年中国旅游商品大赛金奖，广西传统工艺文创产品通过多种形式得以走出去。二是多举措扶持民营文化企业的发展，支持中小文化企业向"专、精、特、新"方向发展，创建工艺美术特色产业基地，建设工艺美术品特色产业园区，扶持龙头企业、打造民族品牌和创新特色产品，深挖广西民族文化、红色文化、生态文化、海洋文化等文化资源。

（二）广西传统工艺文创产品开发存在的问题

1. 整体规划布局不足

"十三五"期间全区文创产业还未形成系统的发展思路，缺乏一些大视野、大布局，在市场整合、政策扶持、人才引进、宣传营销、品牌打造、商业模式等方面没有进行有效衔接，多区域多地区没有形成合力之势，发展平台尚未搭建成熟，对互联网平台的运用还不普遍，整体产业资源没有得到有效整合利用，因此出现小规模、小产业的散乱局面。

2. 产品同质化严重

目前，在传统工艺文创产品的开发设计中还出现了对广西元素、图案生搬硬套的现象，图形直接挪用、堆砌，甚至是无任何设计创新的复制粘贴，这样硬衔接的设计不同程度存在。归根结底还是在于缺乏专业的设计师团队，现有的设计人员对广西文化也缺乏深入的认识，从业人员相互抄袭，审美水平相对较低，产品出现趋同化，设计出的产品不仅缺乏品位和新意，而且难以满足庞大的市场需求。因此，这对设计师团队提出了更高的专业要求，不但要了解文化、体悟人文、尊重历史，还需要合理地运用现代设计理念结合传统元素创作出符合当下市场需求的产品。

3. 优秀设计人才匮乏

设计人才的质量体现了整个业态的发展水平，决定了产品的含金量。当前广西文创产品设计人才质量参差不齐，高校培养出的毕业生大量涌

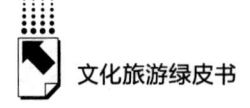

向一线城市寻求发展，人才流失严重，优秀的设计人才短缺。能够满足岗位需求的人才大多不了解广西传统工艺，甚至对广西的民族文化也不甚了解，高校人才培养与社会需求存在脱节，学校过分注重理论研究或者偏向技能培养，从而形成单一培养的局面。传统工艺企业正处于转型升级的关键时期，普遍遭遇技术人才供给不足的瓶颈。以壮锦织造为例，多家从事壮锦生产的企业缺乏专业的文创产品设计人员，造成产品升级困难。

4. 法律保护意识不强

在互联网时代，文创产品的侵权问题日益突出。由于研究条件有限、法律保护意识不强，设计方案以及产品出现侵权的事件时有发生。据统计，2020年以来全区法院共受理各类知识产权案件4438件，检察机关批准逮捕侵犯知识产权犯罪案件32件，涉及文化侵权的案件2件。尽管文化侵权案件较少，但从另一角度也说明广西文化产业法律保护意识仍然较薄弱，嫌麻烦、不敢告的观念还较普遍，无疑使侵权行为更加有恃无恐。有鉴于此，版权方在产品开发过程中的保护意识还有待进一步加强，有关部门还需进一步加大监管力度、出台有力的措施，从法律层面给予版权方和开发方更加强有力的保护，做好开发创新的"保护伞"，营造良好的产业风气。

五 文旅融合背景下广西传统工艺文创产品的开发策略

（一）强化文旅政策引领

广西作为文旅资源的"富矿区"，民族文化底蕴深厚、特色鲜明，除了拥有众多的民族传统技艺外，还是我国唯一沿边沿海的民族自治区。政府可通过出台一系列政策整合全域文化旅游资源，推动文化旅游产业高质量发展，助推产业向多样化升级，提高国家文化软实力。打造"广西有礼"特色旅游商品品牌，让传统工艺文创产品融入旅游产业，在提高民族文化资源开发利用水平的同时，加大对传统工艺文创产品的开发力度，让民间技艺"活起来"。同时，通过政策扶持进一步健全市场运营机制为民族传统工艺文创产品助力，并逐步形成传统工艺文创产品加工业态，探索出一条文化兴旅、文化助旅的产业发展新路。

（二）凸显地域文化特色

由于广西传统工艺拥有强烈的民族文化特色、天然的原生态人文资源、风格鲜明的人文符号、符合大众审美的意趣，具备了独特而又自然的可识别性，在一定程度上易于打造文化精品和特色品牌。目前，广西的文创品牌虽初具影响力，如金壮锦、六堡茶、钦州坭兴陶等，但知名度仍然较低，难以形成文化符号，也影响产业的振兴和发展。在新的政策和规划下，广西的文化品牌应该寻找差异化发展、专业化营销、多类别产品策略，整合多媒体平台资源，联合电商进行品牌营销，建立一批有创意、有文化、有精品的新品牌，塑造好广西特有的文化内涵，通过传统工艺文创产品提升大众的认知和忠诚度，从而提高广西传统工艺文创产业的产值与形象。

（三）加强设计人才培育

将人才培育目标融入各级教育教学体系，在中小学引入传统工艺知识，开展灵活多样的课外活动，讲授民族文化知识，培养学生动手能力和兴趣。在高等院校、职业技术学校开展传统工艺进校园活动，跟工艺美术大师零距离学习，感受大师从艺经历和心路历程。同时通过与传统工艺企业和研究机构开展合作，共同定向培育传统工艺设计人才，从而建立起一套完备的育人体系和用人标准，推动人才与岗位需求紧密结合，在多学科融合的基础上形成传统工艺美术与现代艺术设计并重的育人特色。只有提升人才质量才能实现传统工艺的高水平发展，增强广西传统工艺的活力，使之焕发更大的价值与更强的生命力。

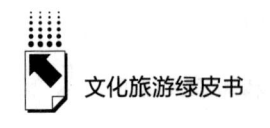

（四）创新融合发展模式

当前广西大力构建文旅融合的新格局，更好地促进传统工艺的可持续发展，提升传统工艺文创产品的创意价值和审美水平，使之符合当下消费市场的需求，推出一些有特色的品牌。

1."特色文化场域+传统工艺"模式

截至2022年12月，广西共计批复建设了20个历史文化街区、101个特色小镇、771个传统村落，加快特色文化场域的培育，带动传统工艺文创产品市场，优化提升产业链的供给能力，能够同时输出更优质的文创产品和服务。因此，深入挖掘历史文化、民族特色和民俗文化，加强传承和创新，加大对文旅项目的投入力度，着力配套文创产品的开发，快速形成内生动力，既有利于带动旅游业态全面升级，又有利于形成文旅大融合大发展的格局。

2."博物馆文创产品+传统工艺"模式

博物馆是反映一个国家、地区经济社会发展水平和文明程度的重要标志，也是民族历史文化的收藏、保护、研究与展示基地。从2003年起，广西相继在10个文化生态保护区建成生态博物馆，与广西民族博物馆构成了"1+10"民族文化生态保护区体系，延伸出"博物馆文创产品+传统工艺"模式。近年来，广西加大博物馆文创产品的开发力度，其中相当大一部分产品跟传统工艺相结合，如玉林市博物馆的羊角钮钟灯饰灵感源自馆藏汉代羊角钮铜钟，以竹为质，通过玉林地区特色芒编工艺再现汉代青铜羊角钮铜钟的形态和神韵。广西壮族自治区博物馆基于传世瓷器中精美的藏品青花缠枝莲纹菱口盘设计出的睡衣、帽子、围巾、包等产品，由于设计思路新颖大胆、做工细致精美、价格实惠亲民，深受群众喜爱。这些特色鲜明、内涵丰富、形式多样、紧贴生活的文化创意产品通过传统工艺和材料，让沉淀了岁月的文物"活"起来，赋予了历史文化新的生命力。

3."中国—东盟跨境合作+传统工艺"模式

中国与东盟各国的文化有着千丝万缕的联系，既绚烂多姿又沉积丰厚，凝聚了中国和东盟各国深厚的文化底蕴，广西作为"中国—东盟博览会"永久举办地，具备明显的地缘优势，与东盟各国在政治、经济、文化方面有着广泛的合作前景，发展空间巨大。东盟各国作为古老的传统工艺聚集区有着深厚的技艺基础和市场，加上文化创意产业在全球的发展方兴未艾，当代新兴文化将借助智慧、科技等创意生产载体对文化资源进行整合、优化和壮大，让传承与发展并行，可以预见传统工艺文创产业将成为推动中国与东盟各国经济发展的新增长点。

结　语

广西传统工艺文创产品是历史发展与当代生活相结合的产物，与文化发展的程度紧密相关，只有融入生活，传统工艺文创产品才能有生活之趣。唯有达到"见人见物见生活"的层面，传统工艺文创产品才能够实现创造性转化、创新性发展，其文化价值、艺术价值和历史价值才得以体现。因此，既要从宏观的角度看问题，也要从微观的角度去分析、审视传统工艺的造物观、审美观和历史观，从多方面找出存在的问题和解决的办法，立足国情、立足民情、立足生活，让传统工艺代代传承。

参考文献

潘鲁生：《传统工艺振兴的内生动能》，《中国非物质文化遗产》2021年第2期。
爱德华·泰勒：《原始文化》，连树声译，广西师范大学出版社，2005。
林明华、杨永忠：《创意产品开发模式——以文化创意助推中国创造》，经济管理出版社，2014。
万辅彬、汪常明、周世新等编著《广西传统工艺》，广西科学技术出版社，2021。

Abstract

This book focuses on the theme of "integrated development of culture and tourism" in ethnic areas, summarizes the promotion measures, achievements and experience of cultural and tourism integration in ethnic areas in recent years, analyzes the challenges faced, and puts forward countermeasures and suggestions based on the characteristics of development in ethnic areas, with the main line of building a strong sense of Chinese national community.

Ethnic areas are rich in cultural and tourism resources, and the development of cultural and tourism industries has natural advantages. The development of cultural tourism has attracted a large amount of capital investment, personnel exchanges, transfer payments, etc. , which has greatly promoted economic growth and the exchange and integration of various ethnic groups. In recent years, governments at all levels in ethnic minority areas have successively issued supporting policies for cultural tourism, constantly accelerating the pace of cultural and tourism integration, and new cultural and tourism formats such as intangible cultural heritage tourism, performance tourism, red tourism, festival tourism, rural tourism, research tourism, theme parks, and characteristic folk customs have emerged, and cultural and tourism integration development carriers such as cultural and tourism characteristic blocks, characteristic towns, cultural industry parks, and night cultural and tourism consumption clusters have continued to build. It has laid a solid foundation for promoting the high-quality development of cultural tourism. However, due to the impact of industrial development level, creative talent resources, scientific and technological innovation capacity and other factors, and the pressure of national cultural protection, the level of cultural and tourism integration development in ethnic areas is still not high, and is entering a stage of

Abstract

upgrading quality. In the future, ethnic minority regions should further strengthen top-level design and policy support on the basis of summing up previous work experience, implement the driving strategy of major cultural and tourism integration projects, build a world-class cultural and tourism brand across regions, innovate cultural and tourism integration business forms, promote cultural and tourism digitalization, creative transformation and integration development to go deeper and deeper, let cultural and tourism development achievements benefit the people of all ethnic groups, and promote the realization of common prosperity, And jointly move towards socialist modernization.

The regional reports of this book take Inner Mongolia, Ningxia, Guangxi, Tibet, Yunnan, Qinghai, Guizhou, Xinjiang, Sichuan, Gansu as the basic units to summarize the practice, typical cases, experience and inspiration of cultural and tourism integration development. The special topics focus on the key areas of cultural and tourism integration development, such as film and television tourism, tourism performance, festival tourism, rural cultural tourism, tourism cultural and creative products. It is expected to provide decision-making reference for ethnic regions to promote the deep integration of culture and tourism and stimulate greater industrial value.

Keywords: Ethnic Areas; Cultural Tourism; Cultural Industy; Tourism Industry; Cultural and Tourism Intergration

Contents

I General Report

G.1 Practice, Experience and Challenges of Integrated

Development of Culture and Tourism in Ethnic Areas

Sun Yonglong, Yan Meimei, Chen Wei, Wang Lei,

Renqiancao and Shang Wen / 001

Abstract: Promoting the integrated development of culture and tourism is one of the key tasks during the "14th Five-Year Plan" period. In recent years, ethnic areas have given full play to the advantages of resource endowment, integrated resources from multiple fields such as functions, formats, products and markets, and promoted the integration of cultural industry and tourism. The overall coupling and coordination degree of cultural industry and tourism system is on the rise. Ethnic areas have accumulated rich experience in promoting the integration of culture and tourism, including taking strong policy support and guarantee, paying attention to the creative transformation and innovative development of excellent traditional culture, relying on rich and diverse ecological resources and good ecological environment, and promoting the integration of culture and tourism and enriching the people and benefiting the people. However, there is still a gap between the development level of cultural and tourism integration and the high-quality coordination level, and there are many challenges, such as the dual pressure of national culture protection and development, the lack of traction of cultural industry, the weak integration and development ability of cultural and tourism pilot enterprises, the insufficient support of scientific and technological innovation for cultural and tourism integration, and the lack of high-quality cultural and tourism talents. In order to further improve the development quality of cultural and tourism integration, combined with the actual development of ethnic areas, some suggestions are put forward. Strengthening the construction of national cultural corridors and build world-class cultural and tourism brands. "Culture and tourism +" " + culture and tourism" two-way empowerment to cultivate a new business form of cultural and tourism integration. Strengthening the cultivation of the main body of the cultural tourism market, and create a batch of flagship and powerful cultural tourism. Making efforts to "technology+creativity+tourism", and promote the digital and creative transformation of cultural tourism. Establishing a cultural, tourism, science and education innovation alliance to build a "talent highland" for cultural and tourism integration.

Keywords: Ethnic Areas; Cultural and Tourism Integration; Bidirectional Empowerment; Technology-Driven; Creative Transformation

II Regional Reports

G.2 Practice and Experience in the Integrated Development of Culture and Tourism in Inner Mongolia Autonomous Region *Wang Hairong* / 027

Abstract: In recent years, the vitality of cultural and tourism development in Inner Mongolia has been significantly enhanced, the supply and service capacity of cultural and tourism products has been effectively improved, the five-level public cultural service facilities network covering urban and rural areas and benefiting the whole people has been basically completed, and the integration effect of culture and tourism "1+1>2" has initially emerged. On the basis of fully exploring the connotation of national culture and taking advantage of the unique cultural and tourism resources and geographical advantages of the region, the cultural and tourism industry in Inner Mongolia has formed an effective and referential "cultural and tourism +" integrated development model through long-term cultural and tourism integration development practice. Among them, the improvement of consumer demand is the primary driving force of its development, the continuous upgrading of high-quality products and products is its core competitiveness, and the innovation of science and technology is its key driving force and external thrust. In the future, we will continue to adhere to overall planning and integrated development, transform cultural advantages into tourism advantages, adhere to ecological priority and green development, adhere to the principle of "integration when appropriate" and "integration when possible", and further promote the high-quality development of cultural and tourism integration in Inner Mongolia.

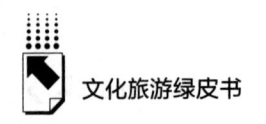

Keywords: Cultural and Tourism Integration; Consumption Demand; Tourism Product; Technological Innovation; Inner Mongolia Autonomous Region

G.3 Practice and Experience in the Integrated Development of Culture and Tourism in Ningxia Hui Autonomous Region Autonomous Region　　　　　　　　*Gao Yan* / 045

Abstract: "Promoting tourism with culture and prospering culture with tourism" is an important support for planning high-quality development of tourism. Ningxia Hui Autonomous Region has promoted the integration of culture and tourism in full swing by improving the guarantee of cultural and tourism integration system, refining the characteristics of regional cultural and tourism industry, enriching the characteristic supply of cultural and tourism products, promoting the mutual promotion and integration of cultural and tourism, serving the establishment of the regional tourism demonstration zone, and deepening the "two sunning and one promotion" activities, which has enriched the tourism supply in Ningxia, improved the market recognition, and restored the growth of tourism consumption after the epidemic. At the same time, the brand positioning of cultural tourism in Ningxia has become increasingly clear, and the cultural tourism industry has become a booster to promote tourism poverty alleviation. To sum up, the effect of cultural and tourism integration in Ningxia benefits from persisting in the concept of all-region tourism development, continuing to carry out all-time tourism, clearly establishing cultural tourism brands, attaching importance to enhancing all-media marketing and highly adhering to the "two mountains" development theory. The above experience summary can be used as a reference for the promotion of cultural and tourism integration in other regions.

Keywords: Cultural and Tourism Integration; Tourism Industry; Ningxia Hui Autonomous Region

G.4 Practice and Experience of the Integrated Development of Culture and Tourism in Guangxi Zhuang Autonomous Region *Liang Jichao, Zhou Shixin* / 060

Abstract: Culture is the soul of tourism, and tourism is the carrier of culture. The two have both natural links and the driving force of mutual integration. Through measures such as strengthening top-level design, adhering to problem orientation, giving play to comparative advantages, increasing investment attraction, and strengthening publicity and promotion, Guangxi has made the cultural tourism industry in the region continuously expand in scale, significantly improved the quality of development, continuously improved infrastructure, made new breakthroughs in communication, cooperation, publicity and promotion, and steadily recovered cultural tourism under the normal COVID-19. However, there are also some problems, such as not deep institutional integration, lack of management experience, lack of deep integration, slow transformation and upgrading, not wide cross-border integration, few emerging business forms, poor spatial layout, and unbalanced regional development. In the process of promoting the in-depth integration of culture and tourism, Guangxi has accumulated some experience that can be used for reference by other regions, such as optimizing top-level design, improving working mechanism, innovation and transformation of business forms, upgrading and upgrading of products, adhering to the system concept, strengthening planning and guidance, scientifically responding to the epidemic situation, and fully boosting consumption.

Keywords: Cultural and Tourism Integration; Tourism Industry; Guangxi Zhuang Autonomous Region

G.5 Practice and Experience of the Integrated Development of Culture and Tourism in Tibet Autonomous Region

Chen Yaling, Liu Baojun / 076

Abstract: Cultural and tourism integration is not only the only way for Tibet's cultural and tourism industry to achieve transformation, upgrading and high-quality development, but also the key to play the role of leading industry "drainage", expand the consumer market, and promote the comprehensive integration and development of the seven major industries in the region. It is also to promote the development of cultural and tourism to enrich the people and revitalize Tibet, strengthen the sense of the Chinese national community, and promote "stability, development, ecology, and strengthening the border". It is an important support and effective guarantee for the comprehensive realization of the national border governance strategy. Based on the analysis of the development measures, achievements and problems of the integration of culture and tourism in Tibet in recent years, this report puts forward countermeasures to promote the in-depth integration of culture and tourism in Tibet Autonomous Region. Grasping the new opportunities in the new stage, new ideas and new pattern. Vigorously implement the strategies of scientific and technological innovation, "cultural tourism +" and "cultural tourism +", and take multiple measures to promote the integrated development of culture and tourism industry. Giving full play to the economic, social, cultural and environmental effects of cultural and tourism integration. Activating the endogenous potential of various cultural and tourism participants and other measures to promote the governance of border areas and the stability of Tibet and the prosperity of the people.

Keywords: Cultural and Tourism Intergration; Technology Empowerment; Enriching the People and Prospering Tibet; Tibet Autonomous Region

G.6 Practice and Experience of the Integrated Development of Culture and Tourism in Yunnan Province

Song Lei, Xu Heshan / 099

Abstract: Yunnan has a unique advantage in cultural and tourism resources. The development of cultural and tourism industry started early, and a relatively complete cultural and tourism industry system has been established, enjoying a high reputation at home and even around the world. At present, cultural and tourism integration is the direction of cultural and tourism industry transformation and upgrading again. Yunnan has effectively promoted the development of cultural and tourism integration through policy support, national cultural protection, smart tourism construction, global tourism development and other measures. However, there are still problems such as low level of refinement, insufficient innovation ability, inadequate talent support and insufficient financial support. Based on the basis of the development of Yunnan's culture and tourism industry, this report proposes that efforts need to be made to transform the development model of the cultural and tourism industry, strengthen the innovation drive, strengthen the cultivation of high-quality compound talents, and broaden the financing channels for cultural and tourism projects.

Keywords: Cultural and Tourism Integration; Tourism Industry; Cultural and Tourism Industry; Yunnan Province

G.7 Practice and Experience in the Integrated Development of
Culture and Tourism in Qinghai Province *Sun Xin* / 110

Abstract: In recent years, Qinghai has increased the integration and development of culture and tourism across the province, and the integration and development of culture and tourism has reached a new level, and has achieved relatively fruitful results. Based on the collection of official data and materials related to the integrated development of culture and tourism in Qinghai Province, this report combs the practice and results of the integrated development of culture and tourism in Qinghai Province since 2020, and analyzes the practical contents of five aspects: the play of government functions, the positioning of development goals, the protection and development of "intangible cultural heritage", the digital and intelligent construction of culture and tourism, the upgrading of cultural and tourism formats and the construction of human resources. The experience was summarized from four aspects: the integrity and systematism of the integrated development of culture and tourism, the market positioning based on advantageous resources, the exploration of the innovation of the integrated development model of culture and tourism, and the overall development of culture and tourism in epidemic prevention and control. Finally, this report puts forward corresponding countermeasures for the deep integration of culture and tourism in Qinghai Province.

Keywords: Cultural and Tourism Integration; Ecotourism; Intangible Cultural Heritage; Qinghai Province

G.8 Practice and Experience of Integrated Development of
Culture and Tourism in Guizhou Province

Xia Qian, Yang Fangfang / 125

Abstract: Guizhou Province is rich in natural ecological culture, ethnic culture and red culture resources. With the support and guidance of policies, the integration of culture and tourism has achieved remarkable results. New forms of cultural tourism industry are emerging constantly, and the cultivation of new products is accelerated. However, there are still problems such as insufficient depth of integration of culture and tourism, unsmooth system and mechanism, lack of high-level and compound talents, single financial investment channel and insufficient capital investment. In order to promote the high-quality integration of culture and tourism in Guizhou Province in a multi-dimensional and multi-level way, this report combs the promotion measures, models and experiences adopted in the process of the integration of culture and tourism in recent years, and puts forward the suggestions of improving the integration system and mechanism, coordinating the development of culture and tourism industry, promoting the integration innovation, enhancing the vitality of culture and tourism industry, and paying attention to market demand to provide theoretical basis and practical reference for the realization of Guizhou's dream of becoming a strong province in tourism.

Keywords: Cultural and Tourism Integration; Ethnic Culture; Guizhou Province

G.9 Practice and Experience in the Integrated Development of Culture and Tourism in Xinjiang Uygur Autonomous Region *Tian Dengdeng, Zhang Weifeng* / 144

Abstract: In order to promote the deep integration of culture and tourism, and accelerate the transformation from a large tourism resource region to a strong tourism economy region, Xinjiang has successively created cultural and tourism integration development models such as "tourism + intangible cultural heritage" in Turpan, "tourism + technology" in Ili, "tourism + entertainment" in Urumqi, "tourism + rural revitalization" in Kashgar, and "tourism + red military reclamation culture" in Xinjiang production and construction corps. Through the implementation of the strategy of "rejuvenating Xinjiang through tourism" and the project of "enriching Xinjiang through culture", Xinjiang's cultural and tourism industry has not only achieved economic, social and cultural benefits, but also consolidated the achievements of poverty alleviation, laying a good foundation for the implementation of the rural revitalization strategy and the prosperity and development of cultural and tourism integration.

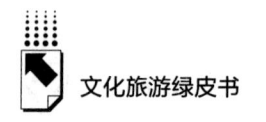

Keywords: Revitalizing Xinjiang Through Tourism; Culture Moistens Xinjiang; Cultural and Tourism Integration; Xinjiang Uygur Autonomous Region

G.10 Practice and Experience in the Integrated Development of Culture and Tourism in Sichuan Ethnic Areas
——*Take Beichuan, Luding and Danba as Examples*

Wang Shixiang / 157

Abstract: In the process of cultural and tourism integration and development, Sichuan ethnic areas have always followed the principle of "integration when appropriate, integration when possible, promotion of tourism by culture, and promotion of tourism by tourism", actively creating new advantages in the development of cultural and tourism, and forming new economic growth points. Taking Beichuan, Luding and Danba counties as examples, this report summarizes the practice, experience and enlightenment of cultural tourism integration development in Sichuan ethnic areas. In order to further promote the integrated development of culture and tourism, Sichuan ethnic areas have taken a series of revitalization measures in terms of the protection and development of national culture, the economic transformation of cultural resources, the quality improvement of cultural tourism, and the brand building of cultural tourism, taking into account the actual development of the region, with obvious results. At the same time, it has accumulated rich experience, such as strong policy support from the government, paying attention to the protection of intangible cultural heritage, creating high-quality cultural tourism projects, constantly innovating the development model of cultural tourism, optimizing the integrated development environment of cultural tourism, etc. , which provides reference and reference for other regions.

Keywords: Ethnic Areas; Cultural and Tourism Integration; Cultural Tourism IP; Sichuan Province

G . 11 Practice and Experience in the Integrated Development of Culture and Tourism in Gansu Ethnic Areas

Li Qiaohua , Hu Yanan and Cairanggaji / 168

Abstract: Promoting the integrated development of cultural industry and tourism is an important way to promote the rapid development of ethnic areas in Gansu. In recent years, Gansu ethnic minority areas adhered to top-level design, strengthened high-level promotion, strengthened hardware and software infrastructure and project construction support, actively developed a series of tourism products, strengthened publicity and promotion, carried out tourism promotion in multiple measures, strengthened exchanges and cooperation at home and abroad, and built a "talent highland" to promote the integrated development of culture and tourism, Great achievements have been made. The cultural tourism industry has become the first industry in Gansu ethnic areas, and the regional brand influence has been continuously improved. At the same time, cultural tourism boosts the revitalization of rural areas, and the effect of income increase is obvious. In general, by seizing strategic opportunities, adhering to high-level promotion, integrating resources across the region, consolidating strategic support, and giving full play to creative innovation, cultural and tourism integration has improved the competitiveness and popularity of cultural and tourism industry development in Gansu ethnic minority areas, and promoted exchanges and exchanges among ethnic groups.

Keywords: Cultural and Tourism Integration; Tourism Industry; Cultural Industry; Gansu Province

Ⅲ Special Topics

G.12 Research on the Current Situation and Countermeasures of the Integration Development of the "Film and Television + Tourism" Industry in Northwest China

Li Shiyan / 181

Abstract: Since the establishment of the Ministry of Culture and Tourism, the integration of culture and tourism has become a hot topic. The rapid development of the film and television industry has also led to the expansion of the "film and television +" industry. In recent years, the cross-border integration of "film and television + tourism" has promoted the integration of culture and tourism to a higher level. Due to its unique natural and cultural resources, film and television tourism in the northwest has a great potential for development. It faces many opportunities such as technology integration to improve digital communication, media integration to meet diverse needs, and resource integration to enhance multiple perceptions. At present, the integrated development of "film and television + tourism" in the northwest region has achieved certain results, but there are still some problems, such as insufficient product innovation ability, insufficient cultural connotation mining, lack of media integration depth, lack of scenic spot service ability, and short timeliness of film and television IP. On the whole, in order to realize the high-quality integrated development of "film and television + tourism". On the one hand, we should make full use of the unique natural landscape and rich cultural resources in the northwest region and increase the creation of film and television works. On the other hand, creating a film and television cultural IP to enable the development of cultural tourism industry.

Keywords: Film and Television Works; Tourism Industry; Northwest China

G.13 Tourism Performance Art: Promote the Protection and Inheritance of Intangible Cultural Heritage in Ethnic Areas　　　　　　　　*Tang Zhongjuan* / 195

Abstract: Tourism performance art is an important carrier of the reproduction of national culture, which can effectively promote the protection and inheritance of intangible cultural heritage. This report takes tourism performance as the research object, discusses the role of tourism performance in promoting the protection and inheritance of "intangible heritage" culture, analyzes the problems in the development of tourism performance in ethnic areas, and puts forward corresponding countermeasures and suggestions. Tourism performance is the product of the integrated development of tourism industry and performance industry, which can promote the creative transformation and innovative development of national culture. However, there are also some problems, such as the low level of commercial operation, the weak market competitiveness of enterprises, the lack of product brand cultivation, and the lack of market consumption vitality. The integration of culture and tourism provides an opportunity for the development of tourism performance in ethnic areas, is conducive to the vitality of national culture, and promotes the formation of people's consciousness of protecting and inheriting intangible cultural heritage.

Keywords: Tourism Performance Art; Intangible Cultural Heritage; Ethnic Culture

G.14 The Practice and Innovation Path of the Integration Development of Festival Culture and Tourism in Ethnic Areas　　　　　　　　*Zou Pinjia* / 203

Abstract: Ethnic areas have rich cultural fertile soil. As an important part of their culture, festivals are not only the spiritual appetite of local residents, but also an important element to attract tourists and display the image of the destination. In recent years, ethnic minority regions have actively promoted the integration of festival culture and tourism. Both the excavation of culture, the external display, and the experience of activities are on the path of continuous innovation and practice. This report combs the characteristics and types of festival culture in ethnic areas, summarizes the practical experience of festival culture and tourism integration development, analyzes the existing problems from market positioning, creative performance, brand building and operation management, and finally proposes innovative ways to promote the integration development of festival culture and tourism in ethnic areas: "tradition-modern" transformation bursts into vitality, "experience-participation" products highlight co-creation of value, "story-means" create festival brands, and "identity-difference" highlight characteristics.

Keywords: Ethnic Areas; Festival Culture; Cultural and Tourism Integration

G.15 Research on the Current Situation and Countermeasures of Rural Cultural Tourism Development in Linxia Hui Autonomous Prefecture

Li Tong, Dang Junhong and Zhao Hehua / 216

Abstract: Rural tourism is an important part of tourism. Under the background of rural revitalization, the domestic rural cultural tourism market has developed rapidly, and the demand of tourists for rural cultural tourism has shown a diversified trend. Rural cultural tourism in Linxia started late and developed relatively backward. A series of problems such as insufficient development of tourism products, insufficient effective integration of culture and tourism, serious homogenization of content, and fierce competition are more prominent, and its appeal to foreign tourists is low. This report takes Linxia Prefecture, Gansu Province as the research object, summarizes some prominent problems in the development of rural cultural tourism and puts forward countermeasures and suggestions to promote the high-quality development of rural cultural tourism based on the comprehensive analysis of its rural tourism development conditions, current situation and successful experience. It is expected to provide decision-making basis for the marketization and branding of rural cultural tourism, and provide new development ideas for the development and protection of rural cultural tourism resources in Ningxia Prefecture.

Keywords: Rural Culture; Cultural and Tourism Integration; Linxia Hui Autonomous Prefecture

G.16 Research on the Current Situation and Strategy of the Development of Cultural and Creative Products of Traditional Crafts in Guangxi Based on the Context of Cultural and Tourism Integration

Zheng Chao, Lin Hai / 230

Abstract: In the context of the integration of culture and tourism, this paper analyzes the cultural connotation and attributes of Guangxi traditional craft cultural and creative products, and discusses the significance of the development of traditional craft cultural and creative products in the present from three aspects: opportunities and challenges, development status, problems and development strategies. At the same time, taking "the endogenous driving force of the revitalization of traditional craft" as the starting point of the study, this report pondered from the multiple dimensions of "strengthening the guidance of cultural and tourism policies, highlighting regional cultural characteristics, increasing the cultivation of design talents, and innovating the integrated development model", and proposed to use contemporary new technologies and new concepts to integrate traditional craft and aesthetics, and find the combination point of tradition and innovation, which is conducive to the inheritance of excellent and valuable skills. It is also conducive to combating the cultural convergence brought about by globalization, allowing traditional handicraft cultural and creative products to return to the core value of culture, so as to find a development path for traditional handicraft cultural and creative products.

Keywords: Traditional Technology; Cultural and Creative Products; Cultural and Tourism Integration; Guangxi Zhuang Autonomous Region

社会科学文献出版社

皮 书
智库成果出版与传播平台

❖ 皮书定义 ❖

皮书是对中国与世界发展状况和热点问题进行年度监测，以专业的角度、专家的视野和实证研究方法，针对某一领域或区域现状与发展态势展开分析和预测，具备前沿性、原创性、实证性、连续性、时效性等特点的公开出版物，由一系列权威研究报告组成。

❖ 皮书作者 ❖

皮书系列报告作者以国内外一流研究机构、知名高校等重点智库的研究人员为主，多为相关领域一流专家学者，他们的观点代表了当下学界对中国与世界的现实和未来最高水平的解读与分析。截至2022年底，皮书研创机构逾千家，报告作者累计超过10万人。

❖ 皮书荣誉 ❖

皮书作为中国社会科学院基础理论研究与应用对策研究融合发展的代表性成果，不仅是哲学社会科学工作者服务中国特色社会主义现代化建设的重要成果，更是助力中国特色新型智库建设、构建中国特色哲学社会科学"三大体系"的重要平台。皮书系列先后被列入"十二五""十三五"" 十四五"时期国家重点出版物出版专项规划项目；2013~2023年，重点皮书列入中国社会科学院国家哲学社会科学创新工程项目。

皮书网

（网址：www.pishu.cn）

发布皮书研创资讯，传播皮书精彩内容
引领皮书出版潮流，打造皮书服务平台

栏目设置

◆ **关于皮书**
何谓皮书、皮书分类、皮书大事记、
皮书荣誉、皮书出版第一人、皮书编辑部

◆ **最新资讯**
通知公告、新闻动态、媒体聚焦、
网站专题、视频直播、下载专区

◆ **皮书研创**
皮书规范、皮书选题、皮书出版、
皮书研究、研创团队

◆ **皮书评奖评价**
指标体系、皮书评价、皮书评奖

◆ **皮书研究院理事会**
理事会章程、理事单位、个人理事、高级
研究员、理事会秘书处、入会指南

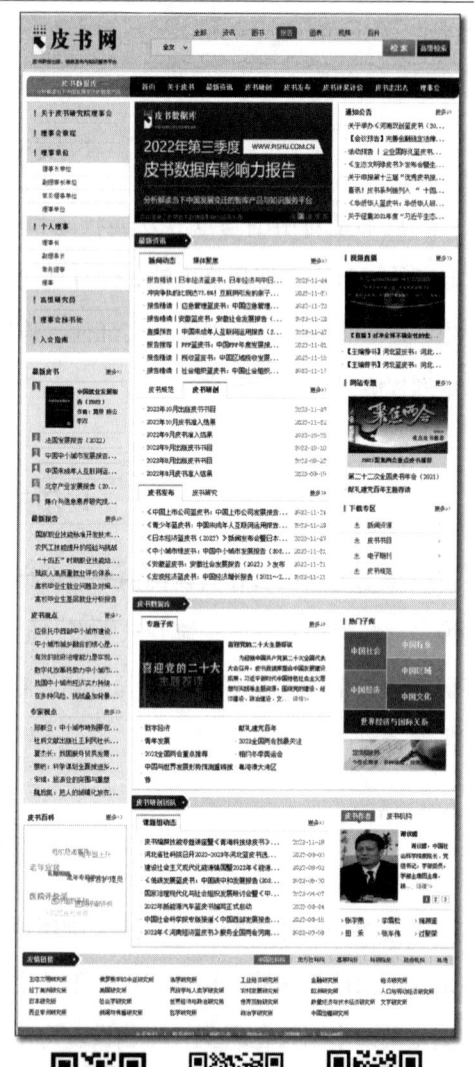

所获荣誉

◆ 2008年、2011年、2014年，皮书网均在全国新闻出版业网站荣誉评选中获得"最具商业价值网站"称号；

◆ 2012年，获得"出版业网站百强"称号。

网库合一

2014年，皮书网与皮书数据库端口合一，实现资源共享，搭建智库成果融合创新平台。

皮书网　　"皮书说"微信公众号　　皮书微博

权威报告·连续出版·独家资源

皮书数据库
ANNUAL REPORT(YEARBOOK) DATABASE

分析解读当下中国发展变迁的高端智库平台

所获荣誉
- 2020年,入选全国新闻出版深度融合发展创新案例
- 2019年,入选国家新闻出版署数字出版精品遴选推荐计划
- 2016年,入选"十三五"国家重点电子出版物出版规划骨干工程
- 2013年,荣获"中国出版政府奖·网络出版物奖"提名奖
- 连续多年荣获中国数字出版博览会"数字出版·优秀品牌"奖

皮书数据库　"社科数托邦"微信公众号

www.pishu.com.cn

成为用户
登录网址www.pishu.com.cn访问皮书数据库网站或下载皮书数据库APP,通过手机号码验证或邮箱验证即可成为皮书数据库用户。

用户福利
- 已注册用户购书后可免费获赠100元皮书数据库充值卡。刮开充值卡涂层获取充值密码,登录并进入"会员中心"—"在线充值"—"充值卡充值",充值成功即可购买和查看数据库内容。
- 用户福利最终解释权归社会科学文献出版社所有。

数据库服务热线:400-008-6695
数据库服务QQ:2475522410
数据库服务邮箱:database@ssap.cn
图书销售热线:010-59367070/7028
图书服务QQ:1265056568
图书服务邮箱:duzhe@ssap.cn

社会科学文献出版社 皮书系列
卡号:573961775262
密码:

S 基本子库
SUB DATABASE

中国社会发展数据库（下设 12 个专题子库）

紧扣人口、政治、外交、法律、教育、医疗卫生、资源环境等 12 个社会发展领域的前沿和热点，全面整合专业著作、智库报告、学术资讯、调研数据等类型资源，帮助用户追踪中国社会发展动态、研究社会发展战略与政策、了解社会热点问题、分析社会发展趋势。

中国经济发展数据库（下设 12 专题子库）

内容涵盖宏观经济、产业经济、工业经济、农业经济、财政金融、房地产经济、城市经济、商业贸易等 12 个重点经济领域，为把握经济运行态势、洞察经济发展规律、研判经济发展趋势、进行经济调控决策提供参考和依据。

中国行业发展数据库（下设 17 个专题子库）

以中国国民经济行业分类为依据，覆盖金融业、旅游业、交通运输业、能源矿产业、制造业等 100 多个行业，跟踪分析国民经济相关行业市场运行状况和政策导向，汇集行业发展前沿资讯，为投资、从业及各种经济决策提供理论支撑和实践指导。

中国区域发展数据库（下设 4 个专题子库）

对中国特定区域内的经济、社会、文化等领域现状与发展情况进行深度分析和预测，涉及省级行政区、城市群、城市、农村等不同维度，研究层级至县及县以下行政区，为学者研究地方经济社会宏观态势、经验模式、发展案例提供支撑，为地方政府决策提供参考。

中国文化传媒数据库（下设 18 个专题子库）

内容覆盖文化产业、新闻传播、电影娱乐、文学艺术、群众文化、图书情报等 18 个重点研究领域，聚焦文化传媒领域发展前沿、热点话题、行业实践，服务用户的教学科研、文化投资、企业规划等需要。

世界经济与国际关系数据库（下设 6 个专题子库）

整合世界经济、国际政治、世界文化与科技、全球性问题、国际组织与国际法、区域研究 6 大领域研究成果，对世界经济形势、国际形势进行连续性深度分析，对年度热点问题进行专题解读，为研判全球发展趋势提供事实和数据支持。

法律声明

"皮书系列"(含蓝皮书、绿皮书、黄皮书)之品牌由社会科学文献出版社最早使用并持续至今,现已被中国图书行业所熟知。"皮书系列"的相关商标已在国家商标管理部门商标局注册,包括但不限于LOGO( )、皮书、Pishu、经济蓝皮书、社会蓝皮书等。"皮书系列"图书的注册商标专用权及封面设计、版式设计的著作权均为社会科学文献出版社所有。未经社会科学文献出版社书面授权许可,任何使用与"皮书系列"图书注册商标、封面设计、版式设计相同或者近似的文字、图形或其组合的行为均系侵权行为。

经作者授权,本书的专有出版权及信息网络传播权等为社会科学文献出版社享有。未经社会科学文献出版社书面授权许可,任何就本书内容的复制、发行或以数字形式进行网络传播的行为均系侵权行为。

社会科学文献出版社将通过法律途径追究上述侵权行为的法律责任,维护自身合法权益。

欢迎社会各界人士对侵犯社会科学文献出版社上述权利的侵权行为进行举报。电话:010-59367121,电子邮箱:fawubu@ssap.cn。

社会科学文献出版社